西藏民族学院法学文库
Tibet Institute for Nationalities

刑法中的特殊财产类型研究

陈 烨 / 著

厦门大学出版社 国家一级出版社
XIAMEN UNIVERSITY PRESS 全国百佳图书出版单位

总序

　　由厦门大学出版社和西藏民族学院联合推出的西藏自治区首部法学理论研究丛书——"西藏民族学院法学文库"即将问世,这是国家实施对口援藏战略以来,厦门大学支持西藏民族学院学科建设的又一重要成果,也是西藏民族学院法学研究的重大进展,值得热烈祝贺!

　　身处中国改革开放最前沿的厦门大学和地处祖国腹地的西藏民族学院的合作,具有战略意义。自2002年开始,国家教育部确定国内一流高校对口援助西藏民族学院。由著名爱国华侨领袖陈嘉庚先生于1921年创建的厦门大学,是中国近代教育史上第一所华侨创办的大学,也是中国唯一地处经济特区的国家"211工程"和"985工程"重点建设的高水平研究型大学。秉承"自强不息,止于至善"的校训,厦门大学的办学水平和科研实力享誉国内外。作为西藏高等教育的开拓者,1958年创建于关中平原、古都咸阳的西藏民族学院,不仅光荣地扮演着"西藏干部摇篮"和"西藏人才基地"的醒目角色,而且也是中国藏学研究重镇,西藏在祖国内地的窗口。她以"爱国、兴藏、笃学、敬业"为校训,坚持面向西藏、服务西藏的办学宗旨,肩负着为培养西藏社会主义事业合格建设者和可靠接班人的历史使命,创造了辉煌的办学业绩,全面而深刻地影响了西藏和平解放以来的历史进程。2008年10月,中共中央总书记、国家主席胡锦涛致信祝贺西藏民族学院建校50周年,对她的历史功绩给予高度评价。厦门大学和西藏民族学院两校间构架起来的对口援藏和全面合作机制,不仅使尚处发展阶段的西藏民族学院获得了积极推进学科建设、提升教育教学质量的高端平台，而且对传承西藏民族文化，加快西藏跨越式发展，维护国家统一和民族团结，实现中华民族的伟大复兴具有重大的意义。

法学专业是西藏民族学院的特色专业和重点发展专业。创办于20世纪90年代初的西藏民族学院法学专业，虽然历史不长，但成绩斐然，已经成为西藏法学专业人才的培养基地。1993年，根据时任西藏自治区党委书记的胡锦涛同志的指示，西藏民族学院正式开办法学专业，开创了西藏地方培养社会主义法律专业人才的先河。近20年来，西藏民族学院法学专业经历了由专科到本科，由单一方向到多方向培养，由传统综合法学到专业特色凸显的巨变，具备了较强的办学实力。2009年，法学专业被确定为西藏自治区特色专业。法学教学团队也在2010年被确定为自治区级教学团队。2010年5月，西藏民族学院法学院正式成立，标志着法学专业的发展已经跃升至新的历史起点。

法律专业人才对西藏社会稳定和发展的意义不言而喻。自1950年西藏和平解放到1965年建立"西藏自治区"，中国共产党在西藏的民族区域自治政策取得了历史性的胜利，成为新中国民族政策的成功范本。作为中国最大的民族区域自治地区之一，迫切需要一大批政治素质过硬、法律素养扎实、富于使命感的法学专门人才，致力于积极推进中国特色的民族自治政策的顺利实施，不断完善党的民族区域自治政策，传承和弘扬民族文化，促进各民族融合和共同发展，维护西藏的和谐稳定，捍卫国家安全。与此同时，西藏民族学院培养的法学专门人才，在西藏各级立法、执法部门，以自己良好的职业素养和高度的责任感，为推进西藏地方法律体系建设，健全民族区域自治政策，保障西藏社会经济发展，作出了出色的贡献。随着西部大开发和中央第五次西藏工作座谈会的召开，西藏又将迎来发展的伟大历史机遇，同时对法学人才的需求又将大大增加。法学人才在西藏当代社会发展和国家长治久安的历史进程中，必将扮演着更加重要的角色。我们必须从战略的高度认识人才队伍建设的重要性,精心培养西藏自己的法学领域专家学者,不断形成面向西藏、服务西藏且具有相当影响的研究特色,全力打造西藏法学理论的研究基地。"西藏民族学院法学文库"丛书的出版,将有力助推西藏民族学院法学学科和专业发展,有利于更好地培养西藏法学专业人才,有利于西藏的发展和稳定,共襄中华民族的伟大复兴大业。

厦门大学出版社志存高远,无私援助,以西藏民族学院朱玉福博士的《中国民族区域自治法制化:回顾与前瞻》为开卷之作,隆重推出"西藏民族学院法学文库",并将陆续出版西藏民族学院学者的法学著作,对西藏民族学院法学学科建设和学科梯队的构建以最直接的扶持,其学术眼光和文化使命感令人钦佩。我期望西藏民族学院法学院不负厚望,制定规划,抓住契机,在未来可预期的时期内,以此为高端平台,推出系列化学术精品,提升法学研究的水准,构建富于特色的法学学科框架,把西藏民族学院的法学研究推向新的境界,为西藏的法制建设和社会文明作出历史性贡献。

西藏民族学院院长　刘洪顺
2010 年 7 月 16 日

目录

引言

　　"财产犯罪在所有现代化国家都是犯罪的主要形式是因为日益受世俗的而不是宗教的准则所支配的有形财富具有前所未有的重要性。"[①]财富即所谓的财产,是现代社会人之所以能够成为独立个体的物质基础。物质基础决定上层建筑,只有在个人财富得到较大满足的前提下,才有可能进一步讨论个人的乃至社会的全面发展。在此问题上,它的意义已经远远超越了生存的层面,而成为推动社会持续进步的关键动力。获取物质财富,于此过程中也已变为人类活动的基本目标和主要内容。但是,"君子爱财,取之有道"的古老格言自始至终也不可能是每个社会成员恪守不违的道德戒律,由此引发的财产犯罪一直困扰着古今中外的立法者和统治者,在财富的重要性日益凸显的现代社会更是愈演愈烈。

　　我国刑法理论中的"财产犯罪"概念是一类罪名的总称,以侵犯公私财产所有权为主要特征,以刑法分则第五章的全部罪名为基本构成。据了解,该类罪名目前在我国的犯罪总量中所占的比例仍然具有绝对优势。"以盗窃、诈骗和抢劫三项财产犯罪加总计算,2005 年达到 369 万余起,占到了公安机关立案总量的近 80%。实际上,从 1978 年开始,我国财产犯罪占总犯罪的比例一直在 80% 左右,最高的时候甚至超过了 90%。"[②]单从数量上来看,已能够在一定程度上说明财产犯罪确实严重地影响着我国人民群众的日常生活和社会经济的稳定发展。因此,在 1979 年刑法制定之初,其分则第五章(第 150 条至

---

　　①　[美]路易斯·谢利:《犯罪与现代化》,何秉松译,群众出版社 1986 年版,第 6 页。
　　②　陈屹立:《收入差距、经济增长与中国的财产犯罪——1978—2005 年的实证研究》,载《法制与社会发展》2007 年第 5 期。

第 156 条)就规定了侵犯财产罪的内容,具体包括抢劫罪、盗窃罪、诈骗罪、抢夺罪、惯窃罪、惯骗罪、敲诈勒索罪、贪污罪、故意毁坏财物罪等九个罪名。尽管其中个别罪名的性质归属、概念界定等问题仍有完善的必要,但也基本上涵盖了当时社会中财产犯罪的主要类型,并且在类推制度的调和之下,也使得各个具体罪名变成了一个外延更加宽泛的定义。此一时期,刑法的修改完善主要以单行刑法为基本形式,其中部分内容也涉及了财产犯罪的法定刑调整,加重了对盗窃罪等犯罪的处罚,如1982年3月8日第五届全国人大常委会第22次会议通过的《关于严惩严重破坏经济的罪犯的决定》将盗窃罪的法定最高刑加重到死刑。

随着改革开放的进一步深入和社会主义市场经济秩序的不断成熟、健全,人们在稳步提高物质生活水平的基础之上,也产生了更多更高的在意识形态上的价值追求,法治就是其中之一。具体到刑事立法领域,最大的进步莫过于罪刑法定原则最终得以在刑法中有所体现。1997年通过的《中华人民共和国刑法》(以下简称新《刑法》)确立的罪刑法定原则在我国刑事立法史上具有划时代的意义,笔者认为,该原则对刑法分则具体条文所规定的犯罪构成有着"起死回生"的作用,它使人们开始意识到,刑法规定之于现实生活的类型化功能,而不再将所谓的"实质公平正义"或者"社会危害性"奉为圭臬。由此,刑法对于具体犯罪是如何规定的,也就拥有了不同以往的积极意义。论及财产犯罪,新《刑法》在罪名设置上有了较大的变化:(1)新增了"聚众哄抢罪"和"侵占罪"两个罪名。(2)将原本规定在"破坏社会主义经济秩序罪"一章中的"破坏集体生产罪"(修改为"破坏生产经营罪")和"挪用特定款物罪"两个罪名纳入"侵犯财产罪"一章。(3)将1995年2月28日第八届全国人大常委会第十二次会议通过的《关于惩治违反公司法的犯罪的决定》中规定的"职务侵占罪"和"挪用资金罪"两个罪名纳入"侵犯财产罪"一章。(4)将贪污罪从侵犯财产罪分离出去纳入"贪污贿赂罪"一章中。(5)取消惯窃罪和惯骗罪两个罪名。[1]自此,该章共包括抢劫罪、盗窃罪、诈骗罪、抢夺罪、聚众哄抢罪、侵占罪、职务侵占罪、挪用资金罪、挪用特定款物罪、敲诈勒索罪、故意毁坏财物罪和破坏生产经营罪12个罪名。

---

① 陈志军:《侵犯财产罪——立法追诉标准与司法认定实务》,中国人民公安大学出版社2010年版,第2页。

本世纪以来,我国的刑事立法面临的问题越来越多,压力越来越大。从新《刑法》颁布实施到 2011 年为止,先后出台了一个单行刑法和八个刑法修正案。从时间上来看,基本是一年多就会对刑法修订一次,其密集程度可见一斑。但相反的问题是,其中有关分则第五章侵犯财产罪的内容并不多见,直至《中华人民共和国刑法修正案(八)》[以下简称《刑法修正案(八)》]才对盗窃罪、敲诈勒索罪的行为方式和法定刑部分进行了调整,并增设了"拒不支付劳动报酬罪"。即便如此,财产犯罪也仅仅只有 13 个罪名,占刑法罪名总数的比例不足 3%,而其须要适用的侵财案件数量却占犯罪总数的 80% 甚至 90%。当然,这两者之间的关系并非是数量或者比例上的简单对等,但这种形式上的不协调性却是客观存在的。现代化的发展使我国的财产犯罪呈现出一些新的特点,除了犯罪数量高发化和犯罪性质严重化以外,更具"现代性"的特征是犯罪形式多样化和犯罪手段智能化。① 前两个特点是财产犯罪的自然属性,只是现代化的发展将其进一步突显出来;而后两个特点却是财产犯罪的时代特征,与当前的科技、经济、文化等社会各方面的现实情境密切相关。与此相对应的是,尽管前者并不需要刻意为之改变刑事立法内容,但以传统的财产犯罪罪名体系来继续应对后者却显得捉襟见肘。近些年来,财产犯罪在刑事立法修订工作上的乏力表现致使其中的弊病愈积愈深。更为核心的问题在于,我们并没有认识到财产犯罪的发展变化从根本上来说受到了财产的表现形式日新月异的直接影响,而上面所提及的"犯罪形式多样化和犯罪手段智能化"正是基于这一影响引发的显著特点。也就是说,准确掌握财产犯罪的发展趋势必须与深刻认识当今社会财产的存在形态紧密联系起来。

"在人类交易史上,交易的空间范围是在不断扩张的,时间跨度是不断拉长的,交易技术也是在不断提高的,交易的频率也是在不断加快的。就人类交易史的一般规律而言,交易是从低级到高级、从简单到复杂不断演进和发展的。"② 人类社会最初的交易方式是以物易物,所有权针对的客体只有物品一种形式,财产与具有交换价值的物品即商品是相同的概念。后来,人们在交易过程中开始使用作为一般等价物的货币来买卖商品,以取代以物易物,这不仅极大地提高了交易效率,使得交易过程更加方便、快捷,而且也提升了交易的

---

① 李锡海:《财产犯罪类型、特点及其控制》,载《江苏警官学院学报》2009 年第 5 期。
② 国彦兵:《新制度经济学》,立信会计出版社 2006 年版,第 143 页。

成功率。而财产的概念也渐渐演化为钱财和物品的结合,即"财物"。无论是西方还是中国,在前现代化的传统经济中,财物作为财产所有权的主导客体一直延续了较长时间。直至近代资本主义社会迅速发展起来以后,财产的内涵和外延才逐渐地呈现出迅速扩张的变化态势,由一个简单的财、物相加的定义演化为诸多类型交错存在的权利集束。相应地,财产犯罪的对象问题也日趋复杂化和多元化。改革开放以后,我国在市场经济现代化的进程中取得了长足进步,同时也带动了人们物质财富积累的快速增长,这种经济、社会现状是引发财产犯罪大量滋生的重要因素。其中,财产犯罪对象的形式多样化是进入本世纪以来该类犯罪的主要特征,而且此一趋势依然会继续发展下去。与此相对应的是,刑法分则第五章侵犯财产罪却是历次刑法修订的薄弱环节,施行十多年来没有发生太大的变化。尤其在犯罪对象的问题上,更是以简单的"财物"一概而论,根本没有注意到财产犯罪在行为客体上呈现出的多样性问题。以至于刑法意义上的财物变成了一个非常臃肿的概念,不仅包括有形财物还包括无形财物,后者诸如电力、天然气、上网账号、债权、有价证券、虚拟财产、知识财产等等,都曾被学者纳入财物的范围之内,从而使得这一概念逐渐成为了一个形式上的存在,丧失了刑法条文的限定意义和构成要件要素的类型功能。刑事立法上的粗疏规定,不仅关系到司法实践部门打击不同形式的财产犯罪的准度和力度,更是对理论界在区分和解释财产类型问题上的研究产生了消极影响。

　　基于上述原因,本书拟以刑法中的特殊财产类型研究为命题,以财产犯罪对象的诸多争议问题作为主线,通过对不同形式的特殊财产的准确定位和深入研究,将刑法中的财产分类与特殊财产的立法研究逐步地纳入统一化和体系化的轨道之上,从而为今后的理论工作指明方向。在此基础之上,坚守罪刑法定原则的基本立场,对"财物"概念进行合理的有限制的扩张解释,同时试探性地提出针对不同的财产形态的刑事立法建议。

特殊财产的基本问题

第一章

▌第一节　特殊财产的问题缘起

　　财产犯罪是与司法实践联系较为紧密且问题较为复杂的一类犯罪,因此,也为学界提供了非常广阔的研究领域。财产犯罪对象就是其中代表性的问题之一。但是,目前该问题的研究仍然处于以"解决实践中出现的疑难复杂案件"作为根本目标和最终结果的阶段。从表面上来看,似乎很多问题已经得到了暂时的解决,但实际上只能算作权宜之计,并不利于刑事立法和刑法理论的长远发展,忽略了研究方法的重要性以及研究目的的深层次性,从而在整体上呈现出一种孤立、混乱的研究状况。笔者认为,这种研究窘境之所以产生的根本原因就在于对特殊财产问题的漠视,而从表面上来看,这种"漠视"呈现为以下三种表象:

▌一、财产分类缺乏体系性

　　"对一定的对象进行分类,目的是为了揭示一类事物的本质,从而达到不同情况不同对待,同类情况相同对待的目的。"[①]但是,如果根据不同的分类标准划分同一研究对象,很有可能造成分类重复、称谓不一等缺陷,无法达到分类研究的根本目的。分类研究的基本要求是体系性,也即将需要分类的不同

---

　　① 　高一飞:《守护我们的权利》,东方出版社 2007 年版,第 155 页。

对象按照同一的标准进行划分,形成一个层次分明、界限清楚的整体。目前,在我国刑法理论中财产犯罪对象主要涉及以下几个问题:(1)财物是否仅限于有体物;(2)财物是否仅限于动产;(3)财物是否仅限于有经济价值之物;(4)财物是否属于他人之物;(5)财物是否包括财产性利益。[①]"他人之物"的问题并非属于财产犯罪对象的范畴问题,也与分类研究的命题没有交集,关于"有经济价值之物"的争议在我国财产犯罪一直贯彻数额犯的立法情境下也是意义不大,因此并不是本书的研究对象。而除了"无体物""不动产""财产性利益"等特定对象以外,有关于各类"无形财产"是否属于财产犯罪对象的争论尤其在近些年来亦是该类问题的焦点。且大部分学者对于侵犯上述特殊对象类型的违法行为是否构成财产犯罪都倾向于肯定的观点,认为财物应当包括以上财产类型。[②] 这种倾向在很大程度上是由于普通财产和特殊财产未加详细分类所造成的,由此引发的"体系性"弊端表现为如下两方面:

一方面,财产犯罪对象的研究仍然处于"一罪一议"[③]的层面,并未认识到作为定语的"财产犯罪"所应有的提纲挈领的作用。在刑法分则第五章中,除个别罪名如挪用资金罪、挪用特定款物罪、破坏生产经营罪以及拒不支付劳动报酬罪以外,其他罪名都规定以"财物"作为犯罪对象。因此,对于抢劫罪的财物如何解释必然影响到盗窃罪、诈骗罪以及其他财产犯罪的对象范围,如果解释过程割裂了不同财产犯罪在对象上的关系,其结论应被认为是不妥当的。例如刘明祥教授认为,"由于盗窃等财产罪的性质决定了财产性利益不可能成为其侵害对象,这就意味着对具体财产罪而言,作为其侵害对象的财物有的包

[①] 刘明祥:《财产罪比较研究》,中国政法大学出版社 2001 年版,第 21 页。

[②] 具体内容参见张国轩:《抢劫罪的定罪与量刑》,人民法院出版社 2008 年版,第 123~156 页;游涛:《普通诈骗罪研究》,中国人民公安大学出版社 2012 年版,第 111~112 页;王礼仁:《盗窃罪的定罪与量刑》,人民法院出版社 2008 年版,第 137 页;王作富主编:《刑法分则实务研究》(中),中国方正出版社 2007 年版,第 1053~1154 页;陈兴良:《规范刑法学》(下册),中国人民大学出版社 2008 年版,第 750~757 页。当然,对于例如抢劫罪的对象范围、无形财产的归属等问题仍有争议,但多数学者的基本观点则是主张尽量扩大"财物"概念的外延,以期能够包括更多的特殊财产类型。

[③] 在此问题上,张明楷教授在其专著《刑法学》中就侵犯财产罪的构成要件进行过专门探讨,就该类犯罪的共性问题尤其是行为对象(将其作为客观构成要件之一)作了概括性的说明,从而避免了具体财产犯罪在此问题上的重复。尽管其中的一些观点不能为笔者所赞同,但这种研究方式看到了财产犯罪的共同之处,值得借鉴。

含财产性利益,有的则不包含",①这是一种否定刑法用语应作体系性解释的观点。"因为刑法的确定性首先就表现为刑法用语的确定,相同的刑法用语,其含义应当是明确和确定的,如果相同的刑法语言在基本相同的场合内表达出不同的含义,则刑法的确定性无从体现。"②既然财产犯罪对象在有关构成要件的条文表述中选择了"财物"的概念,就应当进行同一的解读。若诈骗罪对象可以包括财产性利益,本章其他犯罪的对象自然也不例外;若盗窃罪的对象可以是不动产,那么其他诸如抢劫罪、侵占罪也可以针对不动产实施。"不可能成为其侵害对象"的理由只不过是一种归纳结论,但是"在归纳时我们往往无法穷尽所有的个体事物,而科学认识又总是与无限多的对象或现象相联系,一旦发现一个对象与归纳的结论相反,归纳的结论就成为不可靠的了"。③所以,不能以此"推测"为理由简单肯定或否定具体财产犯罪对象的广狭问题,也不应当对相同的财产犯罪对象进行不同的理解。

另一方面,我国的刑法理论对财产犯罪对象的分类问题并未引起足够的重视,基本上止于一级分类。从立法上来看,刑法对财产的分类仍然受计划经济传统观念的影响,刑法总则第 91 条和第 92 条分别界定了公有财产和私有财产的具体范围,但通观刑法分则的具体条文,却无与之相对应的相同用语,且其本身在内容上也不科学合理,严重滞后于当今社会经济的发展现状。④而在刑法学界,分类问题也只是停留在例如"有体物和无体物""动产和不动产"等初次分类的层面,仅仅是对财物的外延进行个别的探讨,从财物是否包括无体、是否包括不动产的角度入手,既没有统一的分类标准,也没有对不同分类之间的关系进行说明。从个别的外延问题入手,就事论事,即便解决了某些特殊财产类型是否属于财产犯罪对象的问题,也没有真正明确更深层次的种属关系。划分的基本规则是要采取统一标准,也就是说在同一个划分过程的中途不能改变标准。⑤ 目前通常所见的分类包括:财物可以根据是否有体分为有体物和无体物,也可以根据是否能够移动分为动产和不动产。那么,两种分类之间到底是交叉关系还是包含关系? 对此,并无任何学者加以说明。

---

① 刘明祥:《财产罪比较研究》,中国政法大学出版社 2001 年版,第 28 页。
② 高巍:《盗窃罪基本问题研究》,中国人民公安大学出版社 2011 年版,第 42 页。
③ 陶文楼:《辩证逻辑的思维方法论》,中国社会科学出版社 1981 年版,第 32 页。
④ 唐世月:《评刑法对公、私财产之解释》,载《法学评论》2003 年第 5 期。
⑤ 张绵厘主编:《实用逻辑教程》,中国人民大学出版社 2011 年第 4 版,第 56 页。

毋庸置疑的是,针对同一上位概念所进行的分类,必然涉及下位概念之间的关系如何界定的问题,无论是有体物包括动产和不动产抑或动产包括有体物和无体物,又或者说两种分类只是存在交叉关系,都必须予以充分论证。此外,我国目前的法律体系中有涉财产种类的内容已经日趋复杂,而刑法中的财产分类却依旧处于只能进行一级分类的"低级阶段",不免有失简单。尽管我们可以将形态各异的财产类型一概纳入财物的范围之内,但却难掩概念内部层次不清、结构混乱的问题。

二、概念界定缺乏明确性

对于特殊财产的理论研究必须以其在刑法当中占据独立的地位作为前提条件,而独立的地位又必然以明确的定义为基础。可现实的情况却是,理论研究中往往对于某些特殊财产的内涵和外延进行模糊的界定,从而在问题研究的初始阶段就试图将其作简单化处理,抹杀了特殊财产作为刑法理论研究对象的独立意义,严重混淆了与普通财产在内容上的基本界限。

（一）财物与财产性利益

财物本身的定义较为简单,仅指"钱财和物资"[①]的总称,但这种解释对于认定财产犯罪对象中的财物并无助益。刑法学界讨论财物的具体范围时也不以准确的概念界定为前提,而大多以其具有的特定属性为依据,其中具有代表性的观点包括"五属性说"和"三属性说"。前一观点要求财物必须同时具有:(1)经济价值性;(2)可支配性;(3)只能是动产而不能是不动产;(4)犯罪对象的相对法定性;(5)为他人所占有。[②]"三属性说"只是认同"五属性说"的前三个特征。[③]还有学者认为财产型犯罪中的对象只需具备"可控制性"和"对人有财产性价值"两个特点即可,主张这是对财物进行规范解释的当然之义。[④]

但是,这些观点对于分析具体特殊类型的财产归属问题并没有提供太多

---

① 《现代汉语词典》,商务印书馆 2012 年第 6 版,第 119 页。
② 赵秉志主编:《疑难刑事问题司法对策》,吉林人民出版社 1999 年版,第 1084～1088 页。
③ 王作富主编:《刑法分则实务研究》(中),中国方正出版社 2007 年版,第 1085 页。
④ 刘清华、韦丽婧:《财产型犯罪中财物的界定》,载《广西警官高等专科学校学报》2006年第 3 期。

的帮助。涉及例如虚拟财产、无体物等是否属于财物的范围时,如果根据"三属性说"乃至"五属性说"的观点,必然会得出否定的结论,因为仅仅"只能是动产"的理由就彻底排除了上述财产类型,更不用说类似于财产性利益的抽象问题了。然而,学者们对于上述问题却大多持肯定的态度,认为财物的范围应当从广义上理解,"它包括动产与不动产(有限范围),有形财产与无形财产(如电力、能源、网络虚拟财产等),财产证书,以及有偿服务(如有偿电话服务、有偿因特网服务)等"①。财物的范围如此之广,实际上成为了与财产相同的概念,难怪有学者认为,"在我国刑法条文中,财物与财产两个概念并没有明显区分,甚至可以认为,二者基本上是在相同意义上使用的概念"。② 果真如此,那么对于财产犯罪的对象问题似乎已无探讨的余地,因为虽然具体的特殊财产类型是否能够解释为财物尚存疑义,但无疑都隶属于财产的范围,这样一来,仅仅将财物与财产同等看待,所有的问题也就迎刃而解了。但关键的问题恰恰在于财物是否可以被认定为财产的同义词?将财物扩大解释为财产是否遵循了罪刑法定原则?对此,笔者均持否定态度。将财物的外延进行无限制的扩大解释,反映了财物本身的概念是模糊不清的,也使得这一定义在刑法条文中的存在意义大打折扣。

财产性利益作为一种典型的特殊财产与财物概念的外延具有直接的关系,然而现今对财产性利益的研究现状却往往忽略了这种关系的重要性。所谓财产性利益,大体是指狭义(普通)财物以外的财产上的利益,包括积极财产的增加与消极财产的减少。例如,使他人负担某种债务(使自己或第三者取得某种债权),使他人免除自己的债务(不限于民法意义上的债务),使债务得以延期履行,如此等等。③ 但是,正如上文所述,由于财物的内涵仍是尚未解决的问题,以其为基础定义财产性利益并无较强的说服力。而且,除"财物以外的财产上的利益"的说法并未作外延上的限制,其中的"利益"具体所指也不甚明确。还有的学者认为,"财产性利益应当是能满足人物质或者精神需要的、

---

① 王礼仁:《盗窃罪的定罪与量刑》,人民法院出版社 2008 年版,第 137 页。
② 张明楷:《罪刑法定与刑法解释》,北京大学出版社 2009 年版,第 205 页。
③ 张明楷:《财产性利益是诈骗罪的对象》,载《法律科学(西北政法学院学报)》2005 年第 3 期。

可以货币衡量的、能够移转的、可以管理的、通过某种介质表现出来的价值存在。"①但这种观点也没有真正指出财产性利益的本质属性,至少通过这一定义我们无法将财产性利益和无形财产区别开来,因为无形财产也具有上述定义所描述的基本特性。

更为重要的问题是,对于实践中出现的严重侵犯财产性利益的违法行为是否可以按照财产犯罪定罪量刑也给实践部门带来了诸多困扰。目前,在刑法学界对此问题的肯定说占据主流地位,此说立足于实质公平和法益保护的立场,认为财物不仅包括有体物和无体物,在某些情况下还包括财产性利益。② 然而,上文中明确指出财产性利益是"财物"以外的内容,而此处的财物又包括了财产性利益,其中的自相矛盾显而易见。如果说此处的财物是广义上的财物,与财产性利益相对的财物是狭义上的财物,则会重新走上不得不将财物与财产同等看待的旧路。财产性利益的内容所指模糊不清与财物概念的界定不明具有直接的关系,也正是这种模棱两可的说法使得财物变成了一个可大可小的定义,既可以将财产性利益包含在内,也可以作为与其相对应的财产形式进行比较,但最终的结果就是混淆了两者之间的本质差别,无法从根本上明确特殊财产类型的基本内容。

(二)无形财产与无体物

无形财产是与有形财产相对应的类型,最早出现于古罗马的民法之中,用于界定除有形物以外的财产权利,因此也常常被称作无形物。在近代,无形财产的说法更接近于民法财产体系中的知识产权,"在 20 世纪六十年代以前,知识产权尚未成为国际上广泛使用的法律概念,人们一般将基于创造性智力成果所获取的民事权利称为无形财产权,因此诸如作品、发明等权利客体均视为无形财产。直到现在,有些西方学者仍然使用这一概念"③。刑法之无形财产的概念自然也是借鉴民法中的说法得来,但到底无形财产指代哪些内容却莫衷一是:有人认为,无形财产应当是指著作权、商标权、专利权、商业秘密等知

---

① 张爱晓、黄福涛:《财产性利益抢劫罪对象化研究》,载《理论界》2010 年第 4 期。

② 具体内容参见李希慧:《刑法各论》,武汉大学出版社 2009 年版,第 256 页;周光权:《刑法各论讲义》,清华大学出版社 2003 年版,第 89 页;张明楷:《刑法学》,法律出版社 2011 年版,第 841 页。

③ 参见刘春茂主编:《中国民法学·知识产权》,中国人民公安大学出版社 1997 年版,第 1 页。

识产权的内容,属于刑法规定的不正当竞争犯罪的对象;①有人认为,无形财产是指电力、能源、网络虚拟财产等等;②还有人认为,无形财产除了电力、煤气之类无体物以外,还包括专有技术等知识财产。③ 之所以会出现如此大相径庭的结论,主要还是由于对无形财产到底是指什么以及有形财产和无形财产的界分问题没有进行深入研究所致。目前,刑法学界使用这一概念代指的财产类型较为混乱,基本上传统财物以外的新型财产都有可能被归于无形财产,其中出现频率较多的则是知识财产和各种形态的无体物。但是,侵犯知识产权的犯罪已经作为独立的犯罪类型被规定在刑法分则第三章第七节当中,与财产犯罪的关系逐渐疏远,因此,只有无体物的概念仍与无形财产可谓是纠缠不清。

刑法中的无体物④尽管不是法定的概念,但相比于其他财产形式而言,具体内容则要稍微清晰一些。刑法中出现无体物的财产类型与窃电行为密切相关,根据是否将无体物视为财物的不同立场出现了有体性说和管理可能性说,后一观点对财物的界定就涵盖了无体物。但基于罪刑法定原则对扩张解释的限制功能,无体物的范围不宜任意扩大,一般是指以电力为代表的各种新型能源。除此以外,尽管煤气、天然气等能源在民法上属于有体物,但我国刑法学者一般也将其归入无体物。⑤ 不过,由于上述学说皆是典型的"舶来品",我们就必须考虑其初始的含义。管理可能性又分为物理管理可能性和事务管理可能性两种:前者仅将具有物理上的管理可能性的电、热等能源视为财物,也即无体物;后者并不限于此,认为债权等权利也是具有管理可能性的对象,应当视为财物,当然亦应属于无体物的范畴。⑥ 这样一来,无体物的范畴也就有可能因为观点不同而有所区分,不再是一个固定的概念,以至于有的学者将无体

---

① 参见张明楷:《刑法学》,法律出版社 2007 年版,第 704 页。

② 王礼仁:《盗窃罪的定罪与量刑》,人民法院出版社 2008 年版,第 137 页。

③ 王作富主编:《刑法分则实务研究》(中),中国方正出版社 2007 年版,第 1085 页。

④ 也有学者称之为"无形物"。参见陈兴良、周光权:《刑法学的现代展开》,中国人民大学出版社 2006 年版,第 615 页。两个概念的基本内涵和研究内容相同,但就使用范围和认可程度而言,笔者认为"无体物"的说法更为可取。

⑤ 参见高铭暄主编:《新编中国刑法学》(下册),中国人民大学出版社 1999 年版,第 758 页;高铭暄、马克昌主编:《刑法学》,北京大学出版社 2007 年版,第 567 页;何秉松主编:《刑法教科书》(下卷),中国法制出版社 2000 年版,第 919 页。

⑥ 刘明祥:《论侵犯财产罪的对象》,载《法律科学》1999 年第 6 期。

物简单地看作一种无形的存在,包括自然力、债权、著作权等等①,并未区分上述对象的不同之处。无体物的概念优势在于相关的司法解释对电力、煤气、天然气是否属于财物做出了说明,而我国财产犯罪的对象又规定为财物,因此,只要证明某种新型财产属于无体物也就间接说明了它内含于财物的范畴,从而通过解释的路径完成了对特殊财产的"立法",这无疑是一条捷径。尤其在虚拟财产的刑法保护问题上,这种表现更为突出。诸多学者往往是借助虚拟财产在经济价值等特征上与无体物的相似性而主张其属于财物的范畴,进而应当受到刑法规定的具体保护。②

无体物与无形财产的相似点在于都是一种传统存在意义上的"无",既然如此,也就不免产生混为一谈的情形。那么,两者之间的关系到底是上下层级,还是可以互相代替呢?如果我们试图做出明确的回答,就需要在财产犯罪的刑法理论研究中重新探索两个概念继续存在的合理性问题。更进一步,如果深究这一问题产生的原因,笔者认为仍然不能脱离将"物"与"财产"同等看待的"民法陋习",这种惯性思维表现在刑法理论中是有害无益的,尤其无助于我们深入认识各种特殊财产类型对于刑事立法可能产生的重大影响。

三、罪刑法定缺乏彻底性

刑法解释是解决现实社会的具体行为样态与法律规定是否完全契合的活动,正是因为刑法必须解释,所以为了合理限定解释活动的界限,才产生了罪刑法定原则排斥任意解释的规则。"如果法律是可以任意解释的,由于语言本身内涵的复杂性,边界的模糊性,就使法条的规定难以表明确定的原则,使罪刑法定的价值大大降低。"③但是,自新《刑法》规定了罪刑法定原则以来,无论是在刑法理论界,还是在司法实务部门,是否一贯严格奉行该原则仍然受到了许多的质疑。

具体到财产犯罪对象的问题上,笔者认为,如何在刑法解释的过程中遵循罪刑法定原则的要求亦是值得探讨。首先必须明确的一点是,在此问题上解

① 童伟华:《论盗窃罪的对象》,载《东南大学学报(哲学社会科学版)》2009年第4期。
② 例如郑蕾:《盗窃网络虚拟财产的定性及刑法规制》,载《陕西理工学院学报(社会科学版)》2011年第3期;柴晓宇、贾娅玲:《试论虚拟财产的法律性质》,载《社会科学家》2005年第2期;林旭霞:《虚拟财产解释——以虚拟有形财产为研究对象》,载《东南学术》2006年第6期。
③ 李洁:《论罪刑法定的实现》,清华大学出版社2006年版,第70页。

释的对象应当是被规定在刑法条文中的"财物"而非出现在章罪名甚或总则中的"财产"一词。对于财产的解释与具体犯罪对象"财物"的解释不可能产生相互印证的作用,更不宜混为一谈。因此,即使例如虚拟财产、财产性利益等属于财产范畴,也不能证明它就是财产犯罪的对象。从更广义的财产概念出发进行的解释,躲过了狭义的"财物"概念,根本经不起罪刑法定原则的仔细推敲。其次,对于财物的解释过程必须明确指出运用了何种解释方法。正如上文中所述,很多学者仅仅是指出了财物的基本属性,同时又认为特殊财产类型与这些属性基本符合,从而得出后者应当属于前者的结论,似乎全都是无可非议的当然解释。但事实上并非如此,对于特殊财产类型是否能够成为财产犯罪对象的问题之所以争议颇多,完全在于有关于"财物"的刑法规定限制了解释结论的多种可能性。较多情形下,学者们也只是说明了某种财产类型属于盗窃罪或者是抢劫罪的对象,至于是否可以被解释为分则条文中的"财物"则避而不谈,这在一定程度也说明了该问题的复杂性。最后,即使有些学者明确指出了解释方法,充分论证了解释结论的合理性,但是否真正在形式和实质上达成统一仍须深究。在定义财物的不同属性时,学者们或多或少地都运用了扩张解释①的方法,而这种扩张解释是否适用得当,是否已经超越了罪刑法定原则的界限就是需要讨论的问题。以张明楷教授对财产性利益是否属于诈骗罪的对象②分析为例,尽管张教授从诸多方面指出了将财产性利益解释为财物符合罪刑法定原则,不是所谓的类推解释,具有"合目的性和具体的妥当性",但其中的解释理由往往是"顾左右而言他",要么将立法理由作为解释理由,要么就是以章罪名代替具体犯罪的构成要件,甚至从处罚的必要性考虑具体解释方法的性质,这些都不能说明该结论并没有违反罪刑法定原则。③"应该说,扩张解释与类推解释的区分不仅在于字面上,更为重要的区分在于思路上相反:类推并不是对某个词句进行解释,看某种行为是否包括在此解释内,

---

① 扩张解释一般是与罪刑法定原则不相冲突的解释方法,没有超出国民的预测可能性,是实现实质公平的重要途径。但问题是扩张解释和类推解释的界限非常模糊,因此,如果仅以"扩张解释之名"行"类推解释之实",其合理性也就存有疑问了。所以,我们必须认真审视解释过程的方法得当性,不能以其声称之内容来加以形式的判断,必须从实质的角度看待各种解释结论。
② 张明楷:《诈骗罪与金融诈骗罪研究》,清华大学出版社2006年版,第18~43页。
③ 具体反驳意见将在本书的第三部分加以详细探讨,此处恕不赘述。

而是从国家、社会全体的立场来看某一行为的不可允许,然后再设法找出类似的法条以资适用。与此相反,扩张解释完全是从能否纳入法律条文解释的范围这一观点出发来考察社会生活中的各种行为。"①将财产性利益解释为财物,恰恰是运用了类推解释的思路。

"在我国,虽然人们对刑法学的研究进路存在不同看法,但大体可以肯定的是,我国刑法学的主体也是刑法解释学。"②本书所研究之特殊财产类型,说到底亦是如何进行学理解释的问题。"刑法学理解释必须以刑法条文为中心,根据罪刑法定原则和刑法学科的基本理论尽量'释放'刑法条文中刑法规范的意蕴。"③这种"释放"的关键点在于如何把握其界限,平衡惩罚犯罪与保障人权之间的关系,而罪刑法定原则恰恰是其不应触犯的基本规则。学理解释作为一种研究活动,应当以其方法规范性为基础,以其结论科学性为追求,不应简单地就事论事,甚至屈从于司法实践的需要,事先设定解释结论再寻找支撑理由,从而使得解释过程以及解释方法成为了一个可有可无的形式,只以结果的实质合理性进行是非判断。这也是本书所要着重反驳的观点之一。

从表面上来看,这三个问题是相互独立的,似乎共同造成了目前财产犯罪对象理论研究的不利局面,但其实三者之间又是相互联系的,正是因为财产分类总是处于简单的初级分类阶段,才造成了概念之间的逻辑关系不甚明确,而模糊不清的财产类型又给类推解释以可乘之机,尽管具体观点似乎在表面上解决了司法实践当中存在的诸多难题,我们却不得不说,这是以在实质上动摇法治根本为代价的做法。如何破解这一难题,必须从相互关联的表面现象中寻找问题产生的本质,笔者认为,根本原因还是在于立法规定的粗陋所导致的对司法实践的不适应性。通观刑法分则中的财产类型,多以"财物"一言概之,尤其在财产犯罪一章中表现最为突出,也即事实上法定的财产分类在刑法中是不存在的。因此,若想彻底解决财产犯罪对象的诸多争议问题,必须从刑法中的财产分类做起,将普通财产与特殊财产界分清楚,尤其应当注重对特殊财产的基础理论研究。

---

① 陈兴良:《罪刑法定主义》,中国法制出版社 2010 年版,第 160~161 页。
② 胡东飞:《认识论、法治与刑法解释的目标》,载《中外法学》2010 年第 5 期。
③ 赵秉志主编:《刑法解释研究》,北京大学出版社 2007 年版,第 371 页。

第二节　特殊财产的界定标准

"任何科学研究都离不开分类,分类是对事物进行具体化、个别化研究的基本方法。"[1]如何区分普通财产和特殊财产必然涉及对财产进行分类的问题,但目前我国的刑法理论研究却尚未认识到这一问题的重要性。没有准确的分类,我们对概念的认识只能是表面化的、非结构性的,充其量也仅仅是一个模糊的认识,尤其对于财产的各种下位概念的渊源和特征难以形成准确的定位,在引发许多争议的同时,更不能形成有效的刑法规制。本书认为,刑法理论对财产犯罪问题的研究略显滞后主要根源在于对财产分类的统一性和彻底性工作没有到位,缺乏整体建构的研究视野和清晰明确的研究思路。而其中最为突出也是首先需要解决的问题是,如何选择科学合理的分类标准。在财产的诸多分类标准当中,能够准确区分出普通财产与特殊财产的,笔者认为以"存在形态"最为符合上述要求。将其作为基本的划分标准,不仅能够明确表明特殊财产的特别之处,而且可以将现有的各种财产类型置于统一的分类体系之中,使其形成一个内容完备、层次分明的有机整体。尽管存在形态直接产生于有体物和无体物之界分,但也能够适用于有形财产和无形财产、财物和财产性利益、动产和不动产的划分,能够从根本上解决财产分类的统一性问题。更为具体的理由分述如下。

一、存在形态是财产类型的外在特征

"存在"一词的具体含义可以从两个方面来理解:第一,作为动词来讲,它是指事物持续地占据着时间和空间;第二,作为名词来讲,是指哲学上不依赖人的意识并不以人的意识为转移的客观世界,即物质。[2] 对于传统的财产概念来说,谈及存在形态并无必要区分是第一种说法还是第二种,因为财产基本上是与物质性财富相同的概念,只要是财产,就必然符合上述两种含义上的存在性,但自无形财产诞生以后,将财产全部认为属于客观物质的观念就不合时

---

[1]　陈兴良主编:《刑法各论的一般理论》,中国人民大学出版社2007年版,第23页。
[2]　《现代汉语词典》,商务印书馆2012年第6版,第226页。

宜了。随着社会活动向着深入性和广泛性的方向发展，人类不仅在物质生活方面需要得到极大的满足，更以精神层面的需求为其必要的生存条件，因而也就催生了各种知识（精神）产品的出现，而这些产品自然也成为了财产权利的客体。从根本上来说，只要能够满足人的某些方面的需求也即具有价值且是有限的事物，都具有成为财产的可能性。人的多方面的需求决定了财产不可能局限于物质形态。人们渐渐发现，财产再也不仅仅是具体的、客观的物质财富，甚至该类型的财产已经退居次要地位，而能够为人们带来某种经济利益的权利才是财产的真正面目。因此，尽管物质形态的提法可以适用于部分财产的划分，作为例如有体物和无体物的区分标准，但却不能涵盖无形财产、债权等其他特殊的财产类型，也就是说，将"存在"理解为通俗意义上的动词更加合理一些。财产的存在形态，就是指财产在现实社会中以何种表现形式持续地为人类所感知和利用。

"当抽象——一般概念及其逻辑体系不足以掌握某生活现象或意义脉络的多样表现形态时，大家首先会想到的补助思考形式是'类型'。"[1]类型化是解决概念模糊性和表达有限性的重要手段，将内涵和外延处于不断扩展当中的定义加以类型化处理是理论研究的必经之路。刑法中的"财产"正是处于这一研究范式中的对象概念。分类研究的前提条件就是确定分类标准，分类是否正确，分类标准的确定是关键因素。要正确确定分类标准，必须掌握以下四条原则：(1)科学性原则，即分类标准必须符合科学性原理。(2)客观性原则，即分类标准必须符合客观实际。(3)互斥性原则，即分类后的各种类别必须互相排斥。每一待分类对象只能归属于其中一类，而不能既属于这一类，又属于另一类。(4)完整性原则，即分类后的各种类别必须完整，每一研究对象都应有所归属，而不应有任何遗漏。[2] 其中，科学性原则和客观性原则是抽象原则，而互斥性原则和完整性原则更具可操作性，并能从其本身来反映依此原则所确定的分类标准的科学性和客观性。具体来说，上述原则要求我们在确定分类标准时必须兼顾以下两个方面：第一，所确定的分类标准必须能够将研究对象的内涵与外延合理地界定清楚，也就是说，它不应当扩大或者缩小其原有范畴。如果某一特定类型据此标准没有被划入任何类别当中，这一标准就是

---

[1] ［德］卡尔·拉伦茨：《法学方法论》，陈爱娥译，商务印书馆2005年版，第337页。

[2] 水延凯等编著：《社会调查教程》，中国人民大学出版社2007年第4版，第286页。

不科学的，也违背了完整性原则。这种要求体现了分类标准对各种下位概念的统辖性或者共通性特征，能够在一定意义上表现为研究对象的某种共有特性。第二，所确定的分类标准具有明显的界分意义，既能从整体上反映研究对象的共有特征，又是其"多样表现形态"的成立依据。对于刑法中的财产概念来说，存在形态恰恰符合上述原则和要求，是其分类标准的最佳选择。

首先，存在形态是财产的共有特征。"现象界中相互自外的事物是一整体，是完全包含在他们的自身联系内的。现象的自身联系便这样地得到了完全的规定，具有了形式于其自身内，并因为形式在这种同一性中，它就被当作本质性的持存。"①存在形态作为时间和空间的集合，是任何外在于认识主体的自然现象必有的外部表现形式。财产自然也不例外，否则它本身就不能成为客体之一，不能为人所感知和利用，自然也就谈不上对主体的价值意义。无论此种存在形态是客观的还是主观的，是抽象的还是具体的，是物理性的还是非物理性的，必然占据其一。这种"形式"的要素与其内容可以相互转化，从根本意义上来讲，是其存在本质的决定性因素。其次，存在形态是财产的内部框架。通过附着在各个具体分界线上的财产类型的排列组合，使得其概念的组成结构更加合理有序、特征清晰。实际上，财产的本质特征并非存在形态，而应当是具有经济价值性，前者仅是其外部的形式的属性。在民法中，就有学者认为财产是具有经济价值，以一定之目的而结合的权利义务总体。② 而在我国的刑事立法当中，财产犯罪的定罪量刑更是与犯罪数额密切相关。大多数相关罪名明确要求财物必须具有金钱价值，即便没有规定以货币作为计量单位，也多以具有金钱价值的财物为对象。在理论学说中，我国也有金钱价值不要说和金钱价值必要说的对立，但立法、司法实践以及大多数学者的观点都以必要说为通常的见解。③ 然而，作为本质属性的经济价值特征却不能作为财产的分类标准，原因就在于该特征不能从根本上区别不同财产类型的界限，尽管它能够在外延上决定财产范围的大小，也能够在内涵上逐渐改变财产的定义内容，但却始终不能对财产分类提供任何实质意义上的帮助。而存在形态

---

① ［德］黑格尔：《小逻辑》，贺麟译，商务印书馆1980年版，第278页。

② 梁慧星：《民法总论》，法律出版社2001年版，第107页。

③ 童伟华：《财产罪基础理论研究——财产罪的法益及其展开》，法律出版社2012年版，第86～87页。

恰恰能够反映这种差异性和共通性的辩证统一，作为财产的基本分类标准恰如其分。最后，以民事法律体系中对财产权利的现有规制来看，也是基本延续了存在形态决定财产类型的分类思路。大陆法系国家的财产犯罪对象多以财物为客体，一方面是受制于传统民法的核心概念以财物为主的立法传统，另一方面也是刑事立法滞后于民事立法的重要表现（因为民法的发展早已脱离了以物权为主导的财产结构），所以目前涉及存在形态的分类意义问题也是多从该客体的角度出发进行研究的。例如有的学者就认为，"财物的存在形态，是指财物是否只限于有形存在或者是否只限于有体物。"[①]同理而言，财产的存在形态也就是指财产是否只限于有形财产还是也包括无形财产等具有争议性的问题。此种意义上的存在形态虽不以分类为目的，但却必须将分类作为前提条件，也即无论是财物抑或财产，首先要有不同存在形态的财产类型，才能进一步探讨上述概念在外延上的广度问题，实际上进行的仍是有关分类的活动。针对刑法中的财产分类如何进行必然会涉及参考民法中财产分类的问题。有的学者认为，现代社会中根据存在形态的不同，财产主要包括以下五种类型：(1)物（有形财产）；(2)智力成果；(3)其他无形财产；(4)债权、股权等财产权利；(5)各类资源之上的支配权利，如土地使用权等。[②] 对此，有的学者曾指出，"在传统上，财产权包括物权与债权两大类。知识产权是后世出现的新型财产权，由于其标的是无形体的精神产品，亦称为无体财产权。上述三类财产权的划分，有着明确的界限：以财产利益的物质性与非物质性为标准……在这里，客体的差异性依然是财产分类的基础"[③]。而这种对财产权的分类标准也完全适用于财产本身的分类，因为从根本上来说，"财产的真正含义完全是指一种权利、利益或所有权"[④]，除非将财产与主体的权利相互联系，否则独立的评价或者观察财产客体本身是毫无意义的。而这种"客体的差异性"与本书所谈到的财产的存在形态概念基本同义。因此，存在形态在民法中对财产权

---

① 童伟华：《财产罪基础理论研究——财产罪的法益及其展开》，法律出版社 2012 年版，第 72 页。

② 尹田主编：《民法学总论》，北京师范大学出版社 2010 年版，第 22 页。

③ 吴汉东：《论财产权体系——兼论民法典中的"财产权总则"》，载《中国法学》2005 年第 2 期。

④ [美]康芒斯：《制度经济学》，于树生译，商务印书馆 1962 年版，第 19 页。

利体系的分类实践也在一定程度上证明了该标准的适用价值,更为刑法中如何进行财产分类提供了极具借鉴意义的参考对象。

二、存在形态是控制难易的决定因素

某种客观存在是否能够为人类所控制,是其可以被作为财产对待的前提条件。"控制"一词的含义与财产犯罪既未遂问题中的"控制说"基本同义,这也是笔者形成此论据的理论缘起。以盗窃罪为例,关于该罪既遂与未遂的划分标准包括接触说、转移说、控制说、移动说、失控说、失控+控制说等观点,通说的观点认为是失控说,即以被害人是否失去对财物的控制为标准。[①] 当然,从既遂的标准应当是犯罪构成要件齐备的观点来看,控制说也是有力的观点,因为该说考虑到了刑法评价的对象应是行为人的行为,也只有行为人的行为才能作为既遂评价依据的合理性。[②] 依此学说,行为人是否实际地控制该对象,是影响财产犯罪能否既遂的重要标志。除此以外,其他观点则很少得到学界的认可。在此,笔者无意探究盗窃罪或者其他财产犯罪的既遂未遂问题,但无论是控制说也好,还是失控说也罢,其中都同样突出了一个问题,就是"财产的控制"对于特定犯罪是否能够达成既遂具有非常重要的意义。财产的控制难度越大,既遂发生的可能性也就越小,刑法规制的范围也就应当有所限制。例如有关于"盗窃不动产"的行为是否构成盗窃罪的争议,就与不动产的控制难度有很大关系,传统的否定观点认为,正是由于不动产的不可移动性,使得秘密窃取的行为难以成立,因而不能认定为盗窃行为。[③] 同理,如果该项类型的财产根本无法被人们实际控制,也就不应当作为财产犯罪的对象来看待。该理由的立足点就在于以其实际存在形态来看,行为人若想达到与控制动产(普通财产)同等的自主程度几乎没有可能,这也就为研究者提出了新的问题,既然财产犯罪的行为人以获取财产为最终目的,对于那些很难实际控制的财产类型是否还可以作为财产犯罪的对象呢?

---

① 高铭暄、马克昌主编:《刑法学》,北京大学出版社、高等教育出版社 2011 年第 5 版,第507 页。

② 参见高巍:《盗窃罪基本问题研究》,中国人民公安大学出版社 2011 年版,第 247~249页。

③ 肖中华主编:《侵犯财产罪办案一本通》,中国长安出版社 2007 年版,第 69 页。

日本刑法理论当中,关于财物的外延如何界定存在有体性说和管理可能性说两种对立的观点,后者又分为物理的管理可能性和事务管理可能性,笔者认为,此处所讲的"管理可能性"也与本书的"控制"一词是异曲同工,具有相同的含义,两者都强调的是行为主体对客观对象的支配可能性。当然,根据支配手段的不同形式,有可能导致对具体概念的不同理解以至于影响到财物的范围大小。这一对立的观点尽管是针对无体物是否属于财物的问题产生的,相应地,存在形态最初也只是这一分类的划分标准,但笔者借助对这一问题的研究发现,不仅"管理可能性"描述了财产的共同特征,而且存在形态也是财产的重要区分标准,两个概念以及由此产生的关系不仅仅适用于财产犯罪的对象,更对刑法中的财产问题产生了直接影响。即便本书使用了"控制"一词,其实也表达的是相同的含义,如果说客体的存在形态能够影响其管理可能性,也就直接表明了存在形态对于控制难易的积极作用,从此一侧面更表明了存在形态之于财产的重要意义。

在我国刑法理论中,控制与占有的意思紧密相关。有的学者认为,"控制和占有是指事实上的一种状态,但这种状态不仅仅是单纯的、物理的、有形的随身控制和占有。有时要考虑到物的性质、物所处的时空等条件,要按照社会上的一般观念决定某物有没有被占有。有时即使在物理的或有形的支配达不到的场合,从社会观念上也可以认为是占有。例如,主人对在自己住宅范围内一时找不到的手表、戒指,仍没有失去占有意义……随着科学技术的发展,无形物也能够为人们所控制,也能够成为盗窃罪侵犯的对象,如电力、煤气等。"[1]在这里,控制和占有基本上是被同等对待的,但事实上占有的含义要更为复杂一些。一般认为,占有是由占有意思和占有事实组成。前者是指对财物的事实上的支配,不仅包括物理范围内的支配,而且包括社会观念上可以推知财物的支配人的状态。换言之,事实上的支配,并不要求现实地握有,根据主体对财物的支配力、财物的形状、性质,可以认为主体占有财物的,就属于事实上的占有。占有意思,是指事实上支配财物的意思。[2] 本书所要讲的"控制",并不包含主观方面的内容,只是一种客观上的占有事实状态。如果说行为人可以控制某种财产,实际上就是指可以在客观上达到上述占有事实的状

---

[1] 刘宪权、杨兴培:《刑法学专论》,北京大学出版社 2007 年版,第 553 页。
[2] 张明楷:《外国刑法纲要》,清华大学出版社 2007 年第 2 版,第 541 页。

态。从动态上来分析,占有的核心是对财物的支配力,也即能够利用财物并且从中获取一定的经济价值。这也就是控制的基本含义。

　　控制对于财产犯罪的重要性是不言而喻的,正如上述关于既遂未遂问题的讨论所言,如果一项财产实际不能为人们所控制,也就表明该项犯罪行为是无法达到既遂的,从刑事立法的基本理念出发,也就不应当将其作为财产犯罪来对待,因为任何犯罪必有既遂状态。同样的,如果一项财产的控制困难程度远比其他种类的财产要大得多,是否应当与其他财产在刑法规制上做一区分也是值得思考的。既然如此,是否真正有效地控制某项财产内容也就具有了特别重要的刑法意义。而控制的难易程度恰好与财产的存在形态密切相关,也即凡是特殊财产类型总是表现为在控制方法、控制程度上的相对困难性。反之,如果在存在形态上并无特别区分的必要,那么一般也不会产生该类型财产是否能够成为财产犯罪对象的争论。以本书所研究的几种特殊财产类型为例:首先是不动产的问题,对于该类财产之所以采取登记转移的方式,主要就是在于只能以此种方式表征具体所有人的财产权利,而动产大多以实际占有就可以代替所有权的归属认定,而转移占有也可以完成契约的交付。从不可移动的存在形态来看,不动产相比于动产的控制难度就要大很多。其次是无体物的问题。以各种能源为例,即便在科技发达的现代社会,作为普通人来说,对于如何控制或者支配各种新型的能源仍是一项极为复杂的工作。以此为对象的各种违法行为,大多采取的是秘密使用能源且不缴纳费用的方式,极少有类似于动产的转移占有的行为。这也正是在"窃电"行为产生之初,关于其是否能够构成财产犯罪引发诸多争议的根源所在。再次就是财产性利益的问题,对于财物的获取不管在何种程度上存在着控制的难易问题,但这种获取的行为毕竟还是显性的,控制的对象也是具体的。与此相较,运用非法手段攫取财产性利益的行为就显得更具隐蔽性和抽象性,这种控制是一种无形的控制,即便在客观上表现为有形的取得行为,但其中的利益转移过程也是深层次的,潜藏于具体行为背后的。从根本上来说,与控制具体财物的行为进行对比,属于一种抽象性的控制。最后是无形财产的问题,对于该类型的特殊财产,行为人是否已经实际控制了财产内容基本上无法证实,因为这种"控制"往往表现为行为人获取了一定的信息、数据,掌握了一定的知识内容,并未引起客观世界的显著变化,对此,只能是从特定的客观事实来推定行为主体通过非法手段侵犯了他人对无形财产的所有权。而且,控制无形财产往往还需要具有高科技的手段或知识,具备一定的特殊技能等等,又增加了实际控制或是占有的难度。

由此来看,特殊的财产类型表现为特殊的存在形态,而特殊的存在形态严重影响着财产控制的困难程度。这三者紧密相关,互为依存。对于控制难度基本类似、控制方法基本相同的财产类型,自然应当进行相同的刑法规制,而如何认识上述类型上的相同性就必须以存在形态作为刑法中财产的基本分类标准。

三、存在形态是同类对象的立法依据

广义上的立法,与法理学所讲的法的创新同义,即指有关国家机关在其法定的职权范围内,依照法定的程序,制定、修改、补充和废止规范性文件和认可法律规范的活动。① 其中,对现有法律的完善(包括修改和补充)是一项非常重要的立法活动。

二十一世纪以后的当代中国社会可谓是纷繁复杂,发展速度亦是日新月异,在经济、文化、民生、环保、教育等等各个方面都不断地出现新的法律现象,提出新的法律问题,其中的大部分内容都直接指向了立法活动,要求立法机关在法律的修改完善过程中对此做出相应的回应。但是,"立法具有不可逆性,其效果往往要经过相当长的时间才能观测到,同时,法律是强制性而非建议性规范。因此,科学的立法会给社会发展和变革带来巨大的动力,而错误的立法,将造成整个社会或社会某个领域的灾难乃至危机。由于惯性大、社会响应的时间长,造成的损失往往是难以弥补、无法挽回的。可见,立法的科学化,与国家的繁荣、社会的进步是息息相关的"②,其重要性也是日益凸显。

法的修改和补充是一种"部分的"法的创制活动,具有立法活动的基本特征,自然也应当符合立法科学化的要求。之所以要对法进行修改和补充,主要原因和意义还是在于"当现行法调整的社会关系发生重要变化时,对调整这种关系的法加以修改和补充,使其适应变化了的社会关系的需要,就是必要的"。③ 刑法中的"财产"问题就是一个随着经济社会的发展变化而需要不断

---

① 朱立余、张曙光主编:《立法学》,中国人民大学出版社 2009 年版,第 17 页。
② 程燎原、夏道虎:《论立法的科学化》,载《法律科学》1989 年第 2 期。
③ 周旺生:《立法学教程》,北京大学出版社 2006 年版,第 536 页。

更新的概念,从而对刑事立法的完善工作提出了诸多新要求。立法的科学性是一个非常宽泛的概念,包含的内容以及要求非常广泛,其内容之一就是要做到精细化的立法对象的划分和认知,而深入认识立法对象又必须以掌握其发展变化的基本规律为主旨。

笔者认为,财产的外延之所以在现代社会呈现出日新月异的变化态势,主要原因在于两方面:人类精神、物质生活需求的多样化和科技、经济发展对现实生活的深刻影响。如果在主、客观条件都已具备的情况下,衍生出新形式的财产类型也就不足为奇了。反之,财产的本质内涵并没有因为形态的变迁发生实质性的改变,只要是具有经济价值的客体,不管外部的表现形态如何变化,都有可能因为长期广泛的社会普及和经验积累成为社会成员共同认可的财产新形式。因此,我们可以这样认为,财产发展变化的基本规律就体现为"形变质不变"的总体样态。结合本节前述两个问题,笔者发现,由于存在形态作为财产的外部特征彰显了其发展的基本规律,从根本上影响着今后财产形式的变化趋向,与此同时,财产犯罪对象的诸多争议问题也是因为受存在形态严重影响的控制难易所引发的,从而为刑事立法的修改或补充提供了契机。因此,如果试图对刑法中的财产问题作一详细梳理进而以期影响立法的话,必须以存在形态的划分作为认识前提。

"立法在客观上要求对所调整的范围有一个明确的界定,并且调整到什么程度也要有一个界限。"①这既是一种立法技术,也是一项立法原则。目前,如果需要对刑法中有关财产犯罪对象的内容进行适应性的调整,对特殊财产类型的问题展开深入研究,必须在理论上做好以下两方面的工作:第一,准确、全面地认识财产的范围。除了传统的财产以外,我们必须明确现代社会中出现的许多新的财产形式有哪些,其中有多少需要刑法加以调整和保护,其必要性是否已经得到充分的论证,又有多少并不需要运用刑罚手段进行干涉,仅需通过其他法律加以调控即可。第二,应当如何对新型的财产形式进行保护。财产的分类既然已经朝着逐步精细化的方向发展,那么立法自然也不应当再以粗疏的规定加以应对。否则,刑事立法的修改和补充就变得毫无进步意义可言了。但是,立法的谨慎性要求理论研究工作必须首先到位,在需要保护的特

---

① 张善恭主编:《立法学原理》,上海社会科学出版社 1991 年版,第 215 页。

殊财产类型的诸多争议尚未产生明确的结论以前,自然也谈不到如何进行刑事立法保护的问题。笔者认为,以上两方面恰恰与财产的存在形态发生着密不可分的联系:一方面,新的财产形式其实就是新的财产存在形态,作为财产的"变"的特征,是将其概念外延不断向各个层面加以推广的唯一途径;另一方面,立法上对财产的规定自然不能再次延续以往的"单一性概念",最终只会导致各种财产形态的混淆不清,因此必须将财产"分化瓦解"成诸多独立的客体或者说规制对象,这也同样有赖于存在形态的基本标准。除此以外,其他的划分标准都不能从根本上解决上述问题。所以,笔者认为即便从将来刑事立法完善的角度考虑,存在形态也必然要作为划分财产的基本标准得以适用。

▌第三节 特殊财产的类型概述

存在形态对财产的分类是一个递进的过程,以财产本身的发展脉络为指引,将其不断扩大的历史进行了分阶段的回溯,从而在整体上构成了财产基本类型的结构性体系。其基本关系如下图所示:

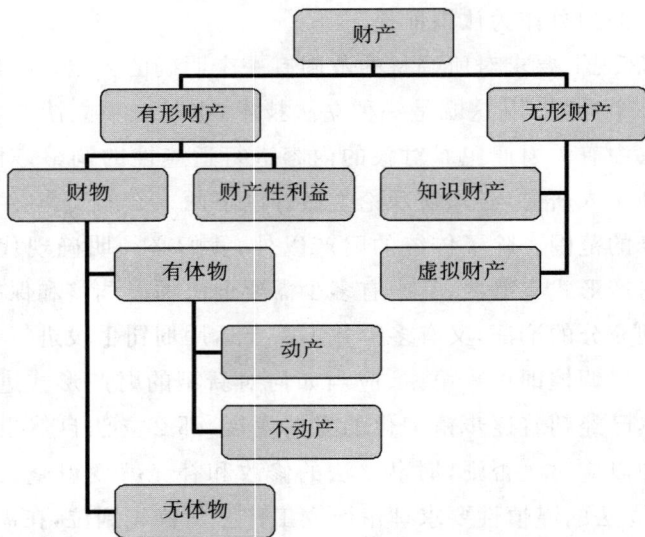

对财产进行分类,首先可以分为有形财产和无形财产,继之对有形财产进行分类,又可以分为财物和财产性利益,财物根据存在形态的不同可以分为有

体物和无体物,而有体物又是动产和不动产的上位概念。这是刑法中有涉财产犯罪对象的财产类型的基本分类。其中,作为特殊财产存在的类型主要是指无形财产、财产性利益、无体物以及不动产。当然,如果更为准确地说,只有无形财产符合"特殊财产"的概念,财产性利益应当是一种特殊的有形财产,无体物应当是一种特殊的财物,而不动产是一种特殊的有体物。在此分类体系之下,无形财产仍然是一个较为广泛的且开放的概念。本书认为目前在刑法中需要着重讨论的两类无形财产是知识财产和虚拟财产。而与之相对应的有形财产也并非是封闭的类型,只是在当代社会得到广泛认可的特殊类型仅包括财产性利益、无体物和不动产三种,并不排除在今后还有可能出现新的特殊有形财产。现就各种特殊财产的具体问题概述如下。①

一、无形财产

刑法中的财产首先应当分为有形财产和无形财产。这一分类的对象是财产而非财物。笔者始终认为,刑法中的"财产"一词是与"财物"完全不同的概念,至少在外延上前者要远远大于后者。尽管有的民法学者认为,"物为一切财产关系最基本的要素,广义的物与财产相类似,对物的概念不宜作过于狭义的解释"②,但也不能直接将其照搬到刑法理论当中,因为任何意图将财物和财产加以混淆的观点都无益于刑法中的财产分类问题的研究。至于刑法分则第五章为何以"侵犯财产罪"命名而具体条文却又表述为财物的说法,笔者认为,如果排除语言习惯③对此造成的影响,在立法之初,财产的外延相对较为狭窄是极为重要的因素。中国早期的刑法草案受到了苏联刑法理论的较大影响,而后者通常认为,盗窃等罪中的"财产"应理解为物。由此,我们就可以理解刑法条文中使用"财物"一词的目的所在,即强调侵犯财产罪中财产的物质

---

① 由于本书的结构安排,因此对于四种特殊的财产类型将会作为主要的研究对象分别在第二、三、四、五章进行具体论证和分析,此处仅以分类的概括性说明为足。

② 吴汉东:《无形财产权若干理论问题》,载《法学研究》1997 年第 4 期。

③ 对于具体的行为方式例如盗窃、抢劫、诈骗等动词往往附加"财物"宾语,而侵犯一词属于一个抽象的行为概念,往往与具体的关系、权利搭配使用,由于财产和财产权基本上表达的是相同的含义,因此,将其命名为侵犯财产罪也就顺理成章了。

属性。① 立法者在设定财产犯罪的具体犯罪构成时并不认为在事实上还有可能存在除财物以外的对象,又或者说,即便存在这种认识,立法者也可能觉得尚不存在将其规定为犯罪的客观条件,因此也就沿用了"财物"的狭义说法。这并非"主观解释论"②的立场,只是对该刑法条文的产生过程进行的合理推测,而且无论采用何种解释方法,笔者都认为不应当将财产和财物两个概念进行相同的理解,否则,其中另一个概念的存在就会变得毫无意义了。

以存在形态对财产进行分类,最为基本的方式就是从"有无"入手。这里的"无"并不是指没有存在形态,而是没有一种客观的能够为人类所直接感知的存在形态。存在形态的客观性是指主体对于客体的理解、认识的方式和内容不严重依赖甚或取决于主观的判断,是一种直观的感觉,不以人的意识为转移。与此相对应的是存在形态的主观性,这种特征意指主体认识和理解客体的过程中存在着个人的价值判断和选择,其共通性和普遍性并不显著。但是,就财产本身的存在形态而言,这种区别并不是本质性的、有着严格界限的,只是在量上体现了一个程度问题。"如果一种观点或一种思想方式更少依赖于个人构造的特性和个人在世界上的特殊位置,或者更少依赖于他所属生物种类的特性,那么它就比另外一种更客观。一种理解方式越容易为更多的主体所理解——越少依赖于特殊的主体能力,它就越客观。"③依此,有形财产相对于无形财产的客观性也就不难理解了。

对于有形财产来说,其基本特征表现在以下两个方面:第一,具有广泛的认可和普遍的需求。人类社会长期普遍的使用和依赖造成了对于其经济价值的判断应当是万人共通的,不会因为主体、地域等因素的区别而产生太大的差异,正因如此,有形财产具有更为广泛的适用性,得到利用的机会和发挥效用的范围远远大于无形财产,人们也更渴望首先占有大量的有形财产。从根本

---

① 周旋:《我国刑法侵犯财产罪之财产概念研究》,上海三联书店 2013 年版,第 18~20 页。

② 刑法的主观解释论认为,刑法解释的目标就在于探求立法者在制定刑法时的真实立法原意,所以这种解释论也被称为立法原意说。参见王军仁:《论刑法解释的目标》,载《法律方法与法律思维》(第 7 辑),法律出版社 2011 年版,第 107 页。笔者并不赞同主观解释论的基本观点和立场,并坚定支持客观解释论的主张,阐明法律内在的意义和目的才是刑法解释的真谛。

③ [美]T. 内格尔:《什么是客观性》,姚大志译,载《世界哲学》2003 年第 3 期。

上来说,是有形财产在支撑着整个人类社会的生存以及更进一步的发展。第二,控制方式较为简单。作为一种传统意义上的财产形态,有形财产自然属于财产犯罪的基本对象,人们对于有形财产的认识和理解过程一般不需要借助智识工具,也不需要担心其需求群体。有形财产的转移和控制相对于无形财产来说更为简便一些,同时又有着广泛的利用主体和较高的利用效率,这些特点使得财产犯罪即便是在当代社会也更为集中在有形财产的对象类型上。

无形财产这一概念的产生与知识财产的产生和知识产权制度的建立具有直接的关系,尽管刑法中的无形财产可能并不仅仅包括知识财产,但就目前的主要类型和成熟程度而言,知识财产仍是具有典型意义的无形财产。随着社会的发展,无形财产在财产体系中的地位愈加重要,甚至已经呈现出了超越有形财产占据主要地位的趋势,但也是在这一趋势之下,无形财产具体的内涵和外延也变得模糊不定,一直属于理论研究难以解决的焦点问题。目前,多数学者仅能从无形财产的非实体性来界定这一概念,例如,"所谓无形财产,是指不具有形体状态,但能为人们提供某种权利,并能为人们带来收益的财产。"①在此,笔者也暂且以其作为分析对象来说明无形财产的基本特征。由于该类型的财产具有无形性的特征,财产的经济价值计算往往没有非常统一的衡量标准和依据,即便在某些领域已经基本形成特定的规范,也只是限定在该领域内而已,根本无法作为刑事立法的依据加以认可和接受。如果将其作为财产犯罪对象加以看待的话,往往会面临犯罪数额如何计算的难题。更由于无形财产的控制和管理都相对比较困难,往往需要具备特定领域的专业知识等要素,这一特点造成了对于侵犯无形财产的诸多违法行为的发生和影响范围比较狭小,因此,应当从何种角度对该类行为进行刑法调控应是值得研究的问题。②

与此同时,笔者认为刑法中的财产应当首先进行有形与无形的划分,这是从最广义的角度界定财产范围的基本要求,以此分类标准基本上涵盖了所有可能存在的财产类型。只有在此基础之上,才能对有形财产做进一步的划分,将刑法中的财产概念直接分为财物和财产性利益或者动产和不动产的方法都

---

① 王礼仁编著:《盗窃罪的定罪与量刑》,人民法院出版社 2008 年版,第 122 页。
② 该问题涉及的主体内容就是无形财产(除知识财产以外)到底是否应当归入财产犯罪对象的争议,对此,笔者将在本书的第二章中进行详细探讨,限于论述结构上的安排,此处暂不展开说明。

是不科学的。

二、财产性利益

有形财产根据存在形态的不同又划分为财物和财产性利益。从性质上来说，两种财产类型是并列关系，而不是所谓的互相包容甚至代替，与财物相比，财产性利益就是一种特殊的财产类型。

大陆法系的民法理论多以物的概念作为财产关系的核心要素，这种观点致使财产范围不断扩大的同时，物的外延也随之逐步扩张。因此，如下观念也就颇为流行："物是一个历史范畴。在不同的历史阶段，基于社会生产方式和法律文化传统的不同，物的范围和法律意义存在着差异。"①但这种观念即使在民法理论中也是有限的，不仅出现在近现代社会的知识财产类型早已跳出了物的范畴，即便在法制初成的古罗马时期，人们就已经意识到了无体物（债权等财产形式）的存在与传统意义上的有体物具有明显的不同。实际上，无体物的概念只是和财产权利相关，借用物的说法只是为了更易理解而已，与物理意义上的物相去甚远。而刑法中谈及财物的含义应当更为注重其外部存在形态的特征，如果特定的行为方式不能完成对于该财产类型的转移、占有等目的，也就是说不能有效控制这一财产类型，也就不涉及财产犯罪的问题了。所以我们仍然不能以民法中对财物的一些扩张性解释作为刑法中财产分类的衡量标准，简单认为刑法中的物也是一个同等于财产的概念。

财物是一种具体形态的有形财产，与之相对应的是，财产性利益是一种抽象意义上的有形财产。两者的本质联系在于客观性，但这种客观性的表达方式又有所不同：前者是通过具体物品的物理特性来反映财产价值的大小，物品本身所凝结的人类劳动是其具有经济价值的主要原因；后者则是通过具有法律意义的某种载体或者行为②证明其所代表的经济价值，它具有转化为财物的现实可能性，但在此之前，对于受益人来说仅仅是一种可期待的利益。③ 财物在存在形态上的"具体性"源于承载经济价值的物质载体，它是占据一定物

---

① 吴汉东：《无形财产权若干理论问题》，载《法学研究》1997年第4期。

② 载体是指各种纸质化的权利凭证、单据或者其他证明文件等等；行为是指偿还、缴纳、交付、执行等等，包括积极行为，也包括消极行为，即应当实施而没有实施。

③ 陈烨：《刑法中财产分类再研究》，载《政治与法律》2013年第1期。

理时空的有实体感的形象,既包括客观世界存在的实体事物,更主要是指人们以种种方式描绘出来的可视可闻可感的形象。财产性利益与之有密切关系,可以说是具体财物的共同特征的总结,例如经济价值性、可转移性、可交换性等等,正是这些本质特征的抽取,财物在存在形态上才得以彻底转化,由一个具体事物上升为抽象类型,进而产生了财产性利益的概念。但是,"不管这些物(指的是上述财产性利益——笔者注)多么抽象,财产法律家之所以将这些权利和利益转化为物的原因是,它们具有价值,人们愿意购买它们。而且,作为交易对象的任何有价值的资产均被当做物,就像将公司股票之类的抽象物当作汽车或轮船之类的有体物一样。给予抽象物比有体物更多关注的主要原因是,它们是人的意识的创造物,可以根据用途任意选择其类型,其功能也可以相互结合。"[①]各种实体财物的抽象表现,就是财产性利益的初级形态。对于财产性利益的认识方式主要依靠的是人们之间的财产关系的表达,其"抽象性"的存在形态必须结合一定的认识过程才能完全体现经济价值,不如财物更具有直观性的特征,但作为一种财产形态来说,这种抽象性的存在形态更易于财产的转移和占有,便于财产所有人对其进行交易,尤其有利于发挥财产的交换功能。这些特征一方面极大地促进了财产性利益在民事领域得到了普遍的认可和广泛的应用,已经基本取得了和传统物权相同的地位,另一方面也使得部分财产犯罪的对象开始由财物扩延至财产性利益的范围,给刑事立法和司法实践提出了一些新问题。

财产性利益于存在形态上的抽象性特征,使得该定义可能会被一些刑法学者误读为无形财产。例如有的学者提出"专利权、商标权、著作权等知识产权,实际上也是财产性利益,但侵犯这种利益的犯罪,通常是由特别法规定的,故不是财产犯罪的对象"。[②] 这种观点过于夸大了财产性利益的外延,并没有认真区分财产性利益和无形财产两个概念之间的界限。两者的区别首先在于存在形态,财产性利益属于有形财产,其存在形态具有客观性,物质载体对于财产性利益并不是必需的,只要获得相对足够的认可,即便不依赖于物质载体也能实现财产性利益的经济价值。财产性利益的可转移性和可交换性具有重

---

① 〔英〕F. H. 劳森、B. 拉登:《财产法》(第 2 版),施天涛等译,中国大百科全书出版社 1998 年版,第 15~16 页。

② 张明楷:《外国刑法纲要》,清华大学出版社 2007 年第 2 版,第 532 页。

要意义,权利主体对于财产性利益的占有在现代社会已经基本上等同于对财物占有的满足程度,尽管两者之间的实现过程仍有可能存在某些障碍,但便利性已经渐渐弥补了这些缺点。而无形财产却是一种彻底的主观性的财产,物质载体是证明其存在性的必要手段,但物质载体本身又必须借助人的主动性理解才能完成其经济价值的实现过程,这个过程的基本内容是人的思维活动,而非客观的物质享受。其次从理解方式上来说,财产性利益尽管需要人的意识发挥作用,但这种认识与财物具有直接关系,是对财物的抽象性认识,财产性利益获取的终极目的仍是财物,两者的联系是本质的,区别是表面的。认识的手段也并不具有专业性的特征和要求,更不存在因人而异的偏差性。无形财产对于人的主观能动性的要求是其体现经济价值的主要方式,而且这种理解不与财物发生任何关系,理解本身就是价值的体现过程,也是价值的实现过程,它和有形财产在经济价值上的相通性是拟制的,并不具有可以具体化的对象和内容。理解的过程也往往需要借助一些知识或者经验的积累,并很有可能因为个人的差异而有所不同。因此,两种财产类型还是应当做出根本性的区分,不宜相互混淆。

三、无体物

　　财物根据存在形态的不同分为有体物和无体物。有体物是指客观上具有物理意义的存在形态的物质,包括固体、液体以及气体①等等,无体物是指并不具有上述物理存在形态但又属于客观存在的物质类型,例如电能、磁能、核能等各种能源。两者之间的重要区别在于,有体物比较容易控制,属于传统的普通的财产形式,也是财物的主要组成部分;无体物的管理手段比较复杂,不易操纵和控制,属于新兴的特殊财产类型,是否能够成为部分财产犯罪的对象存在着不同意见。

　　有体物和无体物的划分肇始于古代罗马法。其民法理论认为,财产的类型不仅包括各种有体物,还包括与此相对应之无体物,后者主要是指非物质性的各种财产权益,如债权、担保权等等。罗马法上的无体物具有以下特点:第一,权利系抽象物,概为人们主观所拟制的某种利益,因此被视为区别于有体

---

　　① 事实上,如果某种气体是作为能源加以利用的话,那么它更有可能被纳入无体物的范畴之内,对此,将在本书第四章进行详细论证。

物的无体物;第二,法律上的无体物,以能用金钱评价为条件,家长权、夫权、自由权等无财产内容,所以不能看作无体物;第三,所有权虽然系主观抽象而成,但罗马人认为该项权利与物同在,而且是最完整之物权,因此所有权应划归有体物的范围。① 时至今日,由于大陆法系的民法理论中大多仍以物的概念指代财产,也就造成了无体物和有体物的划分仍然具有非常广泛的影响。只不过由于无体物自始至终都没有一个普遍认可的定义,因此,也就致使人们对于哪些财产类型可以划分为无体物仍然存在着许多不同的认识和观点。综合来看,民法理论中的无体物主要在三个意义上使用:一是指能源、热、光等自然力,二是指财产权利,三是指知识产品。②

至于刑法中的概念是否应当与民法中的相一致,有的学者主张"民法中的概念不能直接照搬到刑法里面来,刑法上的概念自然属于法律上的概念,不是自然科学上的概念,不是文化上的概念,也不是刑法以外领域的概念,必须根据刑法的特定的目的理解。"③这种观点亦为笔者所赞同。尤其在民法中无体物并非一个法定概念,且处于理论的进一步探讨之中的情况下,其借鉴价值就更值得怀疑了。刑法理论中关于有体物和无体物的分类借鉴于日本刑法中对财物的外延说明,此概念的产生源于非法使用电力行为的大量出现,以是否可以作为财产犯罪进行处罚作为争议焦点,形成了不同的学说。即使在刑法中规定了"电力视为财物"的内容以后,因其仍然可以作不同的理解,也没有彻底结束这场争论。以有体性说为界,无体物就不属于财物范畴,侵犯无体物的违法行为就不能作为一般的财产犯罪处理。这种观点显然过于狭隘地解释了财物的范围,致使某些侵害法益的行为无法得到惩处,具体财产权益也不能受到很好的保护,因此也就产生了管理可能性说。该说又分为物理管理可能性说和事务管理可能性说,前者认为只要具有物理上的管理可能性的事物都属于财物的范畴,这种学说将电力等无形能源也包括在财物的范围之内,弥补了有体性说之不足,但是否遵守了罪刑法定原则却有争议;后者认为不仅具有物理管理可能性的无体物可以作为财物,哪怕仅具有事务上的管理可能性的某种

---

① 吴汉东:《无形财产权若干理论问题》,载《法学研究》1997 年第 4 期。
② 温世扬:《财产支配权论要》,载《中国法学》2005 年第 3 期。
③ [日]木村龟二:《刑法各论》,法文社 1957 年版,第 100 页,转引自童德华:《财产罪基础理论研究——财产罪的法益及其展开》,法律出版社 2012 年版,第 74 页。

事项,也是可以作为财物对待的,但此说由于过大地夸张了财物的范畴,较少获得学者的支持。事实上,"现在有体性说已经成为了日本的多数说,除了早年大审院的判例之外,以后的判例没有采纳管理可能性说。反之,事实上否定管理可能性说的判例倒是不少。"①物理管理可能性说是对财物外延的概括,对此,笔者无意继续在外延问题上讨论各种学说之优劣,而是将其纳入分类研究的领域,以物理存在形态的控制难易程度来界定有体物和无体物的界限。由此,财物变成了有体物和无体物的上位概念,而物理管理可能性意义上的财物就是有体物和无体物的结合。至于在我国刑法中,无体物是否可以作为财产犯罪的对象,以及无体物具体的范围如何将在本书第四章进行详细探讨。

在此,笔者仍须简要区分无体物与前述两个概念:第一,刑法中的无体物不同于财产性利益。"对于财物的界定,理论上都是围绕电力、煤气、天然气这类无体物而展开分析的,但这仍然属于财物这一概念之内的区分,因为事实上都赞成无体物属于财物。"②而上文中笔者已经明确指出,财产性利益是与财物不同的财产形态,至少在刑法理论中这是应当肯定的一点。民法中使用无体物的概念多指某种财产权利,这与罗马法对大陆法系的深刻影响不无关联,但这种影响不宜蔓延至刑法领域。本书所使用的"物"的概念,以"有形且具体"为基本界限,这是财产犯罪对犯罪对象的现实要求,也是当时的立法者所能设想的最大限度上的犯罪构成要件的内容。第二,无体物也不是无形财产。由于笔者在本书严格区分了财物和财产两个概念,因此再将无体物视作无形财产的观点也是笔者极力反对的。有关于无体物在概念上与无形财产相互混淆的一些观点在本章第一节中已有论述,在此不做重复。需要再次说明的是,这种混淆与民法理论对上述概念的使用不当具有直接的联系。尽管有的学者主张,"研究财产(权)问题,切忌死抠字眼,因为过分精细造作,容易变成一种玄学,也容易在无谓的文字纠缠中误了大事。如果我们把注意力集中到财产(权)问题的科学性上,财产问题的面貌就简单明晰了",③但笔者却认为,财产

---

① 童德华:《财产罪基础理论研究——财产罪的法益及其展开》,法律出版社 2012 年版,第 76 页。

② 肖松平:《刑法第 265 条探究——兼论我国财产犯罪的犯罪对象》,载《政治与法律》2007 年第 5 期。

③ 樊延桢:《财产(权)》,中国人民公安大学出版社 1999 年版,第 5 页。

问题的"科学性"恰恰与"精细造作"的"字眼"不无关系,具体概念的明确性不是一个无足轻重的问题,而是一项基础性的研究。既然如此,我们就不应当放任民法中的混乱状况继续蔓延至刑法理论当中,而是尽可能排除上述干扰,将财产犯罪的对象以及刑法中的财产分类问题彻底清晰化,即便本书所确立的各种概念的含义和范围不可能为所有刑法学者接受,但这种尝试也是有益的。

四、不动产

刑法中的财物是否应当先作有体物和无体物的划分并非没有疑义,至少在民法理论当中,就有学者指出"财产的最基本分类是动产与不动产。⋯⋯动产指土地房屋以外的任何财产,包括有形物和无形物。"①多数学者亦认为财物当然地可以分为动产和不动产,如果说两种划分采用的是同一标准,那么如何解释两者之间的关系就需要进行说明。首先,就目前理论上对无体物在民法甚或刑法中的所指内容来看,即便含义并不确定,但基本排除了传统意义上的动产以及不动产的内容,也就是说,动产和不动产仍是有体物的下位概念,两者相加之和并没有超越其外延,而且我们也可以认为,有体物除了动产和不动产以外,应该没有除此以外的第三种有体物。物权法上的物通常讲是有体物或者有形物②,与此同时,物权法中的物又往往分为动产和不动产两种③,据此,我们也可以认为有体物应当包括动产和不动产。其次,从无体物的产生渊源来看,不管对其作何种意义上的理解,它都要短于动产以及不动产的存在历史。也就是说,财物起初只需要分解为动产和不动产即可,正是因为有了无体物的财产形态以后,导致不管是动产还是不动产的概念都不能很好地容纳它,才迫使财物进一步地做出有体和无体的分类。再次,以是否能够移动并且移动是否损害其价值为标准,可将物分为动产和不动产。这种划分标准看似与存在形态相去甚远,但细加斟酌就会发现,这只不过是存在形态的另一种说法而已。当然,根据存在形态的标准对刑法中的有体物进行划分,仍取动产和不

---

① 蒋永甫:《西方宪政视野中的财产权研究》,中国社会科学出版社 2008 年版,第 21~22 页。

② 参见全国人大常委会法工委民法室编:《〈中华人民共和国物权法〉条文说、立法理由及相关规定》,北京大学出版社 2007 年版,第 3 页。

③ 见《中华人民共和国物权法》第 2 条第 2 款。

动产的概念即可。前者的存在形态表现为物理上的可移动状态,转移占有也就更为容易操作,是传统且主要的财产犯罪对象,在刑法理论界对此并无太多的争议,因此也不是本书的研究对象①;而不动产的所有争议问题恰恰来自于存在形态上的不可移动性或者说固定性,这种特殊的有体物是否可以当然地作为财产犯罪对象也就值得思考了。最后,在民法理论中已有类似的分类方式可供借鉴。"大陆法系就是首先将财产分为有体物和无体物,或者有体的物和无体的权利。在此基础上,以是否能够移动为标准将有体物区分为动产和不动产,在这种分类之下,无论是动产还是不动产,原则是不会包含权利在内的。"②基于上述理由,笔者认为财物应当先做有体物和无体物的划分,而动产和不动产只是有体物的下位概念,且这种划分仍然延续了存在形态的基本标准。③

一般认为,动产与不动产,是法律上对物进行的最重要的分类。"由于动产和不动产在经济价值以及利用方法等各个方面均有极大的不同。因此,法律上对其调整原则亦有很大不同,这也是区分动产与不动产的主要法律意义所在。"④事实上,在上述四级财产分类体系当中,只有动产和不动产的划分得到了各国民事立法的承认,除此以外,其他几种分类均无立法上的相关规定可供参考。尽管笔者认为刑法理论和民法理论在特定概念上并无保持一致性的必要,只需在内部得以明确即可,但涉及立法规定的内容,则必须考虑上述一致性原则。也即若刑法分则中出现了不动产的概念,必须充分考虑其含义是否与民法中的不动产相互一致,假若不能满足一致性的要求,笔者认为应当尽可能以其他更为妥当的概念加以替代,而不能使刑法中的不动产另有所指。因此,如果将来无体物、无形财产甚至财产性利益等概念得以在法律中加以确立的话,必须充分考虑法律体系内部的协调一致,相同的概念就应当表达相同的内涵,而不同的内容就应当运用不同的表述方式。

---

① 实际上,以本书的分类来看,如果剔除了上述四种特殊财产类型,财产当中的普通类型也仅有动产而已。

② 吴一鸣:《英美物权法——一个体系的发现》,上海人民出版社 2011 年版,第 21 页。

③ 有的学者曾明确指出:"动产与不动产是财物在客观上的物质表现形态",这种说法也是证明存在形态是划分动产和不动产的标准的一种观点。参见赵秉志主编:《侵犯财产罪疑难问题司法对策》,吉林人民出版社 2000 年版,第 142 页。

④ 魏振瀛主编:《民法》,北京大学出版社、高等教育出版社 2007 年第 3 版,第 125 页。

　　与不动产相关的犯罪主要表现为侵犯他人的土地、房屋等不动产所有权的具有严重社会危害性的行为,此类犯罪在我国当代社会日益凸显,各种疑难复杂案件也是层出不穷,尤其在如何定罪的问题上更是众说纷纭。关于不动产是否可以成为财产犯罪对象的问题,传统的观点大多持否定的态度,但近些年来随着侵犯不动产所有权的违法行为逐渐增多,要求运用刑法手段保护公民的合法财产权益的呼声也是"水涨船高",使得刑法学界对此问题的看法有了根本性的转变,一些学者也开始从各种角度论证不动产作为财产犯罪对象的可行性问题。[①] 这种转变有一定的社会合理性,在理论上看似也是行得通的,但一个从"不能"到"可以"的过程是否仅仅因为上述原因就能够彻底完成呢？笔者对此深表怀疑。如何运用刑法手段合理有效地保护不动产的所有权问题,并不是一个简单的犯罪对象范畴上的归属问题,更涉及了具体财产犯罪在构成要件上尤其是客观方面的定型性问题。依此观之,可能从犯罪对象角度切入不动产犯罪的问题并不恰当,或者说它也仅仅是"一个"角度而已,并不足以完全说明肯定结论的可行性和合理性。所以,笔者认为有关于不动产犯罪的问题讨论远未结束。

▌第四节　特殊财产的研究意义

　　"分类的出现其实与数量有很大关系,而不仅是与差别有关。"[②]当某种财产形态日益深入影响人们的日常生活的时候,自然就说明这种财产形态的存在面已经达到了非常广泛的程度,与之相对的理论上的崭新类别就应运而生了。现代科学越来越要求专业化,以致分类也是愈加精细,这种影响已经波及了包括法学在内的社会科学领域。分类的基本意义在于能够将错综复杂的专业概念进行有序的排列,使人们便于识别、利用和研究,并有助于掌握分类

---

　　① 例如夏勇、柳立子:《论加强对不动产所有权的刑法保护》,载《法商研究》2001 年第 3 期;李萍:《论抢劫罪之行为对象》,载《贵州工业大学学报》2002 年第 3 期;陈宁:《不动产盗窃行为入罪问题之研究》,载《政法学刊》2009 年第 3 期;刘明祥:《论侵犯财产罪的对象》,载《法律科学》1999 年第 6 期。

　　② 苏力:《也许正在发生——转型中国的法学》,法律出版社 2004 年版,第 227 页。

对象的发生和发展规律,揭示不同类别之间的内在联系。具体到本书为何将上述四种特殊财产加以分类研究,笔者认为主要存在以下三方面的积极意义:

一、划清不同类型的财产界限

对于刑法中的财产概念来说,由于其内涵随着社会的发展日趋复杂化,仅仅以财产或者财物的简单概念来统摄所有具有经济价值的物质或者非物质客体总会显得过于笼统。伴随着各种特殊形态的财产内容层出不穷,财产本身的外部特征逐渐得到"稀释",例如物质性、可移动性、有形性等等,都已经不能再被称为财产的共同特征或是判断依据,财产的界限已经变得越来越模糊了。时至当代,对于财产无可争议的特征可能有且仅有经济价值性了。一个概念的模糊程度应当是同它的存在价值和研究意义成反比的,而特征的不明显或者说缺乏,正是概念模糊的表现之一。据此,笔者认为单就刑法中的财产理论研究而言,如果不能对其进行恰当的分类,分解出更为个性化的下位概念,对于该问题的研究将永远是表面的、形式化的。

分类的目的在于区别,在这一点上与分类的意义是同一的。区别不同形式的财产界限,进一步表明各自的"身份"特征,是我们进行研究的基本前提。对于刑法中的财产理论研究主要存在的问题,在本章第一节中就已经有所论述,尤其涉及界限不清、概念不明的缺陷至为明显,由此更有可能导致我们在定罪问题上的不统一、不确定,而弥补的关键就在于标准合理、方法科学的分类。将具有同一特征的客体划分为同一财产类型,从而使其独立出来,是这一类型的财产能够成为一个特定概念的基本标志。对于刑法中的财产问题来说,其主要缺憾在于学者们尽管已经意识到各种特殊财产形态已经在特定的领域趋向成熟,形成了诸多的不同特征,并且既有概念的问题暴露无遗,但由于受到民法领域的研究现状的消极影响,仍不能彻底改变滥用概念、"各自为政"的现象。这种缺憾的最主要表现就是各个财产类型的界限模糊不清,要么将特殊财产说成是普通财产,要么将此一特殊财产混淆为彼一特殊财产类型,例如我们既可以说知识财产是无体物,也可以说它是无形财产,甚至也称得上是财产性利益。这样一来,一旦有新的财产形态出现,我们仍不能很好地对其进行定义、分类乃至研究,因为我们本身的财产体系就是杂乱无章的。但是,如果对整体的财产类型根据统一的划分标准进行严格分类以后,就能从根本上改变这一现状。一方面,统一的标准即存在形态有助于形成完整的财产结构体系。这种分类方法不仅固定了现有的几种特殊财产类型,即便今后出现了其他种类的财产形态,也能按照此标准将其概括进来,是一种具有普遍适用性的研究模式;另一方面,统一的分类之后基本上解决了界限模糊不清的问题。因为当所有的特殊或者普通财产类型都已经被纳入到这一分类体系之后,必然会被分门别类地做出调整,调整的基本内容也就是各得其所、各就其位。例如当无体物和无形财产的界限得以分清以后,也就解决了知识财产的性质不明的问题。因此,将刑法中的财产进行普通与特殊的分类研究之后,当然有助于划清不同形式的财产界限。

二、重构不同范畴的财产关系

不同财产形态之间的关系确定也是值得思考的问题。以往的财产分类往往止于一级分类,对于因不同标准而产生的类型之间存在何种关系也未有说明。这种分类研究明显存在就事论事的嫌疑,一种新的财产形式出现,就伴随着一种分类标准的诞生,似乎该类型的出现只是与最广泛意义上的财产之间具有特定的关系,而与其他类型毫不相干。这种研究方法割裂了不同财产之间的联系,孤立地看待新型财产的出现和变迁,没有在更深层次上认识财产之间的结构性关系。

具体而言,例如先前的无体物和有体物的分类与动产和不动产的分类都是针对财物进行的,但是两种分类之间的关系却未有学者进行过说明。这并非无关紧要或者是毫无争议的问题。因为我们既可以说有体物和无体物均属于动产,也可以说动产和不动产均属于有体物,两种说法看似都能成立,但也只有真正搞清楚两种分类之间应当遵循何种先后关系,才能解决这一问题。①在此,笔者以存在形态作为刑法中的财产分类的基本标准,将各种特殊财产类

---

① 起初的物分为动产和不动产,除此以外,并无有体物和无体物的划分,有体物的概念也是基于无体物才在近代产生的。无体物出现并独立为一种财产形式以后,应当是基于动产和不动产以外的第三类物,正是由于它的产生,对物的分类发生了变化,因为没有一种标准可以适用于这三种分类,所以,有体物的概念为了对应无体物并重新划分财物概念而诞生,基于此,有体物应当是动产和不动产的上位概念,而不是有体物和无体物是对动产的划分。况且,如果坚持后一种分类模式,不动产也可以算作有体物。具体论述可以参见本章第三节的最后一部分内容。

型之间的关系重构作为分类的主要目标,也是本书对于财产犯罪对象进行类型研究的一条主线,对不同形态的财产进行了分门别类的重新定位。这种定位一方面显示了不同的特殊财产之间的明确界限,另一方面也将各种财产之间的关系问题进行了必要的说明。对于有形财产的划分自然以排除无形财产为必要,因此,财物和财产性利益必然同时具备有形财产的基本特征,财产性利益不是无形财产,两者的区别可以等同于有形财产和无形财产之间的区别;当无体物被划定为财物的下位概念以后,它与无形财产之间的关系也就更为遥远,甚至和财产性利益也是很容易区分清楚的。反之,我们同样不能在分类的过程中仅仅注意到各种财产类型之间的差异,也要反复论证下位的分类是否可以同属于上位概念,比如有体物和无体物是否都具有财物的基本特征?有形财产和无形财产是否是财产的全部内容?为什么财物和财产性利益都是有形的?这些问题又从另一个角度彰显了不同的特殊财产类型之间的联系,当然,这种联系仍然是为证明与"第三种类型"的不同而已,但如果没有认识以及准确地把握这种联系,对于该问题的研究仍是不足够的。而本书所主张的以存在形态对财产做出的上述分类,就很好地贯彻了这种类型化的思想,重新构建了体系统一、界限明确的特定财产关系。

三、指明对象多元的立法趋势

目前来看,如何对刑法分则的侵犯财产罪部分进行完善仍是相当棘手的问题。从新《刑法》颁布实施以来,该章无论从罪名数量上,还是从条文数量上,都是变化最小的部分。当然,这里存在着作为传统的自然犯罪并无实质变化的因素,也有许多侵犯财产的犯罪行为被规定为例如破坏社会主义市场经济秩序罪等内容,但这些都不能否定其刑事立法的滞后性是客观存在的,对于许多与此相关的社会问题的确没有做出很好的回应。

刑事立法完善工作的前提条件在于准确把握立法对象的变化规律,更好地预测立法对象的发展趋势。传统的财产犯罪尽管在犯罪的发生总数上一直高居榜首,遥遥领先于其他犯罪类型,但在犯罪的手段、方式上并无太大的变化,古今中外的各种刑法典所规定的也无非就是偷、抢、骗、诈或者是这几种方式的变相内容。我国1979年《刑法》第150条至第156条规定的侵犯财产罪共有9个罪名,经过三十几年的发展变化,即便刑法典完备如今,也只不过区区13个罪名,在不考虑其他因素的情形下,单从罪名的数量上来看也是有些问题的,并且主张从犯罪手段或者方式的角度去增加财产犯罪罪名的建议亦是寥寥无几。① 但这是否意味着财产犯罪已无完善的必要呢? 答案恰恰相反。"从司法实践的具体情形来看,财产犯罪存在着越来越多的亟待立法解决的问题。只不过并非从行为方式上加以改进,而是需要对犯罪对象进行细化,从而建立新型的财产犯罪体系。以知识产权为主体的无形财产从传统的财产犯罪当中分离,就是这一立法趋势的先声。"②知识财产作为一种特殊的财产类型,之所以没有作为侵犯财产罪加以规定,主要原因还是在于特殊的存在形态影响了犯罪性质,勉强归入此类确有不妥。实际上,本章第三节中所分离出来的其他特殊财产类型也是存在同样的问题,其分离的意义从表面上来看是认识和掌握各种形式的不同点,但就根本意义而言,还是希望能够使这种"不同"在立法实践中得以运用。

无论从理论研究的角度来讲,还是根据司法实践经验所出现的疑难复杂问题,每一种特殊财产类型所引发的刑法现象或者说犯罪问题渐趋形成了自身的特点和结构,自然也就必须采取不同以往的立法对策。正如有些民法学者所指出的那样,"面对日益出现的新型财产,欧洲大陆法国家有的采取了将物权法之'物'扩大的方法,有的采取了取消'物',而代之以'财产'的方法。我们面对新技术条件下的非物质化财产,能否仅仅以物权法中的物来替代呢? 物权法所调整的东西,乃有形之物质,即便光、电、声等为无固定形态,但于物理意义上有存在,就可以用物权法去规制,而无形财产不同于这些物,不能完全以有形物之方法来调整。"③这同样也是刑事立法必须遵循的思考路径。笔者认为,实际情况已经为我们指明了当前财产犯罪刑事立法完善的基本途径,也即必须从犯罪对象的不同类型着手,以其界限明确、特征各异的分类为标

---

① 此罪与彼罪的区别根本在于犯罪构成,而犯罪构成的基本特征是犯罪的客观方面,犯罪手段或者说危害行为又是客观方面的关键要素,因此,在侵犯财产罪的章节当中,主体、客体、主观方面并无显著差异,罪名的数量往往取决于犯罪手段或者行为方式的多寡。

② 陈烨:《财产性利益与罪刑法定问题》,载《上海交通大学学报》2013年第5期。

③ 赵宇霆:《无形财产权理论研究》,法律出版社2011年版,第6页。

准,针对不同的特殊财产类型进行不同的刑法规制。[①] 当然,这种规制不必如知识产权犯罪一般,完全抛弃传统的财产犯罪形态,另立门户,但至少在刑法分则第五章当中就犯罪对象的差异性要有所体现,不能再将所有的财产类型统称为"财物",再去想方设法解释财物的内涵以及外延,现在的诸多问题已经证明,这条路是行不通的。

接下来,本书就以此作为基本的分析进路,从特殊财产类型的基本特征出发,以其明确的内容所指为主要研究对象,并根据实践中经常出现的相关问题,提出刑事立法的改进建议。

---

① 曾有学者在谈到刑法分则的结构问题时,指出了侵犯财产罪部分应当区分为侵犯物权罪和侵犯知识产权、债权罪的两分法,对于这种想法笔者基本赞同,但是否应当完全按照民法的结构做出这种对应性的安排仍有待商榷。参见文海林:《刑法分则结构及其理论基础》,载《法学研究》1996年第4期。

第二章　无形财产的刑法保护问题

▌第一节　无形财产的界定

　　我国著名的民法学者王家福教授曾就将无形财产写入民法典作为知识产权来加以保护提出过如下主张:财产可以分为两大编,一编是无形财产,另一编是有形财产。它们都是绝对的、排他性的权利,都是人特别需要的权利。①虽然此种意见并未得到立法上的或者多数人的认可,但也为我们重新认识财产分类问题提供了新的视角。有形财产与无形财产的划分是刑法中的财产基本分类,因此,无形财产也是刑法的财产类型中需要进行特别研究的第一类。

　　就目前国内外无形财产问题的研究现状来看,许多基础性问题并没有形成较为统一的理论和见解,诸多专家学者的观点也是众说纷纭,造成了现如今该研究领域的混乱局面,尤其在刑法理论中谈及无形财产问题时更是如此。因此,笔者仍有必要从该问题的概念、特征、类型以及立法思路等许多基础性的问题研究角度入手,以期树立无形财产在刑法理论研究中的重要地位。

▍一、无形财产的概念

(一)历史溯源——民法理论

　　随着人们对财产与财产权研究的深入,从 20 世纪开始,人们越来越不接

---

　　①　王家福、费宗祎、郑成思:《物权法、知识产权法与中国民法典》,载王卫国主编:《中国民法典论坛 2002—2005》,中国政法大学出版社 2006 年版,第 63～65 页。

受将财产概念限于固定不变的、绝对权利的观点,并且从绝对的、个人的、私人的、公共的方面讨论财产问题。这在相当大的程度上反映了将知识产权等无形财产不断纳入财产范畴的观念与事实——人们不再认为财产的概念必须与特定的有形物相关。① 由此可见,无形财产这一说法的产生应当起始于20世纪,它和知识产权的兴起不无关系。但是,如果就此认为20世纪以前并无这一概念则是错误的。

关于无形财产中的"形",并不是"形式"之"形",只能是"形体"之"形"。故此,这里的"无形"应为"无体"之意,无形财产也就是无体财产——两种提法一个含义。财产(无论是动产还是不动产)一般首先表现为某种"物"。无形财产即无体物。② 早在古罗马时期,民法理论中就特别注意到了财产的分类问题,他们发现尽管财产的主要内容是有体的物质对象,但"无体物"作为一种"法律上的拟制关系",虽然没有实体存在,却也日益成为了一种非常重要的财产权利。因此,本书认为无形财产的概念及相关理论是公元2世纪由古罗马法学家盖尤斯在其著作《法学阶梯》中提出来的,尽管当时被称为无体物(或无形物),但可谓是当今无形财产概念的最初萌芽。无体物理论的产生与发展,是早期西方社会现实生活中商业活动日趋复杂和繁荣的结果,并且在很大程度上推动了相关民事立法的进程。不过,当初的无体物与现在的无形财产并不是完全相同的概念,而更类似于当今民法理论中的债权、抵押权等权利。尽管如此,两者之间的关系仍然是非常紧密的,因为"'无体物'理论本意是将特殊之权利视为权利标的意义之物件,这是一种开放的财产观,它使人们对客观物理解,不拘泥于直接控制之物,有体存在之物。罗马法学家的理论贡献,不仅在于他们建立了简单商品经济条件下的财产权体系,更在于这种理论为近代知识产权制度的构建,'提供了一些关键的概念性工具'"。③ 大陆法系国家的民事制度和民法理论受到了古罗马法的深刻影响,对财产(物)的分类也延续了有体物和无体物的基本思路,并在很大程度上扩展了无体物(无形财产)的

---

① 冯晓青:《财产,财产权与知识产权探微》,载《郑州大学学报(社会科学版)》2007年第2期。

② 周俊强:《知识产权的基本理念与前沿问题》,安徽人民出版社2006年版,第70页。

③ 吴汉东:《罗马法的"无体物"理论与知识产权制度的学理基础》,载《江西社会科学》2005年第7期。

存在范围。从大陆法系国家的立法例可以看出,以法国为代表的国家采古罗马法的广义的物的概念,将物分为有体物与无体物,而以德国为首的国家则将物主要限于有体物,将权利比照动产来处理。尽管其规定不同,但无形财产在这些国家仍是财产的一个重要组成部分。①

正如上文所说,起初的无形财产(无体物)主要是指票据权利、债权、信托权利等内容,这是与当时的社会经济发展条件相适应的,与传统的有形物相比较,只有上述几种财产权利具有特殊的无形性特征。对于当时的古罗马人来说,"物"的概念仍只限于有体物而已,说某种权利是无体物是一种拟制,以便采用有体物的法律程序实现权利的让渡。因此,这种无体物与现代无形财产的概念还是有区别的。② 随着相关法律制度的健全和完善,这些财产权利逐渐淡出了法学家的研究视野,其特殊性也日渐式微。进入到19世纪以来,包括法学在内的社会科学研究呈现出了专门化的趋势,各种学科的分野达到了极致。譬如"民法中就会有债权法、物权法、亲属法等的专家,债权法中,复分为契约法、侵权行为法种种的专家。……但是在事实上,当然有许多模棱两可,不容严格地归入到那一类的现象"③。各种新型的财产形式不断涌现,就为此提出了诸多新的问题。首当其冲就是知识产权制度的建立和发展对现实生活带来的巨大冲击,首先是出现在西欧诸多国家的专利权和版权制度,随后又出现了商标权等无形的财产权利,在此影响之下,知识经济时代可谓已经降临,有形财产权的地位逐渐逊位于知识产权,而后者也逐步取代原来的债权等成为了最具代表性的无形财产。随着生产方式的转化和科学技术的快速发展,财产权利的客体进一步得到了扩张,包括动植物新品种、网络域名、虚拟财产、非物质文化遗产等在内的许多崭新财产类型不断涌现,其中大部分也都被纳入了无形财产的范畴,从而使得知识财产在无形财产中的所占比重越来越小,也对无形财产的内涵界定提出了新的要求。

目前在学术界,"无形财产"的使用具有以下三种不同的含义:(1)无形财产指不具备一定形状,但占有一定空间或能为人们所支配的物。这主要是基

---

① 胡开忠:《无形财产形态的历史演变及启示》,载《云南大学学报(法学版)》2003年第1期。

② 王卫国:《现代财产法的理论建构》,载《中国社会科学》2012年第1期。

③ 吴经熊:《法律哲学研究》,清华大学出版社2005年版,第192页。

于物理学上的物质存在形式而言,如随着科学技术的进步和发展,电、热、声、光等能源以及空间等,在当代已具备了独立的经济价值,并能为人们进行排他性的支配,因而也成为所有权的客体。(2)无形财产特指知识产权,这主要是基于知识产品的非物质性而作出的界定。另外,通常基于知识产品的无形性,在习惯上学术界将知识产品本身也视为"无形物"或"无形财产"。如德国在不承认传统的"无形物"前提下,将知识产品从客体角度视为"狭义的无体物"。(3)无形财产沿袭罗马法的定义和模式,将有形物的所有权之外的任何权利称为"无形财产",知识产权仅是其中一种"无形财产"。① 导致这一现状的主要原因在于无形财产的概念本身具有很强的包容性,是一个较为开放的、分散的集合定义。在当代社会,我们可以这样认为,有形财产的发展变化已经走到了边缘地带,并无产生巨大革新的可能性。与之相反的是,无形财产作为一种崭新的财产类型正处于蓬勃发展的快速时期,其前景和走向既是非常乐观的,也是人们所无法预知的。这也就造成了无形财产自从产生伊始就不是一个固定的概念,旧的内容尚未剔除,新的内涵就接踵而至,认识不一的现象也就不足为奇了。受此影响,我国民法学界在开始使用"无形财产"的概念以后,也没有形成较为统一的观点,只是一般性的认为无形财产或者说无形财产权是一种基于非物质形态所产生的权利,也就是说,除了所有权以外的其他权利都可以认为是无形财产的范畴。② 这种观点是否过于扩大了无形财产的存在范围值得深思,且无疑并没有明确地指出这一概念的真正内涵。因此,"尽管不同法系和不同国家对于无形财产的含义和范围的认识还有所不同,但总体上不外乎从权利的'无形'(广义)或客体的'无形'(狭义)两方面来把握",③从发展的角度来看,无形财产的外延处于不断的变动之中,但在某一时期我们认为该定义仍是可以准确界定的,其所包含的权利种类应当是相对固定且具备相同的属性和特征。否则,无形财产的理论研究将很难为其立法进程提供必要的支撑,从而使得研究的意义大打折扣。

---

① 马俊驹、梅夏英:《无形财产的理论及立法问题》,载《中国法学》2001年第2期。

② 参见吴汉东:《无形财产的若干理论问题》,载《法学研究》1997年第4期;马俊驹、梅夏英:《无形财产的理论及立法问题》,载《中国法学》2001年第2期。

③ 袁秀挺:《知识产权在财产权体系中的定位》,载《华中科技大学学报(社会科学版)》2003年第2期。

目前,关于无形财产的法律性质,通说的观点认为应当在物权与债权的二元结构以外,按照特别法对其加以规制。而无形财产的具体类型应当包括如下三种:(1)知识产权,这是最具典型也是毫无争议的无形财产[1];(2)商业社会的各种无形权利,包括商誉、商号权,商业秘密权,经营特许权等;(3)公法意义上的财产等。[2] 当然,对此观点仍然存有继续探讨的余地,且无形财产本身可以说也正处于极度膨胀的历史时期,具有相当重要的研究意义。总体上看,财产权利客体,是从确立有形财产,走向包容更多的无形财产;从确认作为"拟制物"的权利,走向更多可以感觉和支配的"无体物"和非物质的无形财产……[3]这种发展趋势不仅深刻地反映在民法领域,使得相关的财产法体系不断地分解和重构,而且也对刑法理论尤其是有关于财产犯罪的诸多问题产生了广泛的影响。

(二)内涵解析——刑法理论

刑法中的无形财产概念无疑来源于民法理论,受其影响,在刑法理论中如何定义无形财产也是没有明确结论的问题。有的刑法学者将财产与物等同看待,并指出除有体物以外,无体物(也即无形财产)包括如下四种类型:一是自然类无体物,包括以自然状态存在的电力、热力、频率等。二是知识类无体物,主要由知识、技术、信息等构成,可以进一步分为创造性成果和经营性标记两种形态。前者包括作品及其媒介和工业技术。后者是指在生产流通领域中能够标示产品来源和厂家特定人格的区别标记,包括商标、商号、地理标记等。三是资信类无体物,是指经营领域中的商誉、信誉、形象等。这种无体物,其内在因素是主体的经营能力,包括经济状况、生产能力、产品质量、市场占有份额等。四是特许类无体物,是指由主管机关或社会组织所特别授予资格、优惠、特权等。该类财产与前述知识类无体物、资信类无体物不同,而是由某一机关

---

[1] 也有学者对于知识产权属于无形财产权提出过质疑,认为知识的本质就是形式,而无形则是指没有形式,因此两者之间的关系并不是种属关系。但这种观点的支持者较为少见,且本身的合理性也值得怀疑。参见刘春田:《知识财产权解析》,载《中国社会科学》2003 年第 4 期。

[2] 宁红丽:《私法中"物"的概念的扩张》,载《北方法学》2007 年第 3 期。

[3] 陆小华:《信息财产权——民法视角中的新财富保护模式》,法律出版社 2009 年版,第 46 页。

或组织的特别授权而产生。① 这种界定方式大体上延续和借鉴了民法理论对于无形财产的分类概括,将无形财产的外延扩张到了最大的限度,但是,这种概况尽管看上去比较全面,却也过于宽泛。与传统的有体物相比较,这四种财产类型在存在方式上确是无形的,但从内部的统一性上分析,很难找到四种类型在存在形式上的相同点,将其作为统一的财产形式并无充足的理由。而且,涉及刑法中的无形财产问题时,如果完全按照民法的研究思路进行归纳分析,很有可能混淆了不同财产的差异,忽视了由此引发的刑法理论争议,也就不足以达到解决具体问题的目的。

实际上,对于无形财产问题的探讨主要集中于部分财产犯罪的对象范围之争上,也即侵犯无形财产的行为是否构成特定的财产犯罪,且以盗窃罪的相关研究最为常见。有的学者认为,无形财产是指不具有形体状态,但能为人们提供某种权利,并能为人们带来收益的资产。在刑法理论中探讨无形财产的范围,应当持相对广义的立场,涉及盗窃对象的问题时,不仅包括电力、煤气、天然气、重要技术成果、长途电话码号、电信码号等,还需要着重讨论财产上的利益以及其他种类的权利等,也就是说,上述概念都应当属于无形财产的范畴。当然,知识产权作为一种精神财产亦是无形财产,只不过刑法已经对此有所规定,也就无须再做探讨了。② 再有学者同样持类似的观点,从司法扩张的角度分析了哪些无形财产可以成为盗窃罪对象,也就同时表明了无形财产的具体范畴。其认为应当从广义上理解作为盗窃罪对象的无形财产,不仅包括电力、煤气、天然气等能源,还包括知识产权、债权、特许权、用益物权、股权等抽象存在的财产性权益。③ 在目前的刑法学界,大多数人对于上述观点持赞成的态度,这种现状严重制约了无形财产的理论研究。笔者认为,之所以形成这种理论倾向的理由无外乎有两点:第一,无形财产的理论研究与经济生活、科技发展等社会问题密切相关,后者在转型期的中国社会中仍然处于快速变动阶段。由此,无论是刑法理论还是民法理论的研究实际上都相对滞后于现实生活,加之该问题本身的研究难度较大,在我国法学界尚未成熟也就不难理

---

① 于志刚主编:《网络空间中虚拟财产的刑法保护》,中国人民公安大学出版社 2009 年版,第 82 页。

② 王礼仁编著:《盗窃罪的定罪与量刑》,人民法院出版社 2008 年版,第 122 页。

③ 魏海:《盗窃罪研究——以司法扩张为视角》,中国政法大学出版社 2012 年版,第 58~60 页。

解了。比较而言,只有部分知识产权的研究成果及立法情况可圈可点,除此以外的其他无形财产的理论研究可谓仅仅处于萌芽阶段。这一阶段的基本特征就是尚未产生较为统一的认识和观点,学者们众说纷纭,莫衷一是,有力的学说无法形成也就自然不会产生较为积极的、广泛的影响。而在众多的见解之中,广义的理解往往成为了学者们较为稳妥的选择。第二,与民法理论研究的不同之处在于,刑法理论的研究意义往往对于司法实践的影响更为直接。无形财产作为新生事物并没有在刑法规定中得到直接的反映,这就为司法实践如何对具体案件定罪量刑留下了裁量的余地,但这种裁量由于涉及个人的重大权益以及社会秩序的稳定等敏感问题,自然要进行慎重的衡量。从上述学者对盗窃无形财产是否构成财产犯罪的具体结论来看,重视维护社会秩序、保护公私财产的刑法功能仍然被当作优先的选择,只要符合该项功能的基本定位,其合理性也就"毋庸置疑"了。同样地,这种立场也普遍受到了各级司法机关的积极认可,因为它本身能够为实践中发生的诸多疑难复杂的财产犯罪案件提供直接有效的处理方式及理论支撑。

但是,无形财产的概念问题并没有得到解决,也可以说,根据上述学者的见解是无法给出无形财产一个准确定义的。"概念是认识事物的重要工具:一方面,概念的形成,使人们的认识由个别上升到一般;另一方面,概念的形成使人们的认识由现象深入到本质。"[1]也就是说,一个没有明确概念的理论研究只能是停留在个别的、现象的层面上,无法形成一般性的、本质性的深刻认识。而明确概念的最主要也是最常用的方法,就是使用比较简明的语言为其下一个准确的定义。但是,在下定义的过程中,有两种方法不宜在此问题上使用:第一种方法就是通过直接列举被定义概念的外延来下定义,比如说上文中将无形财产划分为四种类型,这种定义方法并没有界定被定义概念的内涵,只是说明了它的全部外延而已。这种定义方法的说服力不强,尤其不能以此进行判断和推理,假设出现了新的财产类型,是否可以将其归入无形财产就很难做出判断;第二种方法就是通过否定的方式下定义,也即下定义项中不宜包含否定概念。无形财产是一个正概念,使用否定判断只能说明无形财产不具有相应的属性,也不能解释其具有何种属性,因此同样也不能正确揭示其内涵。因

---

① 张绵厘编著:《实用逻辑教程》,中国人民大学出版社 2011 年第 4 版,第 11 页。

此,尽管无形财产仍是一个富有争议性的概念,我们还是要抓住其本质内涵,从根本上揭示这一概念的核心内容。笔者认为,无形财产之最大特征在于其无形性,非此特征无法同其他财产形式加以区别。正如本书第一章中所言,无形性并非指的是没有任何存在形态,而是指该类型财产的经济价值并非体现在客观物质的层面上,不能由人们直接触碰甚至感知,而是一种主观的、思维认识的结果。以著作权为例,作为商品的书籍之所以价格远远高于众多纸张相加的数额,就是因为书籍的内容不是以物质形态存在,也不是以此为目的让人们加以利用的。人们需要对书籍的思想内容进行阅读才能完整地获取其经济价值,这个满足人们需要或者说经济价值体现的过程,就是无形的。对此,也有一些定义值得我们借鉴。例如在法国民法理论当中,"无形财产是指不具有物质形态,只能通过思维的、抽象的方式认识其存在的财产"。① 也有国内学者指出,无形财产应定义为:由法律明文规定加以保护的,不具备具体的实物形态,能给所有者带来经济效益的权利义务总和。② 更有刑法学者指出,无形财产是指国家、集体、个人所拥有的专利技术、非专利技术、著作权等,它是以一定的文字、符号、图案、声音、图像等形式,记录在某种载体上的信息。③ 通过对上述观点的分析,我们认为定义无形财产应当注意以下三个问题:

第一,无形财产的核心关键词不宜落脚到财产。尽管无形财产的显著特征在于无形性,但是如何解释财产也与无形性具有密切关系,因为这种无形性的特征不仅仅体现在经济价值的实现方式上,也体现在财产客体的存在形态上,两者相互统一,不可分割。将无形财产说成"是……的财产",无法表现出这种特殊性,没有指出这一特殊财产的不同之处。而本书认为,基于对现有的各种无形财产的相同点的分析,它们在客观的表现形式上都体现为各种各样的信息,也即将无形财产界定为某种信息是较为科学的。

第二,无形财产的"无形"不宜解释为不具有物理形态。实际上,任何财产都必须依赖于某种形式的物质载体才能存在,也才能实现其经济价值,否则,只存在于人类主观思维中的知识根本称不上财产,也无必要加以立法保护。

---

① 尹田:《物权法理论评析与思考》,中国人民大学出版社 2008 年第 2 版,第 17 页。

② 贺颖:《论无形财产法律概念的确立及实践意义》,载《湖南行政学院学报》2005 年第 1 期。

③ 徐海清、王树国:《浅谈盗窃无形财产的犯罪》,载《山东公安丛刊》1994 年第 3 期。

因此,将无形财产定义为"不具有物理形态……"是不够严谨的。从这一点出发,我们根据这种界定很难将无形财产与有形财产区分开,因为有形财产当中也并非全部以物理形态作为必要的存在方式。至少笔者认为债权就是如此。

第三,就目前无形财产理论研究的现状来看,将无形财产进行事实上的定义优于法律上的定义。根据检索的结果,我们发现,现行法律法规中直接使用"无形财产"的定义非常少见,更未涉及相关法律概念的解释问题。而且,事实上的定义可以呈现出一种相对开放的姿态,从而为将来在此问题上的发展变化预留了独立的空间。不过,定义本身总归是封闭性的,应当具有一定的界限和排除机能,我们不排除将来在财产类型中出现更为新颖的形式,所以,也反对将各种新型财产不加辨别地统统纳入无形财产范畴的做法。

依此,笔者认为在刑法领域谈及无形财产的定义时,应当是指依赖于人们的主观抽象思维认识或感知体现其经济价值的,以一定的数字、词语、声音、图像或其组合等为客观载体的信息。说得更为简单一些就是,无形财产就是一种具有经济价值的信息。其实,无形财产在此意义上也可以称之为信息财产。[①] "从财产及产权法的角度看,在第一次浪潮的社会中,土地是最重要的财产;在第二次浪潮的社会中,机器取代了土地,成为最重要的财产;在第三次浪潮的社会中,我们仍然需要土地、机器这些有形财产,但主要财产已经变成了信息。这是一次革命的转折。这种前所未有的财产是无形的。"[②] 无形财产的说法重视了形式上的特征,信息财产的概念更倾向于表达本质性的内涵,只是因为长久以来形成的语言习惯,并无必要进行更改,所以本书仍旧沿用了无形财产这一概念。

二、无形财产的特征

除了根据上述定义可以直接判断某一种财产形式是否属于无形财产的范

---

① 有的学者认为,信息财产是指固定于一定的载体之上,能够满足人们生产和生活需要的信息。广义的信息财产,应该包括纸面信息、电子信息两大类;狭义的信息财产仅指前者。参见齐爱民:《论信息财产的法律概念和特征》,载《知识产权》2008 年第 2 期。但笔者认为,这样的定义并未指明信息的内涵,只是揭示了它的一些特征和形式。如果从本体的角度认识信息,它应当是指一系列的有意义的数据组合。

② 郑成思:《信息,信息产权及其与知识产权的关系》,载《中国知识产权报》2003 年 11 月4 日第 8 版。

畴以外,我们还可以更为直观地通过确认是否与无形财产的基本特征完全符合来达到相同的目的。无形财产的基本特征与其含义具有密切的关系,将后者的全部内容进行分解、提炼也就是前者。据此,刑法中的无形财产应当具备如下两方面的基本特征:

(一)效用性

这里的效用性也即具有经济价值的属性。这是作为无形财产的本质特征。无形财产定义的核心关键词在于信息,某种信息在何种意义上可以被认定为财产就需要确定它的效用性。"效用性,就是指财产能够满足人们的物质利益和精神需求的属性。财产的价值不仅仅体现在其物质属性上,还应该表现在能够满足财产所有者精神需求的属性上。"①在古代法学名著《学说汇纂》当中,法学家乌尔比安曾经指出,"'财产'这个词或是自然法上的,或是市民法上的。财产,根据自然法被说成是使人幸福(即使人变得幸福)的东西,使人幸福即有用。"②效用性是财产的第一个基本条件,也是无形财产的必备特征。

财产的含义本身是极为复杂的,古今中外关于这一概念存在着多种学说和见解,但始终没有使这一问题得到圆满的解决。不过,随着认识的逐步深入,学者们也开始注意到,"财产的概念与财产权的概念相辅相成,须臾不可分离。没有了财产权,所谓的'财产'只不过是不为任何人控制的'死物';而没有了财产,财产权就失去了其行使权力的对象,财产权本身也就不可能得以成立。"③从根本上来说,其实财产就是一系列权力的集合,财产的多寡与财产权的大小具有完全对应的关系。如法律经济学家罗伯特·考特、托马斯·尤伦指出,财产是一组权利,这些权利描述一个人对其所占有资源可以占有、使用、改变、馈赠、转让或阻止他人侵犯。④ 但这种认识并不能说明财产本身作为一种客观存在并不重要,在上述两者的对应关系当中,财产作为一种具体的、可控的实践对象,仍然占据主导地位。我们也可以这样认为,尽管财产与财产权

---

① 赵秉志、阴建峰:《侵犯虚拟财产的刑法规制研究》,载《法律科学(西北政法大学学报)》2008 年第 4 期。

② 桑德罗·斯契巴尼选编:《物与物权》,范怀俊译,中国政法大学出版社 1999 年版,第 19 页。转引自王卫国:《现代财产法的理论建构》,载《中国社会科学》2012 年第 1 期。

③ 刘少军、王一轲:《货币财产(权)论》,中国政法大学出版社 2009 年版,第 2 页。

④ [美]罗伯特·考特、托马斯·尤伦:《法和经济学》,张军等译,上海三联书店、上海人民出版社 1994 年版,第 125 页。

的判断同时存在,但基于习惯的认知,仍然会首先进行客体是否属于财产的演绎推理,而不会先去考虑主体是否享有财产权。事实上,即使法律承认某种客体属于财产的范畴,仍然必须以该客体具备相应的前提条件为基础,而这种前提条件也就是客体之于主体的效用性。"正是因为客体满足了主体的某种需要,主体才认为客体有价值;而能够满足主体需要的价值,也就意味着客体对主体有益有用有意义,或者说是有效用。试想,如果客体对主体无效用性,主体又怎能赋予客体以(有)价值呢? 这反过来也就是说,客体要获取主体赋予的价值性,就应当具有或显示满足主体需要的效用性。"[①]在财产内涵的探究问题上,价值本质的"效用说"得到了贯彻。

论及财产的含义无法摆脱主体与客体之间的关系问题,也就是说,单纯从客体或者主体的角度揭示财产的内涵都是片面的、不准确的。这种关系体现在哲学意义上就是对价值概念的一般性理解,因为价值所指就是客体对于主体的效用。也即,财产(自然包括无形财产)的基本特征效用性就是指的客体具有主体所需要的对应价值。这种对应价值就是经济价值,"经济价值是价值所反映的满足人的需要的'效用性'在物质利益和物态功能上的体现,同时也是与人的物质利益、经济活动、生存环境、价值目标直接相联系的主体判断和评价。也就是说,经济价值实际上是主客体之间经济关系属性的体现。"[②]按照马克思主义政治经济学的观点,价值就是凝结在商品中无差别的人类劳动,正是因为生产这一商品需要人类付出必要的劳动时间,所以该劳动对象才具有了人类需要的经济价值。对于大多数的有形财产来说,这种劳动创造价值进而成为商品的过程比较容易理解,但本书将无形财产界定为某种信息,那么,它又是如何体现作为财产的经济价值呢? 效用性是否可以和经济价值相等同呢?

对于第一个问题,笔者需要从两个方面进行说明:一方面,信息作为现实存在的客体,之所以能够成为商品或者说财产来进行交换,同样也蕴含了人类的必要劳动。劳动一般分为体力劳动和脑力劳动,能够体现经济价值的信息多是由后者创造出来的。"脑力劳动是具有思维和创造能力的复杂劳动,它不

---

① 朱宝信:《人的价值之思——为价值本质之"效用说"辩护》,载《青岛海洋大学学报》2001 年第 1 期。

② 李海滨:《经济价值的功利特定和效用原则》,载《中南财经大学学报》2000 年第 3 期。

仅指挥人们的肌体从事有目的的体力劳动,而且能够通过感知、记忆、想象和思维,把零碎分散的实践经验上升为理论,从大量无规律的现象中找出有规律的东西,发现事物的本质,揭示事物发展变化的客观规律,并反过来指导社会实践,使社会发展过程从自发盲目发展过程转变为自觉运用客观规律的过程。"①因此,未来社会的发展趋势必然是一个以脑力劳动作为主导生产方式的社会,脑力劳动不仅可以创造经济价值,而且其创造的经济价值有可能远远大于其他的劳动形式。脑力劳动可以产生各种物质成果和精神产品,信息就是其中最为重要的一种。相应的,信息作为脑力劳动的成果,也必然以其所蕴含的大量脑力劳动而具有了作为财产的前提条件。世界银行出版的《世界发展报告》(1998 年)以"知识和发展"为主题,对数据、信息和知识的定义为:数据——经组织的数字、词语、声音、图像;信息——以有意义的形式加以排列和处理的数据;知识——用于生产的有价值的信息。由此可见,信息并非毫无意义的随意排列和处理的数据,其中的"有意义"就是指的人类在排列和处理的过程中付出了必要的脑力劳动,是经过人类的认真思考所得出的有意义、有目的的劳动成果。这些都是信息作为无形财产的有力证明。另一方面,信息之所以能够成为一种新型的财产形式,也与社会需要的不断变化密切相关。在人类社会产生初期,生产力水平极其低下,科学技术也不发达,人类的各种需求水平往往满足于生存层面,从而多是有形财产作为人们生产、生活的主要内容,并不具备进行过多脑力劳动创造的客观条件。进入资本主义社会以后,由于生产方式得到了根本性的变革,生产力获得了前所未有的解放和发展,人类的生活方式不再仅仅停留于物质层面,而是有了更多、更高层次的需要,这种多样化的需求催生了无形财产的诞生。"在人的需求和满足需求的对象之间的关系链条上,财富论和价值论是相通和衔接的,财富论涉及人如何与其他要素相结合以生产出财富,价值论则涉及生产出来的财富如何满足人的需要。"②人类的需求同时就是效用性的直接体现,这种效用性是以需求的普遍性作为基础的。信息作为一种特殊的客观对象,如果仅仅局限于个别的需求,只能对特殊主体产生效用,也就无法得到了法律的认可而成为财产,但是,社

---

① 彭志强:《社会主义商品价值论纲》,红旗出版社 2002 年版,第 155 页。
② 晏智杰:《应当承认价值源泉与财富源泉的一致性》,载《北京大学学报(哲学社会科学版)》2003 年第 2 期。

会的发展和进步渐渐推动了信息作为财产的转化过程,人们的需求由个别开始向一般演化,最终完成了信息的财产化进程。

对于第二个问题,笔者认为应当从需要做出判断的客体出发来进行解答。如果价值与效用等同,那么效用性自然是比经济价值更为宽泛的概念,两者并不具有等同性。就此而言,我们说无形财产的基本特征是效用性尽管没有错误,却是一句不折不扣的废话,因为这里需要证明的并非是效用性的存在问题,而是更进一步要说明经济价值的存在与否。但是,就我们所需要评价的客观实体而言,这两者却是基本一致的,也即该客体只要具有效用性,就可以认定它具备经济价值性。价值的范围广于经济价值是就人们的社会关系而言的,尤其在人与人之间,主观上的价值种类多种多样,以经济利益作为主要内容的价值关系仅为其中一种。反之,在人与物之间,客体所体现出来的效用性往往仅表现在经济价值方面,并不存在例外的情况。因此,客体之效用性就是其作为财产的充足条件。更进一步说,信息只要具备了效用性就可以作为无形财产,而无形财产也必然以效用性为基本特征。

(二)无形性

无形性之"无形"自始至终都只能是一个相对的概念,因为根据最为基本的哲学常识可知,即便没有物理意义上的客观存在形态,也不能将某种权利客体称之为"无形"。只不过,基于长期语言习惯的考虑,无形财产已经被广泛地使用,而且于国际条约当中也有所见,国内学者更是频繁地使用此概念,其被历史性赋予的特定含义也就不会引发歧义了。本书也无须进行修正。

无形财产的无形性特征是其区别于其他财产形式的显著标志,但并不是本质特征。尽管在本质特征的问题上,笔者曾就两个特征的取舍进行过衡量,并且曾经认为本质特征应当是该定义与其他定义的区别所在,但效用性明显不能将无形财产与其他财产形式加以明确区分,因此也有过将无形性作为无形财产本质特征的考虑。不过,毕竟无形性仅仅是一种外在的形式,而形式只有作为内容的表现,才有实际意义和价值。因此,由于在内容和形式的相互关系中,两者的作用可谓并不均衡,其中内容应当始终是本质,是决定事物的主要方面。这样一来,笔者认为无形财产的本质特征仍然是效用性,而非无形性,后者只是它的必要特征和显著特征。

无形指的是无客观实际有形之形体,但是有的无形财产却有抽象意义上的形体,如商标、著作权、专利中的外观设计,本身就是以长、宽、高三维意义上的形体为依据的。① 这种客观的物质载体只是无形财产的外在表现形式,也是人们加以利用的主要途径和实现经济价值的基本方式,但与无形财产的经济价值没有直接的关系。无形性特征的辨别意义在于,人们通过主观思维的感知和认识过程来理解该项信息之所以能够作为财产的实质理由,也是通过这样的过程来满足主体对于客体的价值需求。正如有的学者所定义的无形财产,是指"不具有物质形态,只能通过思维的,抽象的方式认识其存在的财产"。② 这个认识过程是无形的,是一个思考和体验的过程,从主观意义上来说,也是因人而异的。

无形性特征是由信息的存在方式所决定的,信息必须是意义的载体,③由此来看,信息本身也是一个形式概念,它的效用性在于信息所承载的意义。依上文所示,信息的经济价值在于同样凝结了无差别的人类劳动,在这个过程中,人类对于劳动对象的创造和思考形成了"意义",进而使得信息本身不再是纯粹的主观意识产物,而是经济价值的无形凝结。但是,"信息的无形化并不是说信息是看不见、摸不着和无从掌控的客观存在,而是已经获得客观形式的、能够经过编码和媒介再现而被人类所认识的符号系统,如关于花朵的信息需要通过照片或影像来展现。完全不为人知的纯粹客观实在,由于没有被传达和感知,只能作为人类社会和知识之外的自然存在。"④信息本身的无形性与无形财产经济价值实现过程的无形性具有直接关系。

无形财产的经济价值的实现途径和实现方式与有形财产相比较,具有相同的一面,也即都可以在交易的过程中体现其经济价值,但不同的一面也很明显,主要表现为财产的使用者基于不同的需求和内容利用该财产对象。例如对于普通的财物的使用多以直接消耗的方式进行,基本表现为一种客观的消费行为,包括穿衣、吃饭、开车、住房等等都是如此,但就无形财产的经济价值实现来说,却与上述消费方式完全不同。"在多数情况中无形对产都要以有体物作为载体,但其财产价值不是载体,而是被载的无形的东西。如一本书的价

---

① 赵宇霆:《无形财产权理论研究》,法律出版社 2011 年版,第 82 页。

② 尹田:《法国物权法》,法律出版社 1998 年版,第 51 页。

③ 参见 G. 克劳斯:《从哲学看控制论》,梁志学译,中国社会科学出版社 1981 年版,第 38 页,转引自董天策:《传播学导论》,四川大学出版社 2002 年版,第 31 页。

④ 李晓辉:《信息权利研究》,知识产权出版社 2006 年版,第 18 页。

位不在于纸张的贵贱、而在于其内容好坏。"①尽管无形财产也能够为人类所"占有",但是这种占有并不是一种完全的占有,因为他无法同时排除其他主体的占有,此种情形之下,这种"占有"只是一种"共同"意义上的持有。实际上,对于无形财产的所有权更为严重地依赖于法律的积极保护,否则将会很难确定不同所有者之间的真正界限。同时,对于无形财产的使用往往不以消耗无形财产为必要,也就是说,无形财产可以被反复地使用和转让,而无形财产的经济价值并不会因此而减少。更为重要的一点是,这种信息可以较低的成本进行无限地复制,这是具有物理外观的有形财产难以实现的。

无形财产的经济价值的实现方式是个别的、体验式的、非物理性质的,是更高层次的消费方式,是社会更加进步、人类更加文明的重要表现。无形财产的经济价值本身是无形的,但此种静态意义上的无形性并不具有重要意义,因此从静态意义上观察财产的根本属性,笔者更为认可效用性的特征。我们首先必须将有意义的信息载体同其他不具有特定意义的自然存在相互区分,使之成为法律规制的对象——财产。其次,才会涉及将财产内部的不同类型加以辨别,从而独立出无形财产的特殊种类。至于如何划清无形财产和有形财产之间的界限,则须要通过不同的经济价值的实现方式达到这一目标。既然如此,无形财产经济价值的实现方式往往与信息的动态存在具有密切关系,这种动态存在主要指的是信息具有传播性。信息的传播性即信息可以通过一定的方式传递给他人,从传播学的角度看,传播的对象只能是信息,因而信息与传播是天然不可分离的。② 信息的传播性与信息的经济价值具有密切关系,财产性信息产生价值的两个过程在于生产和传播。"信息的生产是将来自思想的脑力劳动成果固化下来,制作第一份复制件的过程;信息的传播是在第一份复制件的基础上进行反复和永久性的复制的过程。随着技术的进步,信息的生产需要的投资,总要大过信息传播的费用"③,但生产信息并不是最终目的,而传播信息并从中获益才是根本,法律也就是通过对信息传播的有效控制来实现信息的经济利益。例如特定的秘密类信息受到法律的严格保护,不允

---

① 杨建斌:《试论无形财产》,载《求是学刊》1992 年第 5 期。
② 参见黄瑞华主编:《信息法》,电子工业出版社 2004 年版,第 39 页。
③ 郑胜利、袁泳:《从知识产权到信息产权——知识经济时代财产性信息的保护》,载《知识产权》1999 年第 4 期。

许进行传播,此类信息的经济价值也就受到了较强的影响;而有的信息可以允许进行传播,但法律规定必须支付一定的费用,此类信息的经济价值也就得到了法律的保护和实现。

当然,如果本书将无形财产界定为信息财产,可能使用"无形性"的特征用语就更为自然一些,不会产生无形财产的基本特征是"无形性"的尴尬说法。但这种界定笔者仍然认为是妥当的,至于信息财产和无形财产的概念孰优孰劣,在此不作点评,但不应该通过文字游戏来躲避这种更为准确的描述。因此,本书认为由信息所决定的无形性仍是无形财产与其他特殊财产类型相互区别的重要标志,后者并不具有这种特征。

第二节　无形财产的主要类型

一、知识财产

(一)知识财产的发展现状

知识财产的概念出现时间大约只有 20 年,但知识财产理念和相应保护制度出现在法律视野的时间却很长。[①] 知识之所以需要人为地建构财产权利并由政府予以保护,众所周知的理由如下:(1)发现知识,这是一种相对昂贵的生产活动。如果无人分摊知识生产的费用,社会的知识存量就将枯竭。(2)已经发现了的知识,其消费活动具有强烈的规模经济效应,即消费同一项知识的人

[①] "'Intellectual Property'一词,最初是指作者对作品享有的权利。当前可考的最早使用'Intellectual Property'的文献,是瑞士人 Johann Rudolf Thurneysen 在 1738 年发表的博士论文 International Copyright Law and Practice,该文中的'知识产权'仅指版权。"参见李琛:《知识产权法关键词》,法律出版社 2006 年版,第 2 页。"将一切来自于知识活动领域的权利概括为'知识产权',最早见诸 17 世纪中叶的法国学者卡普佐夫,后为比利时著名的法学家皮卡迪所发展。"参见吴汉东:《财产权客体制度论——以无形财产权客体为主要研究对象》,载《法商研究》2000 年第 4 期。转引自陆小华著:《信息财产权——民法视角中的新财富保护模式》,法律出版社 2009 年版,第 41 页。

越多,由于知识消费的"非排他性",该项知识为社会带来的收益就越大。[①] 时至当代,就知识财产的基本属性而言,无论是民法学界抑或是刑法学界,都认可知识财产是最为典型的无形财产。知识作为一种受到保护的财产类型能够得以确立和发展,完全立足于知识产权制度在当今世界的蓬勃兴起,因此,笔者认为知识财产的发展现状就是知识产权相关法律制度的演变过程。而且,从知识财产的发展历程来看,这也同样是无形财产的历史嬗变。

知识产权(Intellectual property)主要包括工业产权和版权(著作权),工业产权又主要包括专利权(发明专利、实用新型专利、工业产品外观设计专利)、商标权、标记名称权(厂商名称、服务标记、货源标记、原产地名称等)、植物新品种权、技术秘密权(工业技术秘密、商业技术秘密、管理技术秘密)等。[②] 这一概念最早起源于西方社会,见诸 17 世纪法国卡普佐夫的著作,后为比利时法学家皮卡迪所发展。1967 年,在瑞典首都斯德哥尔摩签订了《成立世界知识产权组织公约》,其中正式在法律文件中正式使用了"知识产权"的概念,同时也为多数国家所认可。知识产权的产生最初是以著作权(版权)的形式出现的,在 17 世纪以前,随着商品交换的发展和印刷术的出现,世界上很多国家出现了保护商品经营和专有出版权的要求。而专利在古代作为一种钦赐"特权",是用来对抗有关技术领域"行会"对发明人的控制的,就是说享有这种特权之人,在特权允许的范围内,不再受行会会规控制。而在商标领域,商标保护起源于行会控制,而这种行会控制也是被君王或其代表作为一种特权加以确认的。[③] 知识产权制度的初步形成是在近代资本主义发展时期,是在商品经济和科技发展的基础上建立起来的。知识产权作为一种私人的无形财产权,在资本主义的条件下逐渐得到了法律的确认和保护,这一时期知识产权的主要特点是君主的垄断权基本上被打破,权利赋予了发明人、出版者或者著作权人,其中不仅包括财产权的内容,更注重加以保护权利主体的人身权部

---

① 汪丁丁:《盘旋的思想——知识、秩序、自由》,生活·读书·新知三联书店 2009 年版,第 105 页。

② 李贵红:《从"无形"到"有形"——无形财产的有形保护》,载《玉溪师范学院学报》2003 年第 6 期。

③ 郑成思:《知识产权论》,法律出版社 1999 年版,第 11 页。

分。① 进入 20 世纪尤其是在二战以后,知识产权制度的发展进入了国际化的新阶段,知识产权的保护不再局限于一国一地的保护,而是将知识财产的个人权利向国际权利转化,着眼于整个世界的保护。而且,这种保护的范围也在逐渐扩大,特别是在 20 世纪五六十年代,以计算机的发明和应用为标志的第三次科技革命给知识产权法学界带来了许多的新问题。同时,在对知识财产进行保护的观念和侧重点上也开始发生了新的变化。因为"对于知识产品而言,由于具有天然的公共性,具有无限复制的可能,可以在同时被多人利用,在很长一个时期它一直被作为人类的公共财产而存在。如何在保护作者的权益和创造的积极性、又不因过度强调保护而妨碍知识的传播和社会的进步之间取得平衡,需要细致的经济分析。决定知识产品在何种情形成为创造者的支配对象,何种情形成为公共财产一直是知识产权法的一个核心问题"。② 总体而言,知识财产的出现和相关法律制度的逐步确立,是社会发展到一段阶段上的产物,是人类社会不断由低级向高级、由原始到文明的重要标志,也是近代社会中商品经济和科技发展到一定程度上的共同结果。

追溯中国知识产权制度的建立,应当始于改革开放以后。自 1982 年《中华人民共和国商标法》的制定开始,到 1990 年《中华人民共和国著作权法》的颁布实施,初步的知识产权保护制度得到了基本的确立。在之后 20 年的时间内,我国又先后公布了《计算机软件保护条例》《植物新品种保护条例》《集成电路布图设计保护条例》《信息网络传播权保护条例》以及 2008 年修订的《中华人民共和国专利法》等。为了能够顺利加入世界贸易组织,21 世纪初我国对大量的知识产权法律法规进行了较大规模的修改,从而使该项制度已经基本上能够与以《知识产权协定》为核心的国际知识产权制度保持一致。"随着时间的推移,中国的知识产权保护水平在不断提高,至 2002 年,中国实际的知识产权保护水平已达到部分发达国家的保护水平。"③但是,相对良好的立法现状并不等同于知识产权的整体保护情况也已经达到了较高水平。譬如当今我

---

① 杜国强、廖梅、王明星:《侵犯知识产权罪比较研究》,中国人民公安大学出版社 2004 年版,第 14 页。

② Joseph William Singer, *Property Law*, Aspen Law & Business, 2002, 3rd edition, p.1232.

③ 韩玉雄、李怀祖:《关于中国知识产权保护水平的定量分析》,载《科学学研究》2005 年第 3 期。

国社会的知识产权执法现状就是备受国外诟病的一个重要环节;而知识产权意识的淡漠使得人们对知识产权法的正义性认同受到很大的不良影响,知识产权守法状况也不容乐观。① 因此,单纯说我国的知识产权保护制度达到了较高水平或者仍然比较落后都是片面的结论,如果从定量研究的结果来看,立法、执法方面的知识产权保护都有着畸高之处,但相应的不足亦是非常明显,而在守法方面则不足是主要方面。当然,就我国目前的社会发展现状来看,现有的知识产权制度尚无法满足其各项要求,进一步完善该项法律制度、推进知识产权事业的快速发展仍是今后工作的重中之重。

对于知识产权(知识财产)的严格保护源于人们对该项权利的滥用,而最严重的滥用行为也就是侵犯知识产权的犯罪行为。随着该项财产制度在现代社会突显出日益重要的经济地位,许多犯罪分子也早已开始将目光转向了知识产权的犯罪领域。有关资料表明,侵犯知识产权犯罪已成为联合国规定的17类跨国犯罪中最为严重的犯罪之一。② 就我国而言,知识产权犯罪应当是指我国刑法规定的、违反知识产权法规,侵犯他人知识产权、破坏知识产权管理制度,危害社会主义市场经济秩序,情节严重的行为。③ 在 1979 年我国首部刑法典当中,第 127 条就规定了假冒商标罪,将假冒他人注册商标的行为列入了刑事制裁的范围。之后随着国家经济发展的需要,为了积极鼓励发明创造,并有效保护发明人的各项基本权利,1984 年通过的《专利法》第 63 条规定:"假冒他人专利的,依照本法第 60 条的规定处理;情节严重的,对直接责任人员比照刑法第 127 条的规定追究刑事责任",从而确立了假冒专利罪。当然,从当时的社会经济发展状况来看,仅有这两个罪名的设置是非常欠缺的,对于知识产权的刑法保护也是较为落后的。因此,在 90 年代初立法机关又先后颁布了三个惩治侵犯知识产权犯罪的单行刑事法律:即 1993 年 2 月颁布的《关于惩治假冒注册商标犯罪的补充规定》、1994 年 7 月颁布的《关于惩治侵犯著作权的犯罪的规定》和 1993 年 7 月颁布的《关于惩治生产、销售伪劣商品

---

① 吴汉东主编:《中国知识产权制度评价与立法建议》,知识产权出版社 2008 年版,第 28～30 页。

② 孙万怀:《侵犯知识产权犯罪刑事责任基础构造比较》,载《华东政法学院学报》1999 年第 2 期。

③ 赵秉志、田宏杰:《侵犯知识产权犯罪比较研究》,法律出版社 2004 年版,第 62 页。

犯罪的规定》。还需要说明的是,当时的几个单行立法中,虽未将侵犯商业秘密罪规定下来,但最高人民法院于1994年下发文件,规定对于非法窃取重要技术秘密的行为,应以盗窃罪依法追究刑事责任。当然,这一规定显属权宜之计,只是在客观上加强了对知识产权的刑事保护力度,起到了一定的积极作用。之后,在新刑法修订之前,学术界对有关知识产权的保护、完善等问题进行了积极有益探索,取得了丰硕的成果,为知识产权的刑事立法保护的进一步健全奠定了坚实的理论基础。同时,社会主义市场经济制度的逐步建立和知识经济在我国的渐渐崛起,也使得新的有关知识产权犯罪的刑事法律规范呼之欲出。于是,在经过数次刑法修改讨论稿、草案的拟定,法律专家、各界学者、各部门的反复论证、研究之后,1997年3月14日第八届全国人民代表大会第五次会议通过了对《中华人民共和国刑法》的修订,并于1997年10月1日起施行。新《刑法》将侵犯知识产权犯罪作为分则第三章破坏社会主义市场经济秩序罪的第七节进行了专门规定,基本上覆盖了以往的侵犯著作权罪、侵犯专利罪、侵犯商标权罪和侵犯商业秘密罪四大类型,共有七个罪名、八条规定。至此,我国的知识产权刑法保护体系可谓是初步建立。随后,最高人民法院、最高人民检察院又分别于2004年和2007年发布了两个有关于办理侵犯知识产权犯罪案件的司法解释,对该类犯罪的定罪量刑标准做了更为具体的规定。但是,尽管我国知识产权刑法保护取得了长足的进步,但目前仍不能完全适应经济发展和对外国际交往的需求,在许多方面仍有改进的地方,例如立法指导思想的偏差、保护范围偏小、法律术语含义不清、主观要件规定滞后等等,仍然需要进一步加强和完善。

(二)知识财产与无形财产的关系

知识产权有广义和狭义之分。广义的知识产权包括著作权、邻接权、商标权、商号权、商业秘密权、产地标记权、专利权、集成电路布图设计权、植物新品种权等各种权利。狭义的知识产权,即传统意义上的知识产权,包括著作权(含邻接权)、专利权、商标权三个主要组成部分。一般来说,狭义的知识产权可以分为两个类别:一类是文学产权(Literature Property),包括著作权及与著作权有关的邻接权。另一类是工业产权(Industrial Property),主要是专利权和商标权。① 但无论是狭义的还是广义上的知识产权,都没有跳出无形财产的范围。在 20 世纪 60 年代以前,知识产权尚未成为国际上广泛使用的法律概念,人们一般将给予创造性智力成果所获取的民事权利称为"无形财产权"(Intangible Property),因此许多学者将作品、商标、实用新型等权利客体视为"无形财产"。② 但随着许多国际公约等法律文件明确开始将知识产权作为一个概念加以确认后,无形财产的使用范围就变得日益狭小,逐渐被更为具体、更加准确的知识产权所取代。

我国著名知识产权法学者吴汉东教授主张,应当在未来民法学的研究中,建立一整套的大于知识产权范畴的无形财产权体系,以期能够包涵一切基于非物质形态(包括知识经验形态、经营标记形态、商业资信形态)所产生的权利。③ 因为吴教授认为,诸如商誉权、信用权、形象权、特许经营权等,都是一种具有非物质属性,但又不能归类于知识产权范畴的财产权;随着社会生活的日益发展,还可能出现一些更新的无形财产权。④ 但是,对于上述例如经营性标记权、经营性资信权等权利为什么能够与知识产权一起归入无形财产权利却未做深入研究。此处的分类标准并非是显而易见的。如果说该类型的权利亦属于非物质形态,也即都是一种"无形"的财产,可以说并没有揭示该问题的关键部分。因为这也是仅仅注意到了两者外部的、形式方面的特征,将此作为划分标准的全部内容并不足以说明两者在本质特征上的相似性。当然,对此问题的研究并非本书的重点内容,笔者想要借此引出的问题是,知识财产与无形财产在本质上的相似性特征是什么?

回答上述疑问,我们仍然需要再次探究无形财产的本质问题。本书一再强调,知识产权是无形财产的主要组成部分,这一点在民法和刑法领域都得到了普遍的认可,但为什么可以将知识产权作为一种无形财产来看待并非无须讨论的话题。正如上文所述,笔者认为无形财产是一种具有经济价值的信息,并且具有效用性和无形性的基本特征。那么,如果知识产权可以作为一种无

---

① 吴汉东:《财产权客体制度论——以无形财产权客体为主要研究对象》,载《法商研究》2000 年第 3 期。

② 吴汉东、胡开忠:《无形财产权制度研究》,法律出版社 2005 年修订版,第 30 页。

③ 吴汉东、胡开忠:《无形财产权制度研究》,法律出版社 2005 年修订版,第 38 页。

④ 吴汉东、胡开忠:《无形财产权制度研究》,法律出版社 2005 年修订版,第 206 页。

形财产就必须满足上述定义和特征。关于知识产权是否具有无形性的特征已经得到了学者们的普遍认可,作为一项财产的经济效用性也已经获得了法律上的承认,对此不再赘述。唯一需要继续探讨的问题就是知识财产是不是一种信息?也即知识的本质是否与无形财产的本质相契合?对于如何定义知识这一概念,理论界并没有较为统一的认识,但古往今来的各种定义也并没有太大的差别,学者们之间的争议并不激烈。而涉及知识的本质为何这一议题时,我国有些学者的观点就值得深入探讨了。例如刘春田教授曾经指出,知识的本质是"形式",创造是设计和描述"形式"的过程。知识产权概念中的知识,只是知识的一部分。它是指由人类创造,并经由法律的标准加以"检疫"而获准予以保护的那些"形式"。同时,否认知识是信息的一部分,认为两者是"风马牛"不相干的两种事物。① 不过,也有学者敏锐地看出,上述论据中的"信息"一词根本不是通常意义上我们所使用的概念,完全曲解了它的真正含义,以此得出的结论自然是靠不住的。② 信息概念涉及众多学科、诸多领域,不同背景的学者会基于各自的目的,从不同的角度或层面对信息进行不同的解释和定义。但相对而言,哲学界对信息的认识,更接近于信息概念在人类知识体系中的地位,而哲学当中所讲的信息指的是人类知识体系中的元概念,如同人们当初以基本粒子表述物质的最基本构成单元。③ 在此意义上,人类的全部知识体系都应当是以信息为单位组成的,其中存在的仅仅是类型和数量上的不同而已,在组成的本质元素上没有任何差别。从根本上来说,"知识起源于认识,知识的本质是信息,知识与形式之间不能画等号"。④ 信息是内容,这是信息的核心性质。信息的表达需要借助一定的形式,但内容就是信息实质或存在意义。⑤ 将知识与形式混为一谈的说法颠倒了内容与形式之间的基本关系,没有区分开作为内容意义上的信息和作为形式意义上的信息之间的根本差

---

① 刘春田:《知识财产权解析》,载《中国社会科学》2003 年第 4 期。
② 郑成思:《对〈知识财产权解释〉一文中有关"信息"概念的意见》,载《中国社会科学》2004 年第 2 期。
③ 陆小华:《信息财产权——民法视角中的新财富保护模式》,法律出版社 2009 年版,第 59 页。
④ 周俊强:《知识产权的基本理念与前沿问题》,安徽人民出版社 2006 年版,第 59 页。
⑤ 陆小华:《信息财产权——民法视角中的新财富保护模式》,法律出版社 2009 年版,第 46 页。

别。一切事物的存在皆有其客观形式,但存在形式永远只是该事物的表象特征,不能反映其存在意义和价值。因此,知识的本质不可能是任何的形式,而只能是它的基本组成元素——信息。在这一点上,知识财产作为一种无形财产的本质上的理由是符合的。

对于知识财产的本质是信息的观点曾有过如下批评:"如果将知识财产的本质归结为信息,将会导致知识财产和信息财产的混淆。因此,立足于当前的社会现实,我们必须对知识财产的本质加以重新认识和界定。"①对此,笔者坚持认为,"信息说"对于确定知识本质问题是较为妥当的。"知识就是人感知或创造的对人有用的某种信息,是信息的子集,具有信息的一切属性。"②信息财产的内涵并没有得到认识上的统一,如果对其持一种广义的观点,信息财产应当可以看做无形财产的相同概念,这也是本书的观点。我们不能因为将知识财产的本质界定为信息有可能混淆和信息财产的关系就要重新认识这一问题,而是应当审视这一界定是否合理。对此,上文已经有过论述,恕不赘述。也就是说,即便这种界定有可能混淆知识财产和信息财产的关系,问题也仅仅在于我们并没有认清信息财产的真正内涵。③ 时至当代,无形财产就是信息财产的代名词,这是随着社会进步和科技发展促使我们对这一概念产生的更为深刻的认识,也是目前为止最为合理的一种观点。由此,对于信息财产和知识财产的关系问题,我们就可以转化为无形财产和知识财产的关系问题进行研究。

论及无形财产和知识财产的关系问题,可以简单地概括为包容与被包容的关系。"就此而言,知识产品只是无形财产的典型代表,但绝不是无形财

---

① 齐爱民:《知识产权法总则》,武汉大学出版社 2011 年版,第 59 页。
② 张勤:《知识产权基本原理》,知识产权出版社 2012 年版,第 87 页。
③ 美国的《统一计算机信息交易法》(*Uniform Computer Information Transaction Act* 简称 UCITA)第 102 条第 36 款将"信息"界定为是数据、文本、图像、声音、计算机集成电路布图或计算机程序,以及它们的集合。同时,为了区分信息和知识,该条第(39)款规定:知识"是对事实的实质性理解"。但这种理解仍是基于对信息的狭隘认识得出的,并不能作为明确"信息"和"知识"关系的标准。参见齐爱民:《论信息财产的法律概念和特征》,载《知识产权》2008 年第 2 期。

的全部。"①无形财产的概念之所以被逐渐"冷落",主要原因还是在于这一概念尽管体现了极强的包容性,但缺陷也是外延界定过于模糊,仅以"无形"来说明这一类财产的类型特征很难将其表述清楚,因此在很长一段时间内基本上是弃之不用的。尤其在知识产权制度逐渐成熟以后,以"知识"为定语的说法似乎更为贴切一些,从而代替了原有的无形财产。但时至今日,无形财产的概念可谓重新得到了重视,这源于知识产权的概念在新型财产层出不穷的当代社会,由其内涵所决定的外延范畴也已经扩展到了极致,定义的有限性特征愈发明显,不得不再一次求助于无形财产概念的包容性。两者之间的关系也由此发生了转变:由原来的同一概念的不同说法变成了包容与被包容。只不过,无形财产的相关问题研究仍然仅仅处于初级阶段,无论在民法领域抑或刑法领域皆是如此,其研究的深度和广度都有待进一步加强。

二、虚拟财产

(一)虚拟财产的概念界定

虚拟财产的产生与网络经济的飞速发展尤其是网络游戏的普及具有直接的关系,正因如此,这一概念在中国产生的时间并不甚久,也只是进入本世纪以来才在法学界引发了广泛的关注。网络世界是一个虚拟世界,存在于网络世界的财产理所当然地成为了虚拟财产,但是,在何种意义上使用"虚拟财产"的概念远远没有因为存在空间的一致性而达成统一的认识,即便在定义的基本问题上,也是处于观点不一、见解各异的研究境况。

关于虚拟财产的定义存在以下几种具有代表性的观点:定义之一,所谓虚拟财产,指网络游戏中,游戏玩家的游戏人物本身的各项指数以及游戏中使用的货币、武器装备、宠物等。② 定义之二,所谓虚拟财产,是指在网络中存在的,以数字化的方式模拟形成的,既相对独立又具独占性的信息资源。我们常见的虚拟财产包括网络游戏中的游戏装备、域名、游戏等级、论坛上的分值等。③ 定义之三,虚拟财产是指网民、游戏玩家在网络空间中所拥有、支配的

---

① 刘少军:《法财产基本类型与本质属性》,载《政法论坛(中国政法大学学报)》2006年第1期。

② 陶军:《论网络游戏虚拟财产在民法中的地位》,载《中国律师》2004年第12期。

③ 胡岩:《论虚拟财产的性质与保护》,载《法律适用》2011年第7期。

必须利用网络服务器的虚拟存储空间才能存在的财物,具体包括游戏账号、游戏货币、游戏装备、QQ 号码等。① 定义之四,所谓虚拟财产,是指以网络游戏为基础,由网络游戏的玩家在网络游戏中控制的账号(ID,即 identification)下所记载的该账号通过各种方式所拥有的"货币""宝物""武器""宠物""级别""段位"等保存在游戏服务器上,可供游戏玩家随时调用、创建或加入游戏的数据资料或参数。② 定义之五,虚拟财产是指作为游戏软件中的软件模块的影像或化身存在于虚拟世界中被虚拟人物掌控和支配的具有虚拟的价值和使用价值的虚拟物或虚拟货币。③ 当然,在法学界关于虚拟财产的定义还有许多不同的说法,不过在内容上基本是大同小异,学者们只是就个别用语或者表达存有争议,在此问题上并无明显对立的实质性争议。

从上述定义当中,笔者发现关于虚拟财产在学界存有以下两个共识:第一,虚拟财产的全称可以叫作网络虚拟财产。即虚拟财产的虚拟特性源于网络的不真实性,既然这种财产类型存在于特定的虚拟空间,自然本身的属性特征也是虚拟的。没有网络的产生,就没有虚拟财产,离开了网络,虚拟财产亦将不复存在。"虚拟财产首先要满足虚拟的特性,这就意味着虚拟财产对网络游戏虚拟环境的依赖性,甚至在某种程度上不能脱离网络游戏而存在。"④虚拟财产在本质上来说只不过是一种电磁记录,完全依托于特定的网络游戏所设置的虚拟环境,从而在其中表现为特定的各种虚拟物品,成为了游戏的必要组成部分。随着玩家的长时间的竞技积累,游戏级别可能会随之升高,虚拟财产也会有所增加,但这些同样没有脱离对网络游戏存在的严重依附,一旦该游戏的运营商倒闭,虚拟财产很有可能化为乌有。所以,虚拟财产的虚拟特征既决定了它不可能脱离网络空间而存在,也有着对于特定游戏提供者的持续经营的依附性。第二,虚拟财产主要以网络游戏中的虚拟物品为对象。虚拟财产最初起源于网络游戏的快速发展,两者之间的关系密不可分,也可以说是网

---

① 赵秉志、阴建峰:《侵犯虚拟财产的刑法规制研究》,载《法律科学(西北政法大学学报)》2008 年第 4 期。

② 于志刚主编:《网络空间中虚拟财产的刑法保护》,中国人民公安大学出版社 2009 年版,第 23 页。

③ 侯国云:《再论虚拟财产刑事保护的不当性》,载《北方法学》2012 年第 2 期。

④ 赵占领:《论虚拟财产的法律保护》,载《信息网络安全》2004 年第 5 期。

络游戏创造了第一笔"虚拟财产"。即便是虚拟财产成功地进行交易而转化为现实财产，也是在网络游戏领域实现的这一过程。反过来，正是因为虚拟财产可以在现实世界进行交易，这种利益驱动也推动了网络游戏产业的飞速发展，两者相辅相成、相得益彰。除了第二种定义以外，上述其他几个定义均将虚拟财产限定在网络游戏的范围之内，可见虚拟财产和网络游戏的关系是何等紧密。

其中，对于第一个共识笔者持赞同意见，这是由虚拟财产产生和存在的特定空间所决定的，我们甚至可以认为虚拟财产亦可称作网络财产，后者反而更加贴切一些。因为从根本意义上来说，虚拟所要表达的特殊性质就是网络，两者具有相同的内涵，皆是指对现实财产的虚构或模拟。然而，这种特殊性也应该仅仅止于存在空间的特定性质，如果说虚拟财产不仅仅是网络虚拟财产，而且只能是网络游戏虚拟财产，这种定义就过于狭隘了。起初，虚拟财产确实来源于网络游戏，并以此为基点开始进行现实地转化，至今为止，应该说大部分的虚拟财产交易也主要发生在网络游戏领域。在司法实践当中，发生的有关于虚拟财产的经济纠纷或者刑事案件也往往与网络游戏相关联。但是，这并不能说明虚拟财产就只是网络游戏当中的虚拟物品或者游戏账号，就此限制虚拟财产的存在范围并不妥当。有的学者就对我国社会中存在的诸多种类的虚拟财产进行过分类研究，他认为这一概念具体包括狭义的虚拟财产（网络游戏中的虚拟物、虚拟货币、注册通信号码和通信地址等）、虚拟无形财产（域名等）、虚拟集合性财产（网站等），[①]其中网络游戏的虚拟物也仅仅是狭义的虚拟财产的一种，也就是说，哪怕只是在狭义的程度上界定虚拟财产，也不应当局限于网络游戏当中的虚拟物品等，而是应当在更为广泛的意义上使用虚拟财产这一概念。随着网络技术的进一步发展和普及，人们对各种网络信息和网络产品的需求会越来越多，依赖性也会越来越严重，这种需求和依赖自然会催生一定的经济市场，从而导致更多的网络财产类型的产生。尽管虚拟财产的诞生与网络游戏密不可分，但这种关系可以说是在很短的时间内就被彻底瓦解了，我们也没有必要将今后出现的新型的网络虚拟财产冠之以其他的定义，而是通过重新界定虚拟财产的内涵和外延将其囊括进来，使之成为一个开

---

① 林旭霞：《虚拟财产权研究》，法律出版社 2010 年版，第 52～61 页。

放性的财产概念。据此,笔者认为应当按照如下的定义来理解虚拟财产更为合适:所谓的虚拟财产是指依赖于网络,以电磁记录为其存在形态,具有经济价值的特定信息资源。至于电磁记录的概念在我国现行立法中并没有规定,据我国台湾地区"刑法"第 220 条第 3 项的规定,电磁记录,指的是以电子、磁性或他人之知觉不能直接认识的方式制成的供电脑处理的记录。对此通俗的理解就是,储存在电子计算机的电磁记录物上的可以进行阅览、记忆和处理的信息。

(二)虚拟财产属于无形财产

关于虚拟财产的性质亦是存在较大争议的话题,由于该问题尚处于理论研究的层面,没有相关立法加以规制,致使学者们从不同的角度分别提出了自己的观点并加以论证,不同论点之间的差异较为明显。笔者总结如下:有的学者指出,"从现行民法规定来看,网络游戏虚拟财产是软件的开发者原创的,同时,网络游戏虚拟财产在集聚的过程中也有玩家的智力因素,是智力活动的产物。并且具有精神性要素。因此,其应该被归入现代民法所认定的作品范畴之内。"[1]这种观点可以称作"知识产权说",也就是认为虚拟财产应当是一种新型的知识产权。还有的学者认为,虚拟财产的重点不应在于虚拟物品本身,而在于它所反映的服务合同关系。虚拟财产权利就是玩家可以享有由服务商所提供的特定的服务内容的权利。每一个虚拟物品就是一张合同,由玩家占有后即视为合同签订并转变为虚拟财产。[2] 这种观点也可以称之为"债权说"。在此基础之上,有的学者提出了"特殊的债权说",认为虚拟财产可以被看作是玩家主张债权的权利凭证,同时这种债权与传统的民法债权存在一定的区别,呈现出"一种动态扩张的趋势和一定的物权化特征"。[3] 另有一种观点认为,虚拟财产权是一种具有物权属性的新型财产权,它与传统的物权虽然有共性,但又存在明显的区别,不能简单地将二者完全对立或等同。[4] 笔者暂

---

[1] 石先钰、陶军、郝连忠:《论虚拟财产的法律保护》,载《甘肃政法学院学报》2005 年第 4 期。

[2] 房秋实:《浅析网络虚拟财产》,载《法学评论》2006 年第 2 期。

[3] 石杰、吴双全:《论网络虚拟财产的法律属性》,载《政法论丛》2005 年第 4 期。

[4] 尹祥茹:《论虚拟财产的法律性质》,载《中国海洋大学学报(社会科学版)》2006 年第 1 期。

且称之为"新型物权说"。最后还有人认为,虚拟财产是第三类财产,既不属于有形财产,也与无形财产不相符合,需要为其制定独具个性的虚拟财产保护法。① 这是"第三类财产说"。

首先,笔者认为"知识产权说"并不合理。具体理由如下:第一,该观点将虚拟财产等同于民法意义上的作品,其财产权利的类型也就是著作权,那么,它就必须符合我国《著作权法》关于作品的立法规定。根据我国《著作权法》第3条的规定,"本法所称的作品,包括以下列形式创作的文学、艺术和自然科学、社会科学、工程技术等作品:(一)文字作品;(二)口述作品;(三)音乐、戏剧、曲艺、舞蹈、杂技艺术作品;(四)美术、建筑作品;(五)摄影作品;(六)电影作品和以类似摄制电影的方法创制的作品;(七)工程设计图、产品设计图、示意图、地图等图形作品和模型作品;(八)计算机软件;(九)法律、行政法规规定的其他作品。"除了第(八)项以外,前面七种形式的作品都是客观现实的,即便特定作品可以被网络化和信息化,也与虚拟财产在性质上大相径庭。而第(九)项的其他法律、行政法规的规定也没有涉及虚拟财产可以作为作品来看待的内容,因此也不能成为理由。那么,虚拟财产是计算机软件吗?答案也是否定的。根据新的《计算机软件保护条例》第二条的规定,本条例所称计算机软件,是指计算机程序及其有关文档。② 显然,虚拟财产的内容与上述两个概念全然不符。例如有的学者就指出,腾讯 QQ 是一款计算机软件,而 QQ 币是一种非常典型的虚拟财产,后者只是运行在前者之上的若干电磁记录,两者在属性和权利保护模式上都有不同,不宜相提并论。③ 对于盗版计算机软件的违法行为,情节严重的话我们可以按照侵犯著作权罪处理,但是对于侵犯虚拟财产的违法行为,却不可能适用于这一罪名。第二,作品的产生是一个从无到

---

① 赵金英:《第三类财产之法律保护》,载《玉溪师范学院学报》2005 年第 6 期。

② 计算机程序,是指为了得到某种结果而可以由计算机等具有信息处理能力的装置执行的代码化指令序列,或者可以被自动转换成代码化指令序列的符号化指令序列或者符号化语句序列。同一计算机程序的源程序和目标程序为同一作品。文档,是指用来描述程序的内容、组成、设计、功能规格、开发情况、测试结果及使用方法的文字资料和图表等,如程序设计说明书、流程图、用户手册等。

③ 齐爱民:《计算机软件、软件复制品、电磁记录之保护与计算机信息交易立法——从盗窃腾讯 QQ 号码案说起》,载《政法论丛》2008 年第 1 期;许富仁、庄啸:《传统犯罪对象理论面临的挑战——虚拟犯罪对象》,载《河北法学》2007 年第 2 期。

有的过程,因此作品的所有人对其享有诸多的权利。而虚拟财产并非是所有人创造,它本身已经由相应的网络运营商所制造并提供,尽管部分内容也会融入所有人的智力劳动,但有的虚拟财产只需提供对价的金钱即可获取,并不需要进行创造性的劳动。正是在此一点上,作品必须具有创造性才能够获得法律的认可和保护,否则就不能成为"作品",但虚拟财产即便是在理论研讨的阶段也并无此项要求。① 当然,虚拟财产权既不能作为著作权去加以保护,也不是其他类型的知识产权,因为它在时间性、地域性、排他性等方面都难以和后者相匹配,不具有相同的法律性质。就网络游戏所产生的虚拟财产而言,它并不是一种创造性的智力劳动产生的成果,其本身应当属于一种精神娱乐活动,所有的虚拟财产都已经被游戏开发商设计完成,其中并不包含玩家的任何创造性活动。从本质上来讲,之所以会在网络游戏中产生虚拟财产,只不过是游戏提供商通过转让自己的部分利润进一步推广产品使用的特定营销手段而已。

其次,虚拟财产不是物权。虚拟财产本身确实具有排他性和管理可能性,也需要一定的存在空间,在此一点上与传统的物非常相似,将其作为一种特殊的物加以看待具有一定的合理性。但是,这也只是一种权宜之计。当初知识产权诞生以后,也是被作为一种物权的新表现来对待的,可是随着时间的推移和认识的加深,我们发现知识产权已经脱离了物权运行的许多基本规律,只得将其重新独立出来,制定完全不同于物权法的财产法律制度,而虚拟财产不应再走这样的老路。将虚拟财产作为物来看待的立足点之一是物与财产的概念基本相同,继承了古罗马法中的"物即财产"的观念。这样一来,如果财产的概念可以被无限扩大,自然物的外延也是不受限制的。依此推论可得,虚拟财产作为一种特殊的物也就是一种特殊的财产,其实反而承认了现有的财产类型根本无法将其很好地概括进来。而且,更为重要的一点是,"物权是可以对抗世间一切人的绝对权,所以它的权利主体是特定的,义务主体是不特定的,其他任何人都负有不得非法干涉权利人所享有物权的义务。……而在虚拟财产的使用中,玩家最大(直接)的相对义务人是 ISP(互联网服务提供商——笔者注),而且 ISP 的义务绝不是不作为义务,而是积极的作为义务,即按照玩家与

---

① 刘玲:《论虚拟财产的非知识产权属性》,载《求是学刊》2006 年第 6 期。

ISP 最初的游戏注册协议提供不同阶段或等级的玩绩权利(比如相应的身份或奖励等)。可见,在虚拟财产权的法律关系中,权利主体和义务主体都是特定的,不具有物权的特征。"①

再次,虚拟财产也不应当被认定为一种债权或者特殊的债权。如果仅仅看到虚拟财产作为债权凭证或者服务合同的性质,往往忽略了虚拟财产本身的价值所在。虚拟财产的部分价值确实体现在所有者能够要求相应的信息服务提供商按照约定提供服务,但是更为主要的部分则是在于,只要所有者没有违反禁止性规定,就可以不受运营商的控制,根据自己的主观意志对虚拟财产行使各项排他性的权利。这种价值内容是一般的债权无法涵盖的,更类似于物权的许多特征。如果说虚拟财产权包括对虚拟财产的所有权,可以对其进行占有、收益、使用和处分,那么再说它仅仅是一种债权就是不全面的。即便在财产的流转方面涉及了债权的部分内容,但是这对于财产权利来说是一种普遍现象,任何财产的流转都必然要有债权,但债权的这种法律关系不能代替对客体本身的法律性质的探讨。② 也就是说,将虚拟财产权设定为一种债权,忽略了我们所要研究的虚拟财产本身的特性,只是弄清了双方主体之间的具体关系。其实,"特殊债权说"已经看到了虚拟财产在性质归属上的两难处境,可以说其价值属性既不同于传统的债权,又不是民法意义上的物权,将其定义为某种特殊权利,也没有彻底廓清虚拟财产与其他类型财产的真正关系。

最后,第三类财产说从逻辑上就是一种讲不通的观点。财产要么是有形的,要么是无形的,怎么会存在一种既不是有形也不是无形的财产呢?如果真有这样的类型,我们就必须重新审视之前对于有形财产或是无形财产的定义是否准确。其实,该论者仍是将无形财产与知识产权等同了起来,③并没有认真区分两者之间的关系,也没有认识到无形财产应当是一个开放性的概念,不宜对其加以过多的限制。虚拟财产的独立性应当得到重视,但将其作为第三类财产与有形财产、无形财产并列并非明智之举,也过于抬高了虚拟财产的法律地位。

如何确定无形财产的范围,本书拟从两个方面进行分析:第一,以相关财

---

① 石杰、吴双全:《论网络虚拟财产的法律属性》,载《政法论丛》2005 年第 4 期。

② 杨建斌:《论无体物权与知识产权的关系》,载《求是学刊》2006 年第 6 期。

③ 参见赵金英:《第三类财产之法律保护》,载《玉溪师范学院学报》2005 年第 6 期。

产法律的规定为前提,其中主要是指民事法律制度中涉及财产权利的内容。该客体是否能够作为财产受到法律的有效保护,往往并不以刑事法律规定为标准,而是首先看它是否能够纳入民事法律的调整规范,也就是说,只有民事法律已经将其作为财产加以保护之后,刑法才有可能也才有"义务"进行该项保护,从而完善刑事法律制度本身。第二,作为一个补充条件,我们也必须正视在现实生活中,尽管民事法律规定对此问题尚无有效的规制,但犯罪分子已经在该领域开始大量实施类似于财产犯罪的严重违法行为。这一现象为刑事立法研究提出了新问题和新要求,此种情形之下,如果等待民事或者其他相关法律制度建立或健全以后再探讨有关刑法事宜,可能为时过晚。因此,也有必要对该类问题积极地做出是否可以预先进行刑事考量的研究。而虚拟财产所涉及的刑法保护问题恰恰是此种情况的典型代表。

虚拟财产具有法律意义上的财产属性,这已经得到了学者们的普遍认可,[①]对此本书不再加以重复。然而,虚拟财产是否可以被纳入无形财产作为一种新的财产类型加以看待却颇有争议。通过上文的分析,笔者认为虚拟财产既不适宜作为物权,也难以成为一种真正的债权,更不应当牵强地界定为特殊的债权或者新型物权,这种界定无异于颠覆了以往的物权或债权的基本理论。上述两种权利的类型特征已经得以固定,实际上是一种封闭的权利体系,能够容纳新型财产权利的可能性极低。同时,作为无形财产代表的知识产权也与虚拟财产存在重要区别,难以相互包容,因此,后者只能作为与前者相并列的概念,同属于无形财产。虚拟财产之所以能够作为一种独立的无形财产类别,具有以下几方面的理由:第一,虚拟财产具有无形性特征。就本书而言,无形性是指的经济价值的实现方式只能通过人类的抽象思维感知和认识,而虚拟财产恰恰符合了这一特征。无论是典型的代表网络游戏虚拟财产也好,还是例如 QQ 号码、电子邮件、域名等其他形式的虚拟财产,都不是所有者能

---

① 参见尹祥茹:《论虚拟财产的法律性质》,载《中国海洋大学学报(社会科学版)》2006 年第 1 期;林旭霞:《虚拟财产权研究》,法律出版社 2010 年版,第 27～37 页;陈良、刘满达:《虚拟财产的财产属性界定》,载《宁波大学学报(人文科学版)》2005 年第 3 期;于志刚主编:《网络空间中虚拟财产的刑法保护》,中国人民公安大学出版社 2009 年版,第 41～104 页。也有学者指出虚拟财产的财产性值得怀疑,但只是极少数的观点,并不具有较大影响。参见侯国云:《论网络虚拟财产刑事保护的不当性——让虚拟财产永远待在虚拟世界》,载《中国人民公安大学学报(社会科学版)》2008 年第 3 期。

够进行物理的有形的利用其使用价值的财产类型,与传统的有体物具有利用形式和需要类型上的重大不同。第二,虚拟财产在本质上也是一种信息。本书认为,无形财产在本质上是一种信息财产,正是信息的本质特征决定了其他的形式特征,虚拟财产的信息不同于知识财产的记录载体,它主要是以电磁记录为主要形式,虽然也需要一定的物质载体作为依托,但载体本身仍不是反映信息内容的唯一条件,而是需要电子计算机、网络等媒介共同作用,才能实现虚拟财产的物质化。但是,就其本质是信息这一点来说,它与无形财产仍然是完全契合的。第三,虚拟财产存在的广泛性和重大的经济价值已经具备了作为独立的财产类型的保护要求。其实,无形财产作为一种开放性的财产类型,远远不止知识财产和虚拟财产两种形态,只不过其他类型的重要性和保护吁求仍然没有在现实社会当中得以体现,而虚拟财产恰恰符合了这一点。根据新闻出版总署公布的《2004 年中国游戏市场报告》,2004 年我国网络游戏市场的总体规模为 24.7 亿元,较 2003 年增长了 47.9%。到 2009 年,我国网络游戏市场的销售收入将达到 109.6 亿元,从 2004 年到 2009 年的年复合增长率将达到 34.7%。而且在近些年来,许多有关于网络虚拟财产的各类案件也大量涌现①,催生了这一新的理论研究热点。就目前关于虚拟财产法律性质的研究现状来看,不管是物权说还是债权说都不能合理地解决这一问题,将其作为新型财产加以独立研究仍不失为最好的选择。事实上,我们必须承认"财富形态在变化,包括法学家在内的人们,已经意识到一些新兴财产难以现有物权、知识产权的客体范畴,需要创设新的财产权利"②加以保护,而虚拟财产就是这种情形。

---

① 据不完全统计,有关于网络游戏虚拟财产的案件,从 2002 年 1 月到 2004 年 3 月,全国就有 300 多起。参见杨立新:《论网络虚拟财产的物权属性及其基本规则》,载《国家检察官学院学报》2004 年第 6 期。

② 陆小华:《信息财产权——民法视角中的新财富保护模式》,法律出版社 2009 年版,第 45 页。

第三节　无形财产的刑法保护

一、立法保护的基本思路

　　无形财产的刑法保护问题的提出与人们对私有财产保护的法律意识不断增强具有异常紧密的关系。在市场经济条件下,追求经济利益、增加财富积累成为了人们从事各种经济活动的重要目的,但市场经济同时又是法制经济,法律不仅要保护合法所有者的正当财产权利,同时对于通过违法手段获取财产的行为也要予以严惩,而刑法就是其中最为重要的手段之一。本章第二节第一部分曾就知识财产在我国的刑法保护历程进行了简要的梳理,从中可以看出,尽管在立法上如何对知识产权犯罪进行健全和完善仍有待进一步探讨,但基本的立法方向是可以确定的。反之,对虚拟财产如何进行刑法保护却在理论学界一直争论不休,观点甚多,致使司法机关在法律适用过程中也是出现了意见不统一的问题,造成了相同违法行为不同处理结果的尴尬局面。因此,笔者认为有必要对无形财产如何进行刑法保护的基本思路做一重新厘定,以求解决上述问题。

　　（一）无形财产不宜作为财产犯罪对象

　　无形财产首先是财产,对于财产的刑法保护自然首选有关财产犯罪的刑法规定,这是理所当然的逻辑结论。但是,我们必须认识到与虚拟财产同样作为无形财产的知识财产已经被独立出来,不再按照传统的财产犯罪加以保护,从而表明前述结论不再是毋庸置疑的说法,也促使我们必须反思这种经验主义的可靠性。就此,笔者认为包括虚拟财产和知识财产在内的无形财产不应当成为财产犯罪的对象,具体理由如下:

　　第一,从现实的角度分析,有形财产和无形财产的区别并不是本质的,而是形式上的重要不同,但刑事立法正是针对这种形式差别进行不同的规制。就财产犯罪的基本分类而言,比较常见的一种分类方式是将财产罪分为取得罪与毁弃罪。前者包括盗窃罪、强盗罪、侵占罪、恐吓罪、诈欺罪等等,而后者主要是毁弃罪。① 在我国刑法分则第五章规定的财产犯罪当中，也是多以取得犯罪为主，此类犯罪以不正当地利用他人财产为主要行为方式，而其前提条件就是对财产进行占有的转移，前述不同的财产罪之间往往是取得方式的差异，而对象基本相同。在此一点上，有形财产与无形财产不同的存在形态对犯罪手段产生了重要影响，也就是说，如果特定无形财产不能实现完全的转移占有，就有可能对传统财产犯罪的犯罪构成形成了一定的冲击。从民法理论的角度来看，一般认为"无形产权不能具有所有权的全部权能，其中最为重要的，是无形产权的权利人不能对权利标的实施'占有'，其权利的行使采用的是一种独特的方式。因此，物权法有关占有的保护以及有关取得时效的规定等，均不能适用于无形产权。此外，对无形产权的法律救济方法也与物权的保护不同，例如，对于无形产权的侵犯，就不可能适用'返还原物'的救济方法。"②这种区别延伸到刑法领域，就会使得特定财产犯罪是否能够以无形财产为对象产生了诸多困惑，例如侵害对象的转移占有是否成立、财产损失如何计算、既遂未遂的判断标准怎样认定等等③，都是无法解决的实际问题，如果我们一味地认为无形财产可以作为传统财产犯罪对象的话，可能上述问题将会持续存在，甚至成为永久性的障碍。在这一点上我们必须认识到，网络空间的特征对于法律的影响是全方位的，根据传统法律对网络空间进行渗透根本不能寻求到有效的解决途径，反而有可能造成更大的混乱。④

第二，从规范的角度分析，无形财产与财物的概念具有较大的区别，而刑法分则第五章的条文中多以财物作为犯罪对象，后者的范围无法涵盖无形财产。对于虚拟财产是否属于财物，持肯定观点的学者主要有以下几方面的理由：(1)对《刑法》第 92 条规定的"其他财产"应当作广义的理解，当然包括虚拟财产；(2)虚拟财产是一种无形财物，既然例如电力、天然气、电信码号等无形财物可以成为财产，前者自然也不应当有所例外；(3)虚拟财产可以被人们支

---

① 刘明祥：《财产罪比较研究》，中国政法大学出版社 2001 年版，第 2 页。

② 尹田：《物权法理论评析与思考》，中国人民大学出版社 2008 年第 2 版，第 18 页。

③ 霍世明、张国强：《虚拟财产遭遇真实抢劫的量刑困惑》，载《法制日报》2009 年 6 月 4 日第 9 版。

④ 齐爱民：《论网络空间的特征及其对法律的影响》，载《贵州大学学报（社会科学版）》2004 年第 2 期。

配、控制、管理和使用,具有一定的价值属性,应当成为物权的客体。当然,该论者也不得不承认,该项财产具有一定的特殊性,实践中还须谨慎处理。① 对此,笔者仍有必要重申本书的一个基本立场,就是有关于物与财产概念的区分问题:"与物权的概念相比较,财产是一个上位概念,而物权是一个下位概念,物权本身是财产权的一种,两者决不完全等同、相互替代。"②对此,上文中有关虚拟财产的法律属性部分也有相关的论述,其中对于"物权说"的反驳同样证明了虚拟财产并不是传统意义上的公私财物。物的概念并非永恒不变的,随着科技的发展人们会发现或发明一些新的物品,例如电力等各种新型能源就是古代社会所没有的物,但这种发展必须以相对合理的解释为标准,不能任意扩张物的概念。虚拟财产和电力、天然气等物理能源根本不能相提并论,两者的存在形态、控制方式、数额计算等方面都存在着显著的差异,又怎么能作为同一种财物进行讨论呢?至于电信码号确实和虚拟财产具有很大的相似性,可是仔细分析我们又会发现,电信码号本身并不具有经济价值的属性,行为人复制他人电信码号只是为了窃取电信公司的通信服务,其中获取非法利益的关键手段在于如何盗接和复制通信设备,单纯获得电信码号这种信息并不足以满足行为人的特定需求。因此,虚拟财产仍是一种与电信码号相区别的类型。更为重要的一点是,上述特殊财产类型是否能够纳入财产犯罪的对象范畴必须有刑法规定或者司法解释作为依据,并非单纯的理论研究得出的结论,而且有关规定和司法解释已经明确了该类型财产的基本范围,没有进行扩大解释的余地。③ 那么,为什么虚拟财产却可以不经过立法规定或者是司法解释而一跃成为特定财产犯罪的犯罪对象呢?显然这种结论并不合理。

第三,无形财产的典型代表知识财产已经从财产犯罪当中分离出来,这种分离预示出无形财产的诸多特征与传统的财产犯罪是难以相容的,这样一来,再将其他种类的无形财产作为财产犯罪的对象都是背其道而行之的做法。知

---

① 许任刚:《网络虚拟财产属于刑法意义上的公私财物——上海二中院判决一起网络虚拟财产职务侵占案》,载《人民法院报》2008年1月18日第5版。

② 王利明:《中国民法典草案建议稿及说明》,中国法制出版社2004年版,第400页。

③ 《最高人民法院关于审理盗窃案件具体应用法律若干问题的解释》中第1条第3项规定,盗窃的公私财物包括电力、煤气、天然气等。尽管其中并没有完全列举出所有无体物的种类,但是从其已经明示的三种类型推测,这里只是对无体能源的一种概括,并不包括其他种类的无形财产。

识财产也是一种广义上的财产,侵犯知识财产的犯罪自然也属于广义上的财产犯罪。但自从人们对加强知识产权刑法保护的法律意识有所觉醒之时,就没有产生过将其与传统的财产犯罪合并的意图,尽管也曾有司法解释将非法窃取技术成果的违法行为按照盗窃罪处理,但也只是昙花一现,很快借刑法修订之机进行了纠正。目前,知识产权犯罪与财产犯罪的界限是相当明显的,那为什么对虚拟财产的立法方向却又如此含糊不清呢? 显然,虚拟财产与知识财产两者之间的关系更为紧密一些,尤其在本质上都表现为一种具有经济价值的信息资源,而与财物等有形财产存在较大的差别。因此,从知识产权犯罪的独立我们可以看出,这种信息资源并不适宜采用传统的方式进行刑法保护。"就无形财产来说,有形物和无形物的各自的保护方面是很不相同的,这是由于不同的保护方法性质和立法历史造成的。"[①]无形财产作为一种特殊的财产类型,其独立性表现在立法保护方面主要是采取更富有针对性的立法措施,将其进行个别化处理。这一点,也得到了部分民法学者的赞同,例如有人指出"在立法体系上,基于破坏在物权与债权区分基础上建立起来的财产权固有结构的不必要性,包括知识产权在内的无形产权不妨以特别法加以规定更为合理一些。"[②]这种立法思路应该是一以贯之的,也即只要我们认为今后新出现的财产类型属于一种特殊的无形财产,就应该首先考虑对其进行特别的立法保护,而不是利用传统的方法进行规制。在此问题上,也反映出了立法的滞后性和局限性,一部法律不应该具有可以预见未来的功能,更不是无所不包的,对于新事物、新问题所表现出来的不适应性是可以理解和接受的,不宜对立法进行牵强附会的学理解释或者在实践中做出先入为主的有罪推定。

基于此,笔者认为对于无形财产的刑法保护必须与传统的财产犯罪划清界限,由于其对象的不相容性,不应该再被混为一谈。这是对无形财产进行刑法保护的基本原则,也是表明无形财产之独立性的重要标志。

(二)现行法律框架下的规制选择

那么,是不是对于无形财产的刑法保护就只能坐等新的刑事法规或者司法解释出台以后才能进行呢? 笔者认为,并非如此。将侵犯无形财产的违法

---

① 吴汉东:《财产权客体制度论——以无形财产权客体为主要研究对象》,载《法商研究》2000 年第 3 期。

② 尹田:《物权法理论评析与思考》,中国人民大学出版社 2008 年第 2 版,第 24 页。

行为作为传统的财产犯罪进行规制是一种思路,但不是唯一的,而一旦理论证明该路径并不合理,就应该做出其他选择。以虚拟财产为例,笔者拟就该类型财产在刑法保护问题上的两个主要争议做一梳理。

首先,是对网络虚拟财产进行刑法保护的必要性和正当性的争议。有的学者曾就网络虚拟财产是否应当进行刑法保护指出,由于网络虚拟财产本身不是财产且没有价值,现实中将网络虚拟财产与真实财产相兑换的行为具有多方面的严重危害性,因此不仅不应当保护这种虚拟财产,反而要严格禁止虚拟财产和真实财产的兑换,主张将兑换行为按照犯罪论处。[①] 之后,围绕着虚拟财产是否应当由刑法加以保护的问题曾有过针锋相对的理论争辩,这种争辩的积极意义在于,它能够进一步加深我们对虚拟财产问题的全面认识,由此形成的观点或结论也更具说服力。[②]

对此,笔者支持肯定论的观点,主张应当加强对虚拟财产包括刑法在内的各项立法保护。其中关于虚拟财产是否属于财产的问题此处不再过多重复,只是想要申明一点,财产既包括那些已经明确受到法律保护的类型,也应当涵盖具有现实意义但尚未得到立法直接认可的财产。成立前者的基础是,该财产必须首先是现实意义上的财产,而对于后者,由于立法的滞后性特征,致使该领域尚未得到健全法律的有效保护,但不能因此主张该项财产的虚无性,无视其客观存在。我们"必须正视的一个现实是,在一般人的观念中,虚拟的财产因其具备交换价值和一定的使用价值,而与传统物权法所谓的'财产'没有本质区别"。[③] 在承认虚拟财产是一种现实财产的前提之下,继续主张加以科学合理的立法保护才是正确的路径。目前,网络虚拟财产领域的各种乱象并不是虚拟财产本身造成的,而是由于立法不完善甚至出现真空地带的结果,以此为理由禁止虚拟财产的交易和发展过于极端,也与当今世界各国对于网络虚拟财产的立法态度背道而驰。正如否定论学者的文中所述,据估计"每年虚

---

① 侯国云:《论网络虚拟财产刑事保护的不当性——让虚拟财产永远待在虚拟世界》,载《中国人民公安大学学报(社会科学版)》2008年第3期。

② 参见王志祥、袁宏山:《论虚拟财产刑事保护的正当性——与侯国云教授商榷》,载《北方法学》2010年第4期;侯国云:《再论虚拟财产刑事保护的不当性——与王志祥博士商榷》,载《北方法学》2012年第2期。

③ 李国强:《时代变迁与物权客体的重新界定》,载《北京师范大学学报(社会科学版)》2011年第1期。

拟物品市场的交易规模应该有 100 多亿元"①,面对如此大规模的网上市场,我们又怎能以消极手段进行围追堵截呢?恐怕如此做的后果只会使得该类型的交易逐渐走入地下,成为一种新的更加严重的社会隐患。虚拟财产的各种问题并非来源于其本身,也不是不能解决的,只需立法进行积极应对即可逐步走向正轨。因此,我们必须正视由虚拟财产带来的各种经济、法律难题,从有效疏导的角度对这一虚拟市场交易进行合理规制,使其在正当化的基础之上进一步发挥繁荣经济的积极意义,而不是设立所谓"虚实交易罪"②彻底地扼杀这一经济现象,那样做的结果只会适得其反。

其次,关于如何对虚拟财产进行刑法保护也有不同意见。在刑法学界,对于虚拟财产是否可以进行刑法保护存在两种对立的观点:肯定论的学者认为,在现行的法律框架下对侵犯虚拟财产的违法行为进行规制的重点在于,虚拟财产是否符合刑法意义上财产犯罪的"财产性"要件,而答案应当是肯定的。基于此,将侵犯虚拟财产的行为运用传统的财产犯罪条款加以规制具有法律依据。③ 这一观点也是司法实践部门的主要立场,并且在一些判决中得到了贯彻。④ 否定论的主张恰恰相反,依我国《刑法》第 3 条规定的罪刑法定原则来看,尽管窃取虚拟财产的行为显然对所有者构成了一定的损害,但并不符合盗窃罪的全部构成要件,现如今的权宜之计只能是按照民事损害的救济渠道采取一定的补偿措施,例如损害赔偿、返还不当得利等。⑤ 但是,两种意见都认为我国立法对于虚拟财产的规定存在严重的缺陷,应当借鉴其他国家或者地区的相关刑事立法对其进行完善。与理论界对于虚拟财产的看法相"呼应",司法实践部门对于侵犯虚拟财产的刑事案件也出现了各种不同的处理意

---

① 侯国云:《再论虚拟财产刑事保护的不当性——与王志祥博士商榷》,载《北方法学》2012 年第 2 期。

② 侯国云:《论网络虚拟财产刑事保护的不当性——让虚拟财产永远待在虚拟世界》,载《中国人民公安大学学报(社会科学版)》2008 年第 3 期。

③ 赵秉志、阴建峰:《侵犯虚拟财产的刑法规制研究》,载《法律科学(西北政法大学学报)》2008 年第 4 期。

④ 余东明:《"Q 币大盗"的命运——首例虚拟财产盗窃案记录》,载《法律与生活》2007 年第 9 期;霍仕明、张国强:《虚拟财产遭遇真实抢劫的量刑困惑》,载《法制日报》2009 年 6 月 4 日第 9 版。

⑤ 彭晓辉、张光忠:《我国网络游戏中"虚拟财产"的法律保护问题》,载《中南财经政法大学学报》2004 年第 3 期。

见:第一种意见是按照盗窃罪定罪处罚,也是目前出现最多的判决结果。第二种意见,对于盗窃 QQ 号码进行出售的行为按照侵犯通信自由罪处理,该判决主张 QQ 号码不属于刑法第 92 条所规定的"其他财产",但却是一种通信工具的代码,因此对于盗窃他人 QQ 号码的行为可以按照侵犯通信自由罪处罚。第三种意见是将此类行为按照破坏计算机信息系统罪定罪量刑。该罪是指,违反国家规定,对计算机信息系统功能进行删除、修改、增加、干扰,造成计算机信息系统不能正常运行,以及对计算机信息系统中存储、处理或者传输的数据和应用程序进行删除、修改、增加的操作,或者故意制作、传播计算机病毒等破坏性程序,影响计算机系统正常运行,后果严重的行为。由于侵犯虚拟财产的行为多以破坏他人的计算机信息为必要手段,所以该罪名也在实践中有着广泛影响。[1]

不管是在理论学界,还是涉及实务部门,之所以存在上述不同的立场,究其原因无非就是虚拟财产的性质问题,也即虚拟财产是否可以作为传统财产犯罪对象来看待。答案如果是肯定的,只要犯罪数额达到一定的要求,就可以按照盗窃罪、诈骗罪等罪名进行处罚;反之,如果得出否定的答案,则需要对此类严重违法行为考虑适用其他罪名的可能性。因此,我们必须先要对此做出判断。根据上文的论述可知,笔者并不赞同虚拟财产作为财产犯罪对象的肯定论观点。除了上一部分已经阐明的几点理由以外,我们必须再次强调罪刑法定原则对于该问题的重要意义。罪刑法定原则的初衷在于人权保障,而实现人权保障最为重要的一点就是该原则是否能够发挥其"出罪功能",即法无明文规定不得进行处罚。这一功能的实现仅靠罪刑法定的抽象原则是不可能的,更在很大程度上依赖于构成要件理论。构成要件理论是在罪刑法定主义的基础上形成和发展起来的,罪刑法定化必然要求构成要件法定化。但"如果没有构成要件作为评价标准和样板,刑事法律规定即使明确规定了相应各罪的罪状和刑罚,即实现了罪刑法定化,对于具体的个案而言也是没有什么意义的。可以说,正是借助于作为不法类型的构成要件,'罪刑法定'方得以从逻辑的世界走向经验的世界",[2]这是构成要件的首要机能。在我国刑法当中,构

---

① 徐岱、刘余敏、王军明:《论虚拟财产刑法保护的现状及其出路》,载《法制与社会发展》2007 年第 5 期。

② 劳东燕:《刑法基础的理论展开》,北京大学出版社 2003 年版,第 181 页。

成要件理论类似于犯罪构成理论,而犯罪对象则是犯罪构成的重要组成部分。在特定的犯罪当中,犯罪对象的成立与否决定着罪与非罪、此罪与彼罪的关键问题。反观刑法分则第五章的条文规定,除少数几个罪名以资金、特定款物作为犯罪对象以外,其他诸如盗窃、抢劫、诈骗等罪名均以财物作为本罪的对象。从词义上分析,财物并不等同于财产,刑法第 92 条对财产的范围进行了详细说明,但该法并无关于财物的概念解释,如果说两个定义的内涵是相同的,至少立法上是行不通的。虚拟财产属于财产的范畴,这也只是一种事实现象,并没有得到立法上的认可,退一步讲,即使虚拟财产属于刑法第 92 条规定的"其他财产",也不能说明它与财物是何种关系。有的学者指出,"盗窃虚拟财产与盗窃现实财产,只是物体存在空间不同,物体形态不同,盗窃手法不同而已,其基本原理和性质,与刑法之传统盗窃罪构成要件,并非相互抵触,格格不入,完全可以适用盗窃罪法条对其定罪处罚。"①这种观点着实有些蹊跷,为什么如此多的不同要件却未能阻却犯罪构成的成立呢?难道只要"基本原理和性质"相符就能够忽视其他瑕疵的存在吗?还有的学者认为,虚拟财产之所以迟迟不能得到普遍的认可,主要原因在于传统犯罪对象理论带来的障碍。如果我们将犯罪对象修正为"承载刑法法益的客观存在",就完全可以解决这一问题,因为虚拟财产本身就具有客观存在性。② 其实这种观点也没有彻底搞清楚虚拟财产问题的本质所在,犯罪对象只不过是一个抽象的理论概念,即便传统的犯罪对象理论需要调整,也不能影响刑法规范的具体条文。虚拟财产是否属于传统的犯罪对象是一个理论问题,而是否可以被作为财产犯罪的对象是一个司法实践问题,即便前者得到了解决,后者仍然需要继续探讨。况且,虚拟财产是否属于犯罪对象的问题已经不再是特别重要、需要深究的问题,因为实践中已经发生了严重侵害虚拟财产的违法行为,现在亟待解决的是如何对其进行保护的问题。

犯罪构成理论要求定罪必须以刑法规定为准,这个司法认定的过程是一个形式的符合,而不是深究该罪名的"基本原理和性质",形式要件具备了,就说明实质要件也已经具备,但如果形式要件有所抵牾,那么也不能以实质符合性来掩盖形式上的残缺。至于刑法分则第五章的章罪名"侵犯财产罪"并不具

---

① 王礼仁编著:《盗窃罪的定罪与量刑》,人民法院出版社 2008 年版,第 109 页。
② 陈开琦:《犯罪对象的二元结构论》,载《法学评论》2009 年第 6 期。

有严格的法律适用效力,而理论上所说的犯罪客体即财产所有权也不能代替财物,因此,在此问题上我们需要探讨的并非是虚拟财产与财产的关系——这也是无须探讨的——而是虚拟财产到底是不是财物。对此的回答,笔者认为应当是否定的。财物的核心词在于物,物的概念不同于财产,尽管西方国家曾在民法理论中将其同等看待,但在我国立法当中,物与财产并不相同。例如《物权法》第2条规定,本法所称物,包括动产和不动产,这显然小于财产的范围。虚拟财产本质上是一种具有经济价值的信息,信息是一系列具有特定意义的数据的组合,在任何意义上都不能与物相提并论。因此,就犯罪对象是否相符的问题,侵犯虚拟财产的违法行为是不能成立传统财产犯罪的。否则,就违反了刑法分则具体条文的相关规定,也违背了罪刑法定原则的基本精神。

根据否定论的观点,如果此类行为不能依财产犯罪论处,就只能按照民事法律进行处理,这也是一种不全面的认识。因为侵犯虚拟财产的行为就其本身的行为方式而言,也有可能侵犯特定的刑法法益,撇开财产犯罪所形成的"构成要件上的桎梏"就无须考虑对象的合理性问题,从而以其特定的手段所形成的严重社会危害性选择更为妥当的罪名。以破坏计算机信息系统罪为例,由于侵犯虚拟财产的行为多以利用较高的计算机技术(制造病毒或者盗号木马软件等)窃取他人的信息数据为主要方法,在此过程当中,如果行为人对相关数据进行修改、删除或者增加,导致计算机系统不能正常运行,造成严重后果的,就可以按照该罪进行处理,由此涉及的通过虚拟财产交易获利的部分,可以作为从重的量刑情节加以考虑。只不过在适用该罪名的时候同样需要注意,此罪属于情节犯,必须造成计算机系统不能正常运行的严重后果,方可定罪。但是,对于侵犯通信自由罪的适用问题却应当采取谨慎的态度,司法工作人员往往在涉及电子邮箱、QQ号码或者其他聊天工具的案件中会考虑这一罪名,对于盗取该类信息的行为人依侵犯通信自由罪论处。① 根据刑法第252条的规定,侵犯通信自由罪,是指隐匿、毁弃或者非法开拆他人信件,侵

---

① 2005年12月9日,深圳市南山区法院开庭审理了腾讯计算机有限公司员工曾某利用负责监控工作的便利,盗窃QQ号码后与杨某合谋倒卖牟利一案。这是我国首宗盗窃QQ号码被提起公诉的案件。最后,法院以侵犯通信自由罪判处两名被告人拘役6个月,并处罚金6万余元。参见广东省深圳市南山区人民法院刑事判决书(2006)深南法刑初字第56号。

犯公民通信自由权利,情节严重的行为。[1] 同时,全国人民代表大会常务委员会于 2000 年 12 月 28 日通过的《关于维护互联网安全的决定》第四条第二项规定:"非法截获、篡改、删除他人电子邮件或其他数据资料,侵犯公民通信自由和通信秘密的,依照刑法有关规定追究刑事责任。"依上述法律规定分析,其中两点必须引起我们的注意:第一,本罪的对象是他人的信件。那么,我们该如何解释才能将各种聊天工具和信件对应起来呢? 显然,仅从扩张解释的角度是不能得出这种结论的。我们不能因为两者发挥的特定功能相似,就在法律意义上主张内涵也是相同的。事实上,即便是电子邮箱也与我们日常所说的信件存在着较大的区别,前者更类似于储存、收发信件的自动设备,而不是信件本身。从这一点看来,对于上述解释结论是存在疑问的,有类推解释的嫌疑。第二,侵犯通信自由罪的客观行为方式也是特定化的,只应当包括隐匿、毁弃和非法开拆三种手段。而对于上述窃取他人的电子邮件和聊天工具账号的行为,是无法通过这三种行为完成的,也就是说,在客观方面也是与侵犯通信自由罪不甚相符的。因此,笔者赞同如下观点:某些行为,即使存在侵犯通信自由的实质结果,但是不能构成侵犯通信自由罪。[2] 由于侵犯虚拟财产的违法行为本身具有复杂性的特征,在适用罪名的问题上必须慎之又慎,不应过多地看重实质结果的危害性,更要强调形式特征的完全符合。

除此以外,在司法实践中还有适用《刑法修正案(七)》第 9 条的规定来处理盗窃网络虚拟财产的案例。[3] 该条款对原有的非法侵入计算机信息系统罪进行了补充,增加了如下内容:"违反国家规定,侵入前款规定以外的计算机信息系统或者采用其他技术手段,获取该计算机信息系统中存储、处理或者传输的数据,或者对该计算机信息系统实施非法控制,情节严重的,处三年以下有期徒刑或者拘役,并处或者单处罚金;情节特别严重的,处三年以上七年以下有期徒刑,并处罚金。""提供专门用于侵入、非法控制计算机信息系统的程序、

---

[1]　高铭暄、马克昌主编:《刑法学》,北京大学出版社 2011 年第 5 版,第 487 页。

[2]　于志刚主编:《网络空间中虚拟财产的刑法保护》,中国人民公安大学出版社 2009 年版,第 452 页。

[3]　2009 年 6 月 5 日,南京市鼓楼区法院以"非法侵入计算机系统罪"对轰动一时的"大小姐病毒案"作出判决,对盗窃游戏装备,非法获利金额高达 1000 余万元的 6 名被告人分别判处 1 年至 1 年 2 个月有期徒刑,并处 10 万至 50 万罚金。此案是我国首次适用《刑法修正案(七)》关于"非法侵入计算机系统罪"增设的二、三款对网络黑客进行判决的案件。

工具,或者明知他人实施侵入、非法控制计算机信息系统的违法犯罪行为而为其提供程序、工具,情节严重的,依照前款的规定处罚。"其中第二款所规定的非法获取计算机信息系统数据罪与以往实践中所发生侵犯虚拟财产的违法行为基本相似,在犯罪构成方面并不存在实质性的障碍。但是,如果对该罪设立的立法初衷认真推敲,我们也不难发现其对虚拟财产的保护力度显然是远远不够的。在上述案例当中,行为人通过木马病毒盗窃虚拟财产,直接非法获利达1000多万元,而主犯王华也只不过被判处了1年2个月的有期徒刑,并处罚金50万元,其罪刑不均衡甚为明显。个中原因在于,刑法设立此罪名主要保护计算机信息系统的安全,并非在于打击盗窃虚拟财产的违法行为。因此,即使将行为人获利的多少作为一种量刑情节来考虑,但如果没有对计算机信息系统构成严重的安全性威胁,也不宜加重处罚。由此来看,作为非法获取信息数据之后的牟利行为,并不是本罪所要着重惩罚的行为,在量刑上也无法得到完整的体现。甚至可以说,即便不考虑行为人在此过程中的获利数额,也并没有违反刑法的相关规定。实际上,"虽然新增加的'非法获取计算机信息系统数据罪'和'非法控制计算机信息系统罪'扩大了计算机犯罪的打击范围,但并没有把窃取网民信息交易获利等行为认定为犯罪",[1]两者尽管在部分内容上出现交叉或重合,但此类罪名仍然不是非常富有针对性的能够有效打击网络虚拟财产犯罪的最佳选择。

总之,由于在犯罪构成要件上的诸多限制和差异,使得目前我国刑法体系中并没有真正与侵犯虚拟财产的违法行为直接相关的罪名。这种立法上的严重缺陷将会导致虚拟财产乃至其他种类的无形财产的法律保护出现漏洞,使得许多违法行为人有可乘之机,对虚拟财产的合法拥有者也构成了严重的威胁,造成了网络虚拟市场呈现出混乱无序的不良状况,亟待有权机关对此做出有效的规制。

二、刑法完善的具体建议

(一)知识财产

对于知识财产的保护在我国刑法中已有规定,主要是指《刑法》分则第三

---

① 黄鑫:《由"崔真实法"引发的若干法律思考》,载《中国刑事法杂志》2010年第4期。

章第七节的相关罪名,包括假冒注册商标罪、销售假冒注册商标的商品罪、假冒专利罪、侵犯著作权罪、销售侵权复制品罪、侵犯商业秘密罪等,涵盖了著作权、商标权、专利权和商业秘密权四种类型。以此形成的知识产权刑事保护体系基本上能够起到遏制严重侵犯知识产权犯罪的作用,实现打击知识产权犯罪的立法目的。但是,由于知识产权领域的发展变化可谓是日新月异,我国对此方面的立法经验又呈现出相对不足的缺陷,导致了在此问题上还有许多亟待完善的地方。

有学者在回顾了我国知识产权刑法立法的大致过程以后,着重指出了以下几方面的不足:第一,犯罪化程度相对不够,许多应当保护的知识产权类型尚未纳入刑法的保护范围;第二,知识产权法的法律体系内部存在着不协调的弊端,主要问题在于刑法立法较为迟缓;第三,知识产权犯罪的刑罚种类配置不够,尤其表现在罚金刑的适用力度和资格刑的严重缺乏两方面;第四,罪状表述的类型应当多以空白罪状为主,不宜采取叙明罪状的方式。[①] 对此,笔者基本持相同的意见。但是,介于本书的研究重点主要在于无形财产的刑法保护问题,所以在知识产权犯罪的完善议题上也着重探讨如何构建更为合理、全面的保护体系,对于除此以外的其他缺陷暂不作研究。

我国对于犯罪化问题的刑事立法态度历来是较为谨慎的,这一观念不仅仅表现在知识产权犯罪方面,其他类型的犯罪亦是如此。因此,自从刑法修订以来,有关于知识产权犯罪的部分一直没有发生太大的变化,只是连续出台了几个相关的司法解释,[②]但与此相对应的是,相关的知识产权立法却并没有止步。国务院于 1997 年颁布了《植物新品种保护条例》、2001 年颁布了《计算机软件保护条例》和《集成电路布图设计保护条例》、2006 年颁布实施了《信息网络传播权保护条例》(2013 年修订)等,随后国家立法机关又对《著作权法》《专利法》以及《商标法》进行了相应的调整,其中也包括一些侵犯知识产权行为的

---

① 刘湘廉:《新中国六十年知识产权刑法立法发展与评价》,载《广西民族大学学报(哲学社会科学版)》2010 年第 3 期。

② 具体包括《关于审理非法出版物刑事案件具体应用法律若干问题的解释》(1998 年)、《关于办理侵犯知识产权刑事案件具体应用法律若干问题的解释(一)》(2004)、《关于办理侵犯著作权刑事案件中涉及录音录像制品有关问题的批复》(2005)、《关于办理侵犯知识产权刑事案件具体应用法律若干问题的解释(二)》(2007)、《关于办理侵犯知识产权刑事案件适用法律若干问题的意见》(2011)等。

变更,有的还规定了"构成犯罪的,依法追究刑事责任"的内容。譬如《著作权法》第47条就将追究刑事责任的侵犯著作权的行为增设为八种,并对各种类型的内容进行了详细界定。但与此相对的刑法规定却没有进行补充,造成了两法之间的衔接不协调,使得该规定被束之高阁,成为了"空头支票"。同时,由于刑法条文具有稳定性特征,对于尚未成熟的立法建议往往通过司法解释的方式加以运用。不过,这种解释是否能够将本不属于刑法条文规定的内容扩大解释为符合构成要件的行为类型也是有很多疑问的,例如2004年最高人民法院和最高人民检察院(以下简称"两高")司法解释为顺应网络著作权产业发展的现实需要而将未经著作权人同意,通过信息网络传播他人作品的行为解释到复制发行中来,又如2011年"两高"及公安部出台的侵犯知识产权刑事案件办理意见又将出租他人享有著作权的作品解释为发行的一种表现形式。[①] 除了立法本身存在的诸多问题以外,司法实践当中也出现了许多侵犯知识财产相关权利却不能得到刑法的有效保护的现象。例如根据我国《商标法》第52条的规定,"反向假冒"[②]也是侵犯商标权的行为,也有可能造成非常严重的后果,但是根据我国《刑法》第213条的规定,由于行为人并没有使用权利人的商标,故不能依据假冒注册商标罪或者销售假冒注册商标的商品罪追究其刑事责任。而且,在司法实践中已经出现了例如天津油漆厂的"灯塔"牌油漆、北京某服装厂的"枫叶"商标被反向假冒的案例,对于该类案件如何处理引发了争议。[③] 除此以外,商号等传统的知识产权类型、植物新品种等新类型的知识财产也没有被纳入刑法的保护范围,不能以解释现有的知识产权犯罪的方式,来对上述财产类型给予有效的保护。此外,我国刑法对作者精神权利的保护,仅限于禁止"制作、出售假冒他人署名的美术作品的行为",这与保护作者精神权利的实际需要相差甚远,也和修改后的《著作权法》不相适应。[④]

　　对于中国知识产权刑法保护的立法走向判断,应当是基于现有问题提出

---

① 田宏杰、王然:《中外知识产权刑法保护趋向比较研究》,载《国家行政学院学报》2012年第6期。

② 反向假冒是指在商品销售活动中将他人在商品上合法贴附的商标消除,换上自己的商标,冒充为自己的商品而予以销售的行为。

③ 郑成思:《知识产权论》,社会科学文献出版社2007年版,第228～229页。

④ 郑成思主编:《知识产权:应用法学与基本理论》,人民出版社2005年版,第247页。

的具有针对性和预见性的建议。基于上述理由,笔者认为我国刑法对于知识财产的保护是有所缺欠的,突出表现在范围过窄的问题上。因此,今后对于知识产权的刑法规制可以走一条适当扩张的路径,以适应现实生活中多样化类型的知识财产,使得权利人的各项利益和知识产权事业的发展得到更为健全的保护。这一结论也与我国在今后的知识产权保护政策的方向上是一致的。2006年,我国与世界知识产权组织、欧盟、美国等在上海举行的知识产权刑事保护论坛上,一致通过了《上海宣言》,要求"加大行政和司法保护力度,依法严厉打击侵犯知识产权违法犯罪行为"。2009年,最高人民法院发布《关于贯彻实施国家知识产权战略问题若干问题的意见》,明确充分运用刑事、民事和行政三种审判职能,大力发挥知识产权审判整体效能,对各种知识产权提供全面有效的司法保护。① 若要实现上述目标,在刑事立法方面即应当采取一种适度扩张的积极态度,为知识产权的司法保护提供充分的立法依据。其实从根本上来说,知识产权保护制度的演变轨迹,就是一个接一个知识财产进入到保护范围中来,成为法律确认的权利客体。这既是经济、社会、文化发展的结果,也推动了法律的进步。②

因此,笔者认为今后的知识产权刑法保护应当从如下两方面加以完善:第一,从协调知识产权法律体系内部统一性的角度出发,对新型的知识财产加以刑法保护。这种保护的角度既可以通过修改现行刑法规范进行,也可以发挥附属刑法的积极意义,从各个相关法律本身的责任内容入手,直接规定刑事责任条款。知识产权保护的立法模式经历了由分散到集中的发展历程,这与我国的社会经济发展现状和立法水平具有直接的关系。1997年刑法修订之时,其基本的指导思想就是"要制定一部统一的、比较完备的刑法典"③,其中最为重要的一项工作就是将这十多年来由全国人大常委会做出的有关刑法的修改补充规定和决定修改整理统一编入刑法当中,以及一些经济、民事、行政法律当中的刑事责任条款改为具体的刑法条款。这样一来,也就有了刑法分则第

---

① 陈晖:《论对知识产权刑法保护的宽严相济》,载《广东行政学院学报》2011年第4期。

② 陆小华:《信息财产权——民法视角中的新财富保护模式》,法律出版社2009年版,第42页。

③ 王汉斌1997年3月6日在第八届全国人民代表大会第五次会议上《关于〈中华人民共和国刑法(修订草案)〉的说明》。

三章第七节知识产权犯罪的内容,从而完成了分散型的立法模式向集中型立法模式的转变。目前,知识产权犯罪应对以何种立法模式进行调整仍有争议,主张分散型、结合型以及集中型的学者都各持己见,互不退让。但从长远的发展角度以及总体的立法趋向来看,分散型的立法模式更能适应知识产权犯罪的诸多特点,比另外两种立法模式具有较强的优势。[①] 刑法中的知识产权犯罪目前主要集中于对传统的知识产权进行保护,而对有关新权利类型却未给予应有的关注,如生物技术中的植物新品种权、网络环境下的域名权、信息技术的相关权利等。[②] 这些新型知识产权不仅早已存在于相关国际公约之中,而且在我国的行政法规中也有了明确的规定,只是仍然缺乏有效的刑法保护机制而已。基于分散型的立法模式,我们就可以在相关的经济、行政法规中对侵犯新型知识产权的违法行为规定相应的刑事责任条款,例如在《计算机软件保护条例》中增设有关计算机软件保护附属刑法的内容,对技术措施和权利管理信息保护设立相应的刑法规定。第二,对于已有的知识产权犯罪进行扩张性调整,通过增设有关罪名对特定知识财产给予更为全面的保护。对于传统的知识产权犯罪,尽管已有罪名已经涵盖了多数的犯罪类型,但也不能排除司法实践中仍有部分严重的侵权违法行为不宜适用现有的罪名。从刑事立法完备性和前瞻性的角度出发,对商标权、著作权、专利权等实施更为全面的保护仍有必要。例如有的学者提出增设反向假冒商标罪、侵犯著作者人格权罪、非法出租出借侵权复制品罪等[③],就是完全符合这种立法趋势的具体建议,值得提倡。当然,对于哪些罪名属于今后知识产权犯罪刑事立法工作的当务之急,还是需要结合司法实践的具体情况详加斟酌,也就是说,立法完善必须以实际问题作为导向,通过充足的理论基础研究进行可行性方面的论证,最终是否应当形成具体的刑法规定仍然是一个谨慎对待的过程。

"值得注意的是,作为私权的知识产权与作为私权的物权是不能等同的,因为知识产权不是私人占有权,知识产权是基于人民创造知识的劳动所产生

[①] 李希慧、黄洪波:《我国知识产权刑法保护立法模式的选择》,载《国家检察官学院学报》2010 年第 6 期。

[②] 田宏杰:《论我国知识产权的刑事法律保护》,载《中国法学》2003 年第 3 期。

[③] 赵秉志、田宏杰:《侵犯知识产权犯罪比较研究》,法律出版社 2004 年版,第 90 页。

的知识产品依法享有的专有权,其私有性来自于法律的规定。"①也就是说,知识产权的保护和立法的发展是密切相关的,只有获得立法上的直接认可才能使得知识财产具有崭新的生命力,其经济价值才能够得到最大限度的发挥,人们也才更有动力积极地从事智力活动,创造出更多的更有意义的新成果。这种立法的完善也必将进一步推动知识产权事业本身的健康发展,也为形成良性有序的社会主义市场经济秩序起到了保驾护航的作用。因此,知识产权刑法保护的立法完善问题意义重大,亟待解决。

(二)虚拟财产

目前,由于虚拟财产的相关立法研究仍然处于相对落后的状态,在此领域当中,无法可依是关键问题所在。尤其在虚拟财产交易部分,可以说呈现出一种混乱和无序化的状态。从目前来看,侵犯虚拟财产的行为类型大致有以下几种:(1)盗用账号以获得虚拟财产;(2)非法伪造;(3)针对虚拟财产进行欺诈而获利。② 瑞星公司和网游网联合发布了中国第一份针对网络游戏安全的调查报告。这项调查涉及全国 3.4 万玩家、32 家网络游戏公司以及 4560 家网吧。该报告显示,61% 玩家的虚拟物品与装备经常被盗,目前网络游戏的安全问题主要就是游戏盗号问题。③ 既然虚拟财产的财产属性已经得到了人们的认可,那么,对于侵犯虚拟财产的违法行为却得不到有效的扼制就是一种不合理的现象。除了网络游戏盗号的问题以外,QQ 号码、电子邮件、虚拟货币等等其他类型的虚拟财产也是违法分子的行为目标,由此引发的消极影响严重干扰了网络市场的正常运行,损害了众多网友的基本权益。

从刑事立法上讲,对虚拟财产确立完整的法律保护体系,特别是对侵犯虚拟财产的违法行为引入传统财产犯罪的条款加以严惩,或者建立全新的刑事保护体系,这不仅是对虚拟财产所有人应有权益的法律保护,而且是刑事立法自我完善和满足社会需要的应有举措。④ 对此,学者们也提出了许多积极的立法建议。有的学者认为,对于虚拟财产进行刑法保护的路径有三:一是通过

① 周俊强:《知识产权的基本理念与前沿问题》,安徽人民出版社 2006 年版,第 252 页。

② 王玉珏:《刑法中的财产性质及财产控制关系研究》,法律出版社 2009 年版,第 121 页。

③ 赵金英:《第三类财产之法律保护》,载《玉溪师范学院学报》2005 年第 6 期。

④ 于志刚:《论网络游戏中虚拟财产的法律性质及其刑法保护》,载《政法论坛(中国政法大学学报)》2003 年第 6 期。

司法解释,完善对虚拟财产的刑法保护;二是通过立法解释,达成上述目标;三是通过刑事立法,解决这一问题。其中包括对刑法第 92 条"其他财产"的补充和对第 264 条盗窃罪的重构。[①] 还有的学者在"与国际相协调"和"扩张解释刑法第 92 条"的基础上,指出了更为全面的虚拟财产立法保护途径,具体包括以刑法修正案的方式、制定单行刑法的方式以及系统修订刑法典的方式等。[②] 当然,对于虚拟财产合法化的问题也有人提出了质疑,"且不说为国家关于制定虚拟财产价值衡量标准和立法工作的难度有多大,虚拟财产合法化将带来更大的社会问题,比如'通货膨胀',比如交易征税等等",[③]这些也是不得不面临的一系列难题。

对于上述不同的建议,笔者自然支持对虚拟财产进行立法保护的观点。尽管虚拟财产的诸多问题仍然不甚明朗,尤其是民法领域对此方面的研究也是仅仅处于尝试、摸索的初级阶段,但这并不妨碍我们暂时建立有关于虚拟财产的基本法律保护体系,并以此为契机进一步在司法运用当中完善该体系。从目前的国内外研究现状来看,对虚拟财产加以合法化并积极地进行立法保护是主流趋势,即便在这一过程中可能会遇到很多难以解决的问题,但这并不足以成为我们否定虚拟财产合法化的理由。就当前的违法现状来看,侵犯虚拟财产的行为给刑事司法实践造成了极大的困扰,成为这一领域最为迫切需要解决的难题之一,因此,我们不妨在虚拟财产的立法保护问题上采取齐头并进、多管齐下的方式,以虚拟财产的合法化作为基础,以其全方位的立法保护为目标,构建科学、有效的法律保护体系。

那么,就虚拟财产的刑法保护而言,其具体路径又该如何取舍呢?笔者认为,最好以直接的刑事立法完善作为选择,不宜采取其他立法模式。首先,通过司法解释或者立法解释并不能解决这一问题。因为不管上述何种解释,都是对法律规定不甚明确的地方做出的说明,然而虚拟财产的刑法问题并非源

---

① 徐岱、刘余敏、王军明:《论虚拟财产刑法保护的现状及其出路》,载《法制与社会发展》2007 年第 5 期。

② 于志刚主编:《网络空间中虚拟财产的刑法保护》,中国人民公安大学出版社 2009 年版,第 530～539 页。

③ 王晓雁:《叩问法律空门:虚拟财产如何保障》,载《法制日报》2007 年 1 月 16 日第 4 版。

于法律规定的不明确,而是根本没有直接的相关规定,两种情况不能混为一谈。正如有些学者所指出的,"正是立法上的粗疏给法官适用刑法带来了一定的困难,从而为司法解释大行其道提供了契机。其结果是立法权的收缩甚至旁落,司法权的强势甚至膨胀。司法解释大量出现,架空了法律,甚至出现了欲疏益密的状况,可谓适得其反。"①所以,任何解释都不应当代替立法去解决现实问题,即便立法解释也是如此。其次,尽管虚拟财产的刑法保护问题亟待解决,但并没有达到足以为此制定单行刑法的程度。一方面,虚拟财产的问题是个别问题,只需个别处理即可,它并没有从根本上动摇了刑法当中的财产保护体系,也没有形成足以彻底改变财产犯罪构成的影响力;另一方面,侵犯虚拟财产的违法行为表现较为单一,尽管常与一定的高科技手段相联系,但侵害方式也不复杂,制定单行刑法的必要性和可行性并不具备。总体而言,侵犯虚拟财产的违法行为尽管已经具备相当严重的社会危害性,但仍然是一种单一性的、非体系化的行为类型。最后,笔者仍要说明的是,上述学者都将财产犯罪作为虚拟财产刑法保护的最终路径,拟通过扩大"财物"的范围解决这一问题,显然是不妥当的。"在信息时代,在网络世界,在虚拟空间……需要将网络数据理解为财物,这和传统的财物概念离得比较远。网络上不仅有数据资料,还有虚拟财产。它们可以瞬间产生,也可以顷刻消失。有时,盗窃发生后,被害人并未失去占有。这一切,很大程度上有别于传统的财产、财物、物品概念。"②这种立法选择只会造成已有的财产犯罪呈现出对象体系上的混乱性,甚至会对个罪的客观方面产生消极的影响,从而导致财产犯罪的犯罪构成在整体上趋于不合理。因此,对于虚拟财产的刑法保护必须在立法完善上另辟蹊径,设置更有针对性的独立的罪名对该类违法行为进行规制。

对于侵犯网络虚拟财产的行为,有些国家或者地区已经通过各种方式将其纳入到了刑法的保护范围当中。在日本和韩国,虽然没有直接的罪名规定,但却基本上都认可将侵犯虚拟财产的行为按照传统的侵犯财产罪进行处理。瑞士刑法典第143条明确规定了非法获取数据罪,其内容为"为使自己或他人非法获利,为自己或他人获取以电子或以类似方式储存或转送的非本人的已经采取特殊保安措施的数据的",即构成非法获取数据罪。对于侵犯他人虚拟

---

① 陈兴良:《司法解释功过之议》,载《法学》2003 年第 8 期。
② 邓子滨:《中国实质刑法观批判》,法律出版社 2009 年版,第 150 页。

财产的行为,往往以非法获取网络数据为必要,自然可以按照此罪追究刑事责任。① 与此相类似的国家还有波兰、俄罗斯、芬兰等,上述国家的刑法典或者在计算机犯罪领域,或者在信息保护犯罪当中规定了对虚拟财产进行非法获取的犯罪行为。不过,其共同缺陷就在于并没有认识到此类犯罪的牟利目的,只是处罚其未经许可的取得行为。例如波兰刑法典第267条第1项规定,任何人在未经授权的情况下,以开拆密封信件、连接传递信息的线路、破坏对信息所采取的电子、磁性或者其他特别保护的手段,获取并非预定让其知悉的信息的,处罚金、限制自由或者不超过2年的剥夺自由。② 当然,还有一些国家是将类似于窃取虚拟财产的行为作为财产犯罪加以规定的,例如捷克刑法典第230规定的非法进入计算机系统或者数据介质罪就属于第五编侵犯财产罪的内容,以及葡萄牙刑法典第221条规定的信息或者通讯诈骗罪就属于一般侵犯财产罪的范畴,其中还要求必须具有"给他人造成财产损失"的情节。由此可见,各国在对侵犯虚拟财产的违法行为如何进行刑法规制的问题上并没有统一的认识,多数国家对此问题甚至并无相关的立法规定,这一现状虽有利于我们对此类行为作更深一步的立法研究,但也在立法完善的取向上造成了一定的困扰。

前文所述,对于侵犯虚拟财产的违法行为,主要表现为通过一定的非法手段窃取经他人采取保护措施的特定种类的信息、数据等内容,因此,在罪名的数量上设置为一个即可。接下来的问题是,该罪名所侵犯的主要客体是什么,也即应当将其规定在刑法分则的第几章当中。对于侵犯虚拟财产的违法行为,如果以犯罪论之,所侵犯的应当是复杂客体,除了财产所有权以外,还应当包括计算机信息系统的安全性。就虚拟财产的特定属性而言,笔者认为应当将计算机信息系统的安全性作为首要客体加以对待。原因在于,尽管该类行为以获取财产利益为主要目的,但主要目的并不决定犯罪属性,以知识产权犯罪为例,该类型的犯罪也多以经济利益作为追求目标,但却并没有将首要客体设置为财产所有权,而是以知识产权的相关管理制度作为主要客体。其实除普通财产犯罪以外,其他类型的经济犯罪也往往以追求经济价值作为犯罪目

---

① 赵秉志、阴建峰:《侵犯虚拟财产的刑法规制研究》,载《法律科学(西北政法大学学报)》2008年第4期。

② 《波兰刑法典》,陈志军译,中国人民公安大学出版社2009年版,第100页。

的,但之所以不再以财产犯罪论之,主要原因还是在于与普通财产所有权相比较,发生在特定领域的、侵犯了其他类型客体的犯罪应当尽可能彰显其特殊性。在法益保护选择的过程中,特殊利益往往占据了主要地位,因为经济利益毕竟是终极的目标,尤其在未遂的情况下,计算机信息系统的安全性这种特殊法益表现得更为突出。"主要客体决定该具体犯罪的性质,从而也决定该犯罪在刑法分则的归属。"①如果说该项犯罪所侵犯的主要客体是计算机信息系统的安全性,那么其罪名的具体设置应该属于刑法分则扰乱公共秩序罪当中的罪名。该罪名设置在客观方面与第 285 条第 2 款和第 3 款基本相同,只是突出了牟利的犯罪目的,因此,可以在该条规定的基础上增加第 4 款,规定如下内容:"以牟利为目的实施上述行为的,依照规定从重处罚"。当然,这也只是对侵犯虚拟财产的违法行为进行的即时性的立法修订,只是希望能够在尽可能短的时间内对此问题作出规制,并不足以全面反映该问题的严重性,如果将来的立法条件更为成熟的话,应当在本章中独立规定计算机犯罪一节。

---

① 高铭暄、马克昌主编:《刑法学》,北京大学出版社 2011 年第 5 版,第 487 页。

第三章 财产性利益的刑法保护范围

第一节 财产性利益的研究概述

一、国外研究概览

财产性利益的概念并非源于我国刑法学界的独创,而是一个非常典型的"学术舶来品",其最为主要的渊源就是日本刑法理论对相关问题的研究。

在日本刑法理论当中,对于财产性利益的定义基本持相同的看法。所谓财产性利益,是指财物本身以外的一切财产性利益,是积极地增加财产还是消极地减少财产,在所不问,即便是暂时的利益也行。其具体的范围不仅仅包括法律上的财产权(债权、抵押权等),还包括大体合法的经济价值或利益。[①] 在实践当中,行为人主要通过以下三种行为方式取得或者侵犯他人的财产性利益:第一,使对方处分某项财产性利益,比如以欺骗的手段免除自己所承担的债务或者延长债务的履行时间;第二,使对方提供一定的劳务,例如乘坐出租车后不付车费;第三,使对方做出一定的意思表示,譬如让被害人无故承担某种债务等等。这些观点,对于我国刑法学界研究财产性利益问题产生了直接的影响。

在刑事立法方面,根据日本刑法规范所保护的具体行为客体的不同,财产

---

① [日]大谷实:《刑法各论》(新版第 2 版),黎宏译,中国人民大学出版社 2008 年版,第 172 页。

犯罪可以分为财物罪与利益罪（利得罪）。例如盗窃罪、侵占罪、不动产侵夺罪、毁弃罪、赃物罪、隐匿罪等罪名只以财物或者物作为行为客体，侵犯财产性利益的上述行为不构成相应的犯罪，而诈骗罪以及恐吓罪不仅将财物作为行为客体，同时也包括了对财产性利益的犯罪。由于以财产性利益作为客体的犯罪均规定在各分则条款的第二款，也被称为第二款犯罪（或者二项犯罪）。如第 336 条规定的诈骗罪对象仅限于"财物"，之后的第 2 项又规定："以前项方法，取得财产上的不法利益，或者使他人取得的，与前项同。"①判例认为，所谓的不法的财产性利益，是对取得利益的手段方式而言的，不是指财产性利益本身的不法。除此以外，使用电子计算机进行诈骗的犯罪属于第二款诈骗罪的特殊类型，且仅以财产性利益为客体。② 日本的现行刑法并不处罚利益盗窃的行为，为此，不履行债务的行为、事实上逃避自己所承担的债务的行为等，并非本罪的处罚对象。之所以如此，其前提就在于，一般认为这种情况交由民事救济即足以应对。③

除此以外，其他国家的学者对于财产性利益做专门研究的较为少见。在刑法规定方面，如果不对财产犯罪的行为客体作"财物"的限制，也即以"财产""不正当利益"替代，往往就不会出现财产犯罪对象是否包括财产性利益的争论。例如德国刑法第 242 条规定的盗窃罪的对象仅限于"动产"，而第 263 条所规定的诈骗罪的对象是"财产"，后者与前者的不同显而易见，不仅包括各种类型的财物，自然也包括日本刑法当中所说的财产性利益。与其相类似的还有意大利刑法，该法规定盗窃罪及抢劫罪的对象只能是"他人的动产"，而诈骗罪的对象则是"不正当利益"，后者也就包括了财产性利益。而韩国刑法尽管区分了"财物"和"财产上之利益"两个不同的概念，却将其规定在了同一个条款当中，如该法第 347 条第 1 款就规定了上述两种行为客体。④

总体而言，对于财产性利益问题的研究在国外刑法学界并不多见，具体成果也是相对较少。这种现象主要源于各国刑法对财产犯罪对象的不同规定，

---

① 《日本刑法典》，张明楷译，法律出版社 2006 年版，第 210 页。
② ［日］西田典之：《日本刑法各论》，刘明祥、王昭武译，武汉大学出版社 2005 年版，第 94 页。
③ ［日］山口厚：《盗窃罪研究》，王昭武译，载《东方法学》2011 年第 6 期。
④ 张明楷：《外国刑法纲要》，清华大学出版社 2006 年第 2 版，第 533 页。

规定之间的差异使得这一问题在特定国家的研究意义就被大大削弱了。而我国刑法分则第五章财产犯罪当中有关于犯罪对象的规定恰恰与日本刑法十分类似,从而也就引发了在借鉴这一概念的基础之上如何对侵犯财产性利益的违法行为进行刑法规制的讨论。

二、国内研究现状

我国台湾地区的"刑法"在规定了诈欺取财罪的同时,也规定了诈欺得利罪。其"刑法"第 339 条第 2 款规定,"以前项方法取得财产上不法之利益或使第三人得之者,构成诈欺得利罪,处 5 年以下有期徒刑、拘役或科或并科 1000 元以下罚金。"两罪的不同之处仅仅在于前者的处分财产系以物的交付为限,而后者则必须是其他财产利益。所谓财产上的不法利益系指财物以外的一切无法律原因的财产利益。不论是有形的财产利益还是无形的,也不论是积极的利益还是消极的利益。① 关于财产性利益的取得方式,有的学者认为应当包括以下五种方式:"(一)对被害人设定权利,如使被害人房屋出租交与使用;(二)使被害人免除加害人或第三人债务,如使书立免险债务字据或退还借据;(三)使被害人提供劳务,如使演员演出;(四)使被害人满足加害人或第三人之欲望,如给付白饮白食,免费观剧、乘车等;(五)其他获得财产上之受益,如窃占他人之土地耕种之收益,占据他人房屋居住等,均属财产罪之不法利益范围。"② 这种界定与日本刑法中对于财产性利益的取得方式稍有不同,尤其第(五)项内容中所涉及的不动产之上的利益取得是否应当作为财产性利益有待商榷。但除此以外的有关财产性利益的规范内容及理论定义,都没有表现出太大的差别。

我国刑法在总则部分规定了财产的概念,在分则部分的第五章设立了侵犯财产罪的内容。尽管如此,分则的具体条文却以"财物"作为保护对象,并没有涉及有关财产性利益的规范问题。就此而言,有关财产性利益是否可以作为财产犯罪对象的争议比其他国家和地区都要激烈一些。

肯定说的学者认为,财产性利益属于财产,而侵犯财产罪的保护客体就是财产的所有权,所以财产性利益自然属于财产犯罪的对象;如果刑法只保护财

---

① 林山田:《刑法各罪论》(上册),北京大学出版社 2012 年版,第 326 页。
② 褚剑鸿:《刑法分则释论》,商务印书馆 1995 年版,第 1088~1089 页。

物而对侵犯财产性利益的行为不进行处罚,就会导致实质的不公平;即便从刑法与民法之间的关系来看,刑法也应当保护财产性利益。与此同时,将财产性利益解释为财物符合国民的预测可能性,也没有违背罪刑法定原则,不是类推解释。① 所以,鉴于我国刑事立法的现状,在没有将诈骗罪细分为利益诈骗罪、准诈骗罪、诈欺得利罪、诈欺取财罪、骗取服务罪等罪的情况下,通过合理解释,将财产性利益解释为诈骗罪的对象,无论在理论上还是司法实践中,意义都很大。② 否定论的学者指出,用勒索的方法迫使他人交付具有经济价值的财物,以及用同样的方法迫使他人提供无偿的劳务,都应当属于对他人财产的侵犯。但由于我国刑法并没有规定有关财产性利益的内容,且这一概念的内涵和外延也不易确定,从罪刑法定原则的角度考虑,财产性利益是否能够成为财产罪的对象,有待研究。③ 折中的观点则认为,我国刑法并未对利益罪作明确规定,只是在解释论上认为财产性利益可以成为部分财产犯罪的对象。由于盗窃等财产罪的性质决定了财产性利益不可能成为其侵害对象,这就意味着对于具体财产犯罪的对象而言,有的包括了财产性利益,有的则不能包括。从立法论上来说,明确规定利益犯罪更为合理一些,既符合罪刑法定主义的要求,也避免了解释上的分歧。④ 目前,肯定说的观点逐渐占据了有力的地位。

但是,近些年来也有学者对于肯定说的观点提出了一些质疑,虽然认为根据我国刑事立法财物可能包含财产性利益,并且将财产性利益作为财产罪的对象也完全具有实体上的正当性,但是既然我国刑法没有作出明确规定,如此适用多少有违罪刑法定原则的精神。对于财产性利益作为财产罪的对象,目前阶段在解释论上应采取非常谨慎态度,到底是否应该承认以及在多大范围上承认,可能还需要进一步研究。归根到底,这应该还是立法论上的问题。⑤ 这种观点应当是最为妥当的,也是与现行立法规定最为契合的。由于肯定说

---

① 张明楷:《诈骗罪与金融诈骗罪研究》,清华大学出版社 2006 年版,第 20～34 页。
② 张志勇:《诈骗罪研究》,中国检察出版社 2007 年版,第 44 页。
③ 高铭暄主编:《新编中国刑法学》(下册),中国人民大学出版社 1998 年版,第 802 页。
④ 刘明祥:《财产罪比较研究》,中国政法大学出版社 2001 年版,第 38 页。
⑤ 童伟华:《财产罪基础理论研究——财产罪的法益及其展开》,法律出版社 2012 年版,第 108 页。

缺乏立法上的充足依据,有的学者就试图从现有的法律规定当中寻找突破口,以刑法第265条的规定作为根据,主张该条款"是关于利益罪的注意规定,也是抢劫、盗窃利益行为入罪的路径"①。但是,反对者则认为,该条款并非注意规定,而应当是一种法律上的拟制,确立了利益盗窃罪在我国财产犯罪当中的特殊地位,但除此以外的其他的财产犯罪仍以财物作为犯罪对象。②

关于财产性利益的基本特征,有的学者总结为以下几方面:第一,财产性利益的内容必须是财产权本身,即具有经济价值的利益;第二,财产性利益应当具有管理可能性;第三,财产性利益应当具有他人性。③ 还有的学者主张,对诈骗罪的财产性利益作出如下限定是必要的:首先,行为人通过诈骗行为取得他人的财产权或者使他人免除债务因而导致他人丧失财产权时,才可能成立诈骗罪;其次,财产性利益应当具有管理可能性、转移可能性的情形;再次,不具有经济价值的利益,不能成为诈骗罪对象的财产性利益;最后,取得利益同时导致他人财产损失的,才能认定该利益为财产性利益。④ 在刑法理论界经常被讨论的财产性利益的主要类型包括:(1)债权凭证(欠条、借据等);(2)财物的返还请求权;(3)货款请求权;(4)财物的交付"请求权";(5)债务的延缓履行;(6)劳务;(7)财产性权利凭证(国库券、股票、银行存折等);(8)各种规费的缴纳;(9)不法的财产性利益等等。至于财产性利益的范围则不宜过宽,有学者主张必须通过一定的条件加以限制,在此问题上有两种路径:通过处分行为进行限制和通过财产上的利益本身进行限制。⑤ 近些年来,对于财产性利益的研究主要集中于两个方面:一是对于特定犯罪例如盗窃、抢劫等是否可以财产性利益为对象;二是对于侵犯特定客体例如借据、有价证券等财产性利益的行为该如何定性。由于研究角度的定位不准和基础理论的相对匮乏,以至于有关于财产性利益的整体研究现状并不乐观,在很多问题上仍旧是争论不休、停滞不前。

---

① 王骏:《抢劫、盗窃利益行为探究》,载《中国刑事法杂志》2009年第12期。

② 肖松平:《刑法第265条探究——兼论我国财产犯罪的犯罪对象》,载《政治与法律》2007年第5期。

③ 王玉珏:《刑法中的财产性质及财产控制关系研究》,法律出版社2009年版,第129~131页。

④ 张明楷:《诈骗罪与金融诈骗罪研究》,清华大学出版社2006年版,第35~37页。

⑤ 马卫军:《论抢劫罪中的财产性利益》,载《政治与法律》2011年第7期。

　　在司法实践当中,对于行为人采用暴力、胁迫手段,强迫债权人交出欠条,并在"签收欠款"的收条上签字,以达到消灭债务目的的案件,相关一审、二审法院均对被告人行为做出了抢劫罪的认定。其基本主张就是,欠款凭证是财产权利的主要证明,丧失了这种凭证,相当于丧失财产所有权。可以说,在特定情况下,欠款凭证相当于等值的财产。[①] 这一判决的主要依据并非刑事立法规定,基本上与肯定说的实质解释持相同的态度,得到了多数学者的赞同。例如有的学者就认为,使用暴力、胁迫取得财产上利益的行为也构成抢劫罪。例如为免除赌债对债权人实施暴力的,骗取毒品以后为免付价金而使用暴力的,都是在不法原因给付的场合非法占有他人利益的行为。中国刑法虽然没有明确对利益抢劫行为作出规定,但是,可以将《刑法》第 263 条中的财物扩大解释为包括财产性利益,从而肯定抢劫罪的成立。[②] 不过,也有学者特别指出,借据、欠条等欠款凭证并非在任何情形下都能够成为财产犯罪的对象,尤其是对债权人与债务人以外的第三人而言。例如,债务人以外的第三人入室行窃,将欠条窃走,由于欠条本身不具有经济价值,更无法进行流通交换,就不能将此行为作为盗窃罪处理。[③] 同时,部分司法解释也体现了将财产性利益作为财产罪客体的趋势。例如,最高人民法院 2002 年 4 月 10 日《关于审理非法生产、买卖武装部队车辆号牌等刑事案件具体应用法律若干问题的解释》第 3 条第 2 款的规定:"使用伪造、变造、盗窃的武装部队车辆号牌,骗免养路费、通行费等各种规费,数额较大的,依照诈骗罪的规定定罪处罚。"这里的骗免养路费、通行费等各种规费,实际上就是免除了行为人的债务,而债务的免除则意味着行为人获得了财产性利益。[④] 甚至有学者认为,不仅财产性利益可以成为诈骗罪的对象,而且骗免通行费的行为本质上就是骗取他人的财物,只是

　　① 参见《戚道云等抢劫案——为消灭债务采用暴力、胁迫手段抢回欠款凭证的行为应如何定性》,载最高人民法院刑事审判第一庭、第二庭编:《刑事审判参考》(总第 14 集),法律出版社 2001 年版,第 89 号案例。

　　② 陈兴良、周光权:《刑法学的现代展开》,中国人民大学出版社 2006 年版,第 579~580 页。

　　③ 刘树德、喻松海:《规则如何提炼——中国刑事案例指导制度的实践》,法律出版社 2006 年版,第 490~493 页。

　　④ 何帆:《刑民交叉案件审理的基本思路》,中国法制出版社 2007 年版,第 82 页。

获取财物的行为方式不同而已,以诈骗罪定罪完全符合客观方面的构成要件。[1]

总之,从目前的研究现状来看,通过各种途径将侵犯财产性利益的违法行为做犯罪化处理仍是人们比较认同的观点,而其主要的途径则是在立法规定尚未修改之前通过刑法解释达到这一目的。

第二节　财产性利益的实质解释评析

通过将财产性利益解释为财物,来肯定财产性利益可以成为财产犯罪对象是目前刑法学界在此问题上的基本立场。而这种立场的具体依据同肯定论者所提倡的实质解释论如出一辙,[2]也就是说,上述结论就是对构成要件的"财物"进行实质解释所得出的,这也是多数学者肯定财产性利益作为抢劫、盗窃等财产犯罪对象的基本思路。但是,且不论这种解释方法本身是否科学合理,单就财产性利益的问题所得出的解释结论以及具体理由就值得进一步推敲。

一、对实质解释结论的质疑

(一)财产性利益是否为所有财产犯罪的对象?

《中华人民共和国刑法修正案(八)》颁布施行以后,分则第五章的财产犯罪新增加了拒不支付劳动报酬罪,自此该章共有 13 个罪名。据统计,这些罪名当中,除破坏生产经营罪、挪用资金罪、挪用特定款物罪以及新增的拒不支付劳动报酬罪以外,其余 9 个罪名均以"财物"作为犯罪对象。按照实质解释的观点,不仅仅抢劫、盗窃、诈骗等常见财产罪可以财产性利益为对象,例如抢夺、侵占、敲诈勒索、故意毁坏财物、职务侵占、聚众哄抢等罪名也是如此。该论者认为,"诈骗罪对象宽于盗窃罪对象,即盗窃罪对象仅限于财物,诈骗罪对象包含财物与财产性利益。单从财物的角度来说,如果说盗窃罪对象仅限于

---

[1]　刘宪权、李振林:《"天价过路费"案定性分析》,载《法学》2011 年第 3 期。

[2]　具体内容可参见张明楷:《财产性利益是诈骗罪的对象》,载《法律科学(西北政法大学学报)》2005 年第 3 期;张明楷:《实质解释论的再提倡》,载《中国法学》2010 年第 4 期。

动产,诈骗罪对象则还包含不动产。在上述立法例中,诈骗罪对象之所以宽于盗窃罪对象,主要原因在于盗窃罪是违法被害人意志而转移占有,但一般而言(特别是在没有计算机的时代)未经被害人的同意,几乎不可能转移不动产与财产性利益……但诈骗罪则不同,由于转移不动产或者财产性利益的行为,得到了受骗者或者被害人的同意(尽管存在瑕疵),行为人不仅能够取得不动产或财产性利益,而且难以通过民事手段补救。由此可见,诈骗罪对象宽于盗窃罪对象的立法例具有合理性。"①笔者认为这种观点并不合理,它只是基于以往经验的一种归纳总结,并不能直接说明财产性利益就只能是诈骗罪的对象。我们不能因为侵犯财产性利益的违法行为在目前阶段多表现为诈骗的形式,而忽略了今后的发展趋势,更不能据此推断其他的犯罪不可能以财产性利益作为对象。"刑法的体系解释,是指根据刑法规范在整个刑法中的地位,把一项刑法规范或用语作为有机的组成部分放置于更大的系统内进行的,使得刑法规范或用语的含义、意义相协调的解释方法。"②体系解释既是一种方法,也是一种观念,这种观念纠正着刑法条文之间相互冲突的关系。③ 体系解释并不要求同一用语就必须做出完全一致的解释,但在相同的语境之下,也不能做出不同的理解。涉及财产犯罪对象的解释问题,由于该章的各个具体条文之间具有相同的语言环境,那么自然应当具备相互一致的内涵和外延。也即部分财产犯罪的对象包括财产性利益,而其他财产犯罪则不包括的观点是站不住脚的。这样一来,我们就必须正视实质解释结论在此问题上产生的一系列"连锁反应",将财产性利益无一例外地纳入到所有以财物作为犯罪对象的财产罪罪名当中。如此,尽管实质解释解决了侵犯财产性利益的违法行为的入罪问题,却又给我们带来了其他的困扰。

例如,有的学者认为,行为人利用欺骗手段免除了自己乘坐交通工具应当支付的费用,获取了财产性利益,可依诈骗罪论处;④如果行为人是使用暴力

---

① 张明楷:《财产性利益是诈骗罪的对象》,载《法律科学(西北政法大学学报)》2005 年第 3 期。

② 万国海:《论刑法的体系解释》,载《南京社会科学》2009 年第 7 期。

③ 李希慧等编著:《刑法解释专题整理》,中国人民公安大学出版社 2011 年版,第 45 页。

④ 张明楷:《诈骗罪与金融诈骗罪研究》,清华大学出版社 2006 年版,第 22 页

迫使出租车司机放弃收取车费的情形,应当成立的是抢劫罪。① 那么,如果行为人乘坐交通工具以后,趁其不备逃走的行为,又该如何处理呢?是按照抢夺罪还是按照盗窃罪定罪处罚呢?但无论是上述任何一罪,恐怕都不能以"逃走"的行为作为其犯罪构成客观方面的行为方式吧?犯罪构成要件的定型性不仅具有入罪功能,更具有出罪的积极意义。各个构成要件的条文表述不仅仅限定了本身的含义,而且对于其他相关要素的解释范围也产生影响。因此,在谈及财物是否包括财产性利益的解释问题时,我们必须兼顾所有财产犯罪的类型特征,而不能以部分犯罪的成立与否作为标准的结论。再以故意毁坏财物罪为例,如果说财物包括财产性利益,那么故意毁坏财产性利益的行为也应适用本罪,但这种说法不仅本身不符合一般用语的逻辑关系,也与该罪的立法初衷完全格格不入。至于有些学者所说的基于部分"财产罪的性质决定了财产性利益不可能成为其侵害对象"②,这也只是一种主观臆测,并没有充足的事实或理论根据,不能否定敲诈勒索、侵占、毁坏、盗窃、抢夺财产性利益的违法行为的存在可能性。

(二)财产性利益与财物是否存在区别?

如果对"财物"一词作偏正结构的解读,"财"就是修饰语,可以理解为"具有经济价值的",而"物"是核心词,指的是客观存在的物质或者物品。从财产属性来看,财产性利益和财物并不存在区别,两者都是典型的有形财产,与无形财产在存在形式上相对应。但就有形财产内部的结构而言,两者之间的关系如何辨别就要从被修饰的核心词出发,探讨物质和利益的不同之处。

在我国的法律用语中,一般认为物是指占有一定空间,能够为人力所支配并能满足人们需要的物体。③ 基于对物的内涵的不同认识,立法和学说上对物的外延的界定也多有不同,其外延由小及大依次主要有如下用法:(1)物仅为有体物,且不包括自然力。(2)物包括有体物和自然力。(3)物包括有体物和财产性权利。(4)物包括有体物、无体物和财产权利。④ 正是由于这种理论

---

① 张明楷:《刑法学》,法律出版社 2011 年版,第 852 页。

② 刘明祥:《财产罪比较研究》,中国政法大学出版社 2001 年版,第 38 页。

③ 吴汉东:《财产权客体制度论——以无形财产权客体为主要研究对象》,载《法商研究》2000 年第 3 期。

④ 参见王玉珏:《刑法中的财产性质及财产控制关系研究》,法律出版社 2009 年版,第 127 页。

上的不同看法,造成了物与财产的紧张关系。如果说立足于广义上的物的概念,那么财产性利益自然也属于物的范畴,但这种观点并没有得到立法的认可,我国《物权法》第 2 条规定:"本法所称物,包括不动产和动产",这自然是基于狭义的认识做出的界定。由此一来,整个有关于物权的法律体系也必然要围绕这一界定展开论述。

物作为财产权客体存在的最为原始的形态,也是人类所追求的财富的终极形态。而利益则是一种人们通过社会关系表现出来的不同需求,它在本质上属于社会关系的范畴。人的需要是多方面的,由此表现出多种多样的利益形态。但通常我们所说的利益则是指经济利益,是一种对于物质产品的占有关系。我们可以认为,财产性利益就是经济利益之一种,是设定在财物之上的一种受到法律认可的权利义务关系。由于"权利之本质为法律所保护的利益",[①]所以说财产性利益实际上也是一种财产权利。任何财产权利之所以能够成立的根本原因就在于它必将以某种形式转化为具体的财物,否则,就不可能称之为财产权。财产性利益亦是如此。但是,两者可以相互转化,并且在本质特征上具有一致性,这并不表示它们之间就是包容与被包容的关系。一方面,财产性利益之所以产生的重要原因在于财物概念在刑法理论中的指代有限性,如果说财产性利益本身就是财物,又或者说财物能够包含财产性利益,就无必要多此一举提出这一概念。另一方面,我们从财产性利益的定义来看,它也与财物存在着重大的差别。国内学者基本上赞同日本刑法中对财产性利益所下的定义,就是指普通财物以外的财产上的利益。既然如此,财物与财产性利益之间的关系也得以明确,两个概念所指代的财产类型应当是平行的关系,不仅没有重合的部分,甚至连交叉的情形也不存在。有的学者着重指出,此处的财物是指狭义上的财物,[②]暗指广义上的财物就包括了财产性利益的内容,而狭义上的财物就是与其相对应的财产类型。但这种观点过于随意,难道广义上的财物就不以客观物质性作为其必要特征了吗?如果仅仅是为了将财产性利益的概念包含进来,而做出上述广义和狭义的区分,恐怕其合理性根据并不充足,只不过是为了达成特定目的而故意为之的结果。"'财物'与'财

---

① 征汉年、章群:《利益:权利的价值维度——权利本源解析之一》,载《国家教育行政学院学报》2006 年第 7 期。

② 张明楷:《刑法学》,法律出版社 2007 年第 3 版,第 704 页。

产性利益'在文义上显然是存在严格区分的,解释刑法时'文字解释为先',那种不顾刑法用语的基本含义任意进行扩大解释的方法是违背罪刑法定原则的。"①

从国外的立法规定来看,也没有任何国家在规定了财产犯罪对象是财物的情况下,又将财产性利益也纳入到该罪的调整范围之内。大多数的情况是,要么财产罪的对象规定为广义的财产或者不正当利益等概念,这样自然就包括了财产性利益,要么规定为财物和财产性利益两种形式,还有的国家则将利益犯罪作为单独条款分别规定,总之都是在区分两者的基础上作出的立法规制。② 而我们为什么可以利用解释的方法不加区分地混淆两个概念呢? 国外学者就利益罪和财物罪的分立指出两者的不同在于,前者是对"任意的财产部分"的攻击,后者被认为是对"特定的财产部分"的攻击。③ 也就是说,尽管两者在本质上都表现为财产权受到侵害,但作为行为的对象之时,财物具有特定性,而财产性利益则是不特定的。这是因为财产性利益作为财产的一种表现形式,具有转化为财物的现实可能性,但这种转化并非是直接的、无条件的,而只是一种可期待的利益形态。正是这种"现实(财物)与期待(财产性利益)"之间的差距,造成了人们对财物和财产性利益的不同认识。在实践当中,10万元的债权和 10 万元的现金不会被作为完全相同的财产来看待,在经济价值的认同程度上是有一定差距的。将财产性利益解释为财物忽略了这些显而易见又特别重要的区别,只是一种将复杂问题简单化处理的思维方式,根本不利于司法实践合理解决具体问题。

(三)如何对刑法中的财产进行分类?

本书的立足点在于对刑法中的各种财产进行分类研究,否则,无以得出各章的特殊财产类型。但是,目前就刑法中的财产犯罪对象研究的现状来看,分类问题似乎被搁置了起来。此一方面的研究缺陷在很大程度上限制了财产犯

---

① 肖松平:《刑法第 265 条探究——兼论我国财产犯罪的犯罪对象》,载《政治与法律》2007 年第 5 期。

② 王玉珏:《刑法中的财产性质及财产控制关系研究》,法律出版社 2009 年版,第 128 页。

③ [日]内田文昭:《刑法各论》(上卷),青林书院新社 1979 年版,第 232 页,转引自童德华:《财产罪基础理论研究——财产罪的法益及其展开》,法律出版社 2012 年版,第 114 页。

罪的刑事立法完善进程。因为就目前财产犯罪的变化趋势而言,客观方面的行为方式几乎没有太大的"进步",无非就是偷、抢、骗、诈等传统方式的结合或演化,但犯罪对象的发展却呈现出完全不同的趋向,伴随着科技进步、经济飞跃的社会进程,人们所拥有的各种财产类型也是日新月异。在此基础之上,如果财产犯罪对象依然继续停留在仅仅只有"财物"一种形态的水平上,显然不能满足社会发展带来的、对刑事立法提出的更为全面保护财产的要求。这一问题是财产犯罪对象在现阶段逐渐出现各种较大争议的根源所在。

那么,是不是可以通过对财物进行扩大解释来尽可能囊括各种新型的财产呢?显然这是一种权宜之计。知识产权作为一种特殊的财产类型从财产犯罪当中分离出去已经证明了某些财产在犯罪对象上的不适应性,而财产性利益的出现则是这一现象的继续深化和延续。如果我们在短期内对此问题视而不见,通过模糊各种财产形式之间的界限来达到犯罪化的目的,可能只会造成更多的消极影响。① 反之,若想在财产犯罪对象的问题上"有所作为",就必须从理论上首先解决刑法中的财产分类问题。如果说作为财产罪对象的财物,包括具有价值与管理可能性的一切有体物、无体物与财产性利益,②就会出现这样一种分类上的乱象:在有体物和无体物之间,还存在一种既不是有体物也不是无体物的财产类型,那么,三者的分类标准是什么呢?显然这种结论是不符合逻辑的。如果按照是否有体来区分财物的话,要么属于有体物,要么属于无体物,不可能存在第三种形态。因此,财物的范围在这样的解释方法之下被无端地扩大了,基本上成为了与财产相同的概念。因为只有将财产和财物同等看待,有体物、无体物和财产性利益才有可能被放在同一标准上加以讨论,但是财产的概念远比财物要复杂很多,即使在刑法理论当中也存在着显著的差别。③ 这种解释结论堵塞了刑法中的财产分类的路径,也将财产犯罪的刑事立法完善问题拖入了难以前行的泥沼当中。因此,我们不能一味地追求扩大"财物"概念的外延,而忽略了其本身是否具备承载如此多样化含义的能力。

---

① 这种影响主要表现在对实质解释的支持将会导致这一解释方法的蔓延,不仅有可能会损害刑事立法的权威以及罪刑法定原则的精神,更重要的是,将会直接导致许多被告人的合法权利不能得到有效的维护。

② 张明楷:《刑法学》,法律出版社 2007 年第 3 版,第 706 页。

③ 至于财产和财物的区别,将在本节下一部分进行详细论述,此处不再重复。

某个概念在特定语境下必有其内涵上的边界,而"物"的存在形式就是"财物"的限定。在此意义上向前多走一步,真理也就变成了谬误。

二、对实质解释理由的反驳

(一)"财产"与"财物"相混淆

刑法分则第五章规定的是侵犯财产罪,看似其保护对象为"财产",而事实上该章的财产犯罪相关条文都以"财物"作为对象,如果意图将财产性利益解释为财物,必须先要厘清这两个概念之间的关系。有的学者尽管承认财物并不包括财产性利益,认为两者同属于财产的下位概念,但又认可财产性利益是抢劫罪、诈骗罪、敲诈勒索罪等财产犯罪的对象,实际上也是将财产作为了本章犯罪的对象,仍是一种变相的实质解释。[①] 实质解释的理由就是,我们"应当将财物作为财产的表现形式加以理解,即应当将其解释为具有财产性质的利益"。[②] 由此,"财物"实际上变成了与"财产"相同的概念,自然也就包含了财产性利益的内容,也即广义上的财物就是财产,即便条文表述的对象为"财物",也不妨碍我们将其理解为"财产"。"'财产'概念被广泛而随意地使用,这是因为财产概念本身的通俗和不易界定,使其作为一种包容性极强的概念而应用。"[③]但是我们需要注意的问题是,这种解释的牵强附会是非常明显的,财物当然是财产的表现形式,但也只是其中之一种,而不能是全部的财产表现形式。更不能因为财物是财产的表现形式之一,就可以将财物解释为"具有财产性质的利益",两者之间没有必然的因果关系。侵犯财产罪是章罪名,是犯罪分类的客体基础,就此而言,它本身并没有认定具体犯罪构成以至于影响罪与非罪的功能。财产犯罪的犯罪客体是财产的所有权,而侵犯财物的各种犯罪行为也表现为财产所有权受到侵害,在此意义上犯罪对象与犯罪客体是统一的。但是,就章罪名"侵犯财产罪"和具体罪名之间的关系来看,两者又呈现

---

① 王玉珏:《刑法中的财产性质及财产控制关系研究》,法律出版社 2009 年版,第 114 页。

② 张明楷:《财产性利益是诈骗罪的对象》,载《法律科学(西北政法大学学报)》2005 年第 3 期。

③ 李国强:《时代变迁与物权客体的重新界定》,载《北京师范大学学报(社会科学版)》2011 年第 1 期。

出一定程度上的分离,也即财产的范围要远远大于财物。对此,有的学者做出了如下解释:由于财产概念较为宽泛,从传统意义上的财物到新兴的各种形式的财产性利益,甚至未来可能出现的某种事物,都可以解释为财产。从刑事立法的稳定性、发展性来看,"财产"概念都可以妥当地解决问题。但是,在遵循罪刑法定原则的情况下,"财产"概念的外延不容易确定,司法实践中也不具备可操作性,因此,在法条的表述中,采用"公私财物"的概念。刑事立法上的这种表述导致了理解上会存在一定的冲突与矛盾。① 这一说法对当初立法者为何使用两个不同概念的推测是合理的,但涉及具体问题时我们就不能进行含糊不清的解释了,而必须进行唯一性的选择。笔者认为,在财产犯罪的具体问题上,"侵犯财产罪"的章罪名仅仅具有立法技术层面上的表征意义,不能僭越具体罪名的类型化功能。在涉及严重侵犯他人财产权的抢劫、盗窃等犯罪行为的司法认定上,只有依据相应刑法条文的具体规定来做出判断,与章罪名没有丝毫关系。如果我们将财物理解为财产,那么前述有关于"外延上的确定性"以及"可操作性"等机能也就不复存在了。将财物与财产的概念相混淆多多少少受到了民法理论中"物即财产"认识的影响,但这是该领域的重大误区之一,它模糊了物与权利的本质区别,造成了物权的概念无法明确等问题②,实际上早已为立法和理论研究所抛弃,所以我们不应当在刑法中继续犯同样的错误。

此外,刑法的任何条文也并没有在相同的意义上使用"财产"和"财物"两个概念。以刑法第 64 条的规定为例,③追缴和没收的对象应当是"财物",这是基于现实情况作出的合理规定,这里并不是要说明追缴和没收的对象不包括财产性利益,而是因为财产性利益根本不可能成为上述两种法律行为的对象。以银行存单为例,司法机关没收的绝对不是这一纸单据,这种没收是没有任何意义的,而是将存单所代表的现实的财物加以没收。再如,对于行为人以

---

① 王玉珏:《刑法中的财产性质及财产控制关系研究》,法律出版社 2009 年版,第 127 页。

② 参见马俊驹、梅夏英:《财产权制度的历史评析和现实思考》,载《中国社会科学》1999 年第 1 期。

③ 张明楷教授认为刑法第 64 条将财物和财产两个概念同时使用,是不区分二者的重要立法依据,此处加以反驳。参见张明楷:《诈骗罪与金融诈骗罪研究》,清华大学出版社 2006 年版,第 33 页。

欺骗手段免除债务的案件,即使认定为财产犯罪案件,由于行为人只是免除了应当承担的债务,又怎么对其追缴犯罪所得呢?对此,也只能通过重新确立行为人与被害人之间的债权债务来恢复被破坏的社会关系。至于"对被害人的合法财产,应当及时返还"的部分为什么使用"财产"的概念,也是基于刑事立法应持的一种谨慎态度的需要,此处使用"财物"概念可能会导致不能全面概括合法的财产类型的缺陷,才会替换成更为宽泛的概念。这又怎么能够说明财产和财物是在相同意义上被使用呢?财产是指"金钱、财物及民事权利的总和"。① 尽管刑法总则有关于"公共财产"和"公民私人所有的财产"的解释,但分则当中并不存在直接以二者作为犯罪对象的条款,且刑法中的"公私财产"和"公私财物"也没有必要结合刑法第 91 条和刑法第 92 条的规定内容进行解释。② 除了财物以外,刑法中也频繁使用"财产"一词,如果说刑法总则及分则章名中使用"财产"一词,更多的是从宽泛意义上强调刑法对财产权利的保护,那么,在分则各罪的罪状表述中使用这一词语,则是有意地将其与财物相区别。③ 因此,联系刑法总则对财产的解释来说明刑法分则对具体行为对象所保护的范围也是没有根据的。

最后,对于刑法其他条款保护财产性利益的规定也不能作为侵犯财产罪的对象包括财产性利益的理由。以刑法第 224 条规定的合同诈骗罪为例,其中包括如下情形:"收受当事人给付的货物、货款、预付款或者担保财产后逃匿"。担保财产不仅仅限于普通货物,也包括债权等财产性利益,那么合同诈骗罪的对象也就包含了财产性利益的内容。再如刑法第 210 条第 3 款规定:"使用欺骗手段骗取增值税专用发票或者用于骗取出口退税、抵扣税款的其他发票的,依照本法的第二百六十六条的规定定罪处罚。"实质解释的论者认为这些立法规定都是诈骗罪的对象包括财产性利益的根据④,但笔者对此不以为然。就合同诈骗罪而言,它与诈骗罪的确具有特别罪名与普通罪名之间的关系,但这种关系仅仅停留在理论研究的层面上。涉及具体的罪名认定,两者

---

① 曾庆敏主编:《法学大辞典》,上海辞书出版社 1998 年版,第 733 页。

② 唐世月:《评刑法对公、私财产之解释》,载《法学评论》2003 年第 5 期。

③ 周旋:《我国刑法侵犯财产罪之财产概念研究》,上海三联书店 2013 年版,第 36～37 页。

④ 张明楷:《诈骗罪与金融诈骗罪研究》,清华大学出版社 2006 年版,第 23 页。

之间不应当产生任何影响,它们各自有其特定的保护法益和犯罪构成,根本无须借助其他罪名来决定自身的某一构成要素的范围大小,更不可能因为其他罪名包含了某一特定的保护对象,就也要将其囊括进来。这种观点显然是没有道理的。第二个例子确实在一定程度上对诈骗罪的对象做出了修正,将发票这种财产性利益①也包含进来。基于此,这里需要说明的问题就是,该条款到底是不可推广适用的法律拟制还是仅仅起到提示作用的注意规定呢?"法律拟制可谓是一种特别规定。其特别之处在于:即使某种行为原本不符合刑法的相关规定,但在刑法明文规定的特殊条件下也必须按相关规定论处。但法律拟制仅适用于刑法所限定的情形,而不具有普遍意义;……注意规定的功能相当于'超链接',只具有路径指引的功能,即便没有该注意规定,也有基本规定存在,原本也应按基本规定,因而是可以删除的规定。"②实质解释的论者自然认为刑法第210条第3款是注意规定,因为在该论者看来诈骗罪的对象包括财产性利益是已经证明的问题。③ 这种说法的不妥之处在于,将我们所要证明的结论作为已经无需证明的依据加以运用,诈骗罪的对象是否包括财产性利益还是未知的,所以该条款是注意规定还是法律拟制又怎么能以此作为推导的论据呢? 试问,如果删除了该项规定,我们是否会当然地认为"使用欺骗手段骗取增值税专用发票或者用于骗取出口退税、抵扣税款的其他发票的"的行为构成诈骗罪呢? 答案并非是不言自明的。如果将诈骗罪的对象限于财物,对于上述行为自然不能定为该罪,而该条款也就顺理成章地变为了不能推广适用的法律拟制规定,这也是真正合理的解释,为笔者所提倡。

(二)"入罪理由"作为"解释理由"

"犯罪化"与"非犯罪化"的争议是在近十多年来我国刑法理论界对于刑罚的调控范围是应当扩大还是缩小的问题上产生的,迄今为止也没有就此得出

---

① 有的学者指出,立法上之所以没有将具备财物一般物质形态的所有发票规定为诈骗对象,仅仅将几种特定发票作为诈骗对象予以规制,其意不在于保护作为一般财物的发票所有权,而是保护特定发票所体现的一种财产上的利益关系——出口退税、抵扣税款。这种利益关系显然不是传统意义上的财物所能涵盖的,它是一种财产性利益。参见杨迎泽、郭立新主编:《刑法分则适用疑难问题解》,中国检察出版社2000年版,第193页。

② 陈洪兵:《刑法分则中注意规定与法律拟制的区分》,载《南京农业大学学报(社会科学版)》2010年第3期。

③ 张明楷:《诈骗罪与金融诈骗罪研究》,清华大学出版社2006年版,第23页。

非常明确的结论。但笔者认为,"犯罪化"与"非犯罪化"的调整并非是相对立、相排斥的立法行为,应当就具体问题进行具体分析,不能一概而论。有的学者认为,随着经济犯罪的日益增多和复杂化,刑法介入经济生活无论在广度和深度上都要加大分量。① 这种意见是值得肯定的。尽管经济犯罪和财产犯罪具有一定的区别,但就复杂化的基本特征和刑法介入的广泛性上是大致相同的,所以,在此问题上"犯罪化"的立法趋势可能表现的要更为显著一些。

研究犯罪化问题必须先要明确其概念,有的学者认为,"犯罪化主要是指通过立法程序将某一具有可罚性的严重不法和有责的行为赋予刑罚的法律效果,使之成为刑法明文规定处罚的犯罪行为。② 实际上犯罪化基本等同于入罪的立法过程。犯罪化的实现途径是多种多样的,除了新增罪名的方法以外,还可以通过改变构成要件的途径来实现犯罪化。具体包括:(1)扩大行为对象或者犯罪对象的范围;(2)增加犯罪行为的方式;(3)降低犯罪构成的标准;(4)扩大犯罪主体的范围;等等。③ 但不管是上述何种途径,都不可能脱离改变刑事立法的烦琐程序,也就是必须走一条于法有据的正当路径。同时,该行为被犯罪化的理由无论是在理论研究方面还是在现实需要的层次上都必须满足充分且必要的立法条件。

至于犯罪化需要具备的条件一般包含如下三方面:第一,行为本身的社会普遍性;第二,社会对行为的不能容忍性;第三,是刑罚干预的迫不得已性。④ 有此三点,可以说已经完全具备了将某一类违法行为尽快予以入罪的理论和现实基础,根据刑法的谦抑性原则,缺一不可。而实质解释论者在论证财产性利益可以解释为财物的诸多论据当中,多数恰与犯罪化的理由基本相同,例如所谓的"处罚的必要性""保护的现实妥当性"等等,同样,从"刑法与民法的关系来考察,刑法也应当保护财产性利益"⑤的理由也是如此。也就是说,哪怕上述理由全部成立,能够得出的直接结论也是应当尽快对侵犯财产性利益的

---

① 李国明:《1995 年中国刑法学年会综述》,载《人民检察》1995 年第 12 期。
② 梁根林:《刑事法网:扩张与限缩》,法律出版社 2005 年版,第 4 页。
③ 赵秉志:《刑法基本问题》(现代刑法问题新思考第壹卷),北京大学出版社 2010 年版,第 13 页。
④ 马荣春、王超强:《论犯罪化与非犯罪化》,载《犯罪研究》2012 年第 6 期。
⑤ 张明楷:《财产性利益是诈骗罪的对象》,载《法律科学(西北政法大学学报)》2005 年第 3 期。

违法行为作入罪化处理,根本不能作为刑法解释的具体理由进行论述。如果单纯从上述实质的角度去考虑某一违法行为刑事处罚的必要性,那么就会导致刑法规定被搁置一旁,从而露出了法律虚无主义的端倪。我们可以这样认为,现行刑法法规已经将所有的具有"处罚必要性"的违法行为规定为犯罪,并将具有"保护的现实妥当性"的利益作为刑法法益来加以维护。反之,衡量某一违法行为是否可以犯罪论处的唯一标准也只有刑法规定,在此意义上,只有刑法实现了实质违法性和形式违法性的统一。"当一个行为没有形式违法性时,不能以实质违法性为由肯定形式违法性的存在"。① 以拒不支付劳动报酬罪为例,在《刑法修正案(八)》颁布实施以前,即便该类违法行为已经具备了严重的社会危害性,但也不能将其解释为破坏生产经营罪或者其他罪名加以处罚,否则就违背了罪刑法定原则的基本精神。所以,笔者认为"处罚的必要性越高",并不意味着"做出扩大解释的可能性就越大",两者之间谈不上任何因果关系,而只是应当尽快对其进行犯罪化改造的理由之一。如果说扩大解释能够解决诸多违法行为的犯罪化问题,那么后者存在的意义也就微乎其微了。

从刑法与民法的关系来看,作为最后保障法的刑法确有义务对前者的贯彻实施起到一定的保证功能,这是刑法补充性的具体体现。与此同时,刑法亦具有独立性的特征,甚至后者在刑法的诸多特征当中的地位要高于前者。任何独立的部门法律都有其特定的调整对象和调整方法,这些内容的确定不以其他法律的变化为转移,只需遵循该学科的基本运作规律即可。只不过这种独立性是相对的,不应当被推向极致,尤其在谈及与其他法律部门的关系时,更应当强调刑法的补充性。以刑民实体法关系为例,"在民商经济领域,特别是关于权利、利益、债权等,基本上是属于私法自治的原则,或者是契约自由的原则。只有在民事制裁、行政制裁都不能充分对法益予以保护时,才轮到刑法出场。"②而至于是以何种面目"出场",可能比较一致的观点还是刑事立法的相关规定,而非任何意义上的刑法解释。由于刑法具有补充法的特殊属性,这就决定了刑事立法的发展必然滞后于其他部门法律,而不可能在此关系上具有一定的超前性。如果说刑法在保护其他部门法律的各种法益时有所缺欠,也是可以理解的正常现象,这也是刑事立法自我完善的一个重要途径,我们不

---

① 张明楷:《外国刑法纲要》,清华大学出版社 2007 年第 2 版,第 144 页。
② 陈灿平:《刑民实体法关系初探》,法律出版社 2009 年版,第 71 页。

能先入为主地认为刑法自身是无懈可击的,这一出发点就是错误的。实质解释论者恰恰犯了这一错误,将刑法作为几近"完美"的法律去理解,从而得出了无论是何种利益受到侵害,都能从刑法本身甚或刑法解释的角度去寻找到保护的依据。这应该是将财物进行"扩大解释"①进而包括财产性利益的基本立足点。笔者认为,就刑法与民法的关系来看,刑法应当时刻注意民法理论提出的新问题和产生的新变化,在适当的时机对此做出回应。民法理论的发展和民事立法的变迁为刑法本身的逐步完善提供了契机,这也是一种立法技术上的挑战,就刑法所承载的利用最为严苛的制裁措施保护财产所有权的任务来看,这种"完善"是责无旁贷的。而论及两者之间的关系对刑法解释能够产生多大影响,的确不是具有特别重要研究价值的问题。

(三)"类推解释"变成"扩大解释"

"类推解释是一种解释方法,它和类推的逻辑是基本相同的,把法无明文规定但与法律规定最相类似的情形解释为法律规定,由此而扩大了法律规定的蕴含。"②禁止类推解释是罪刑法定主义的应有之义,但为了使僵硬的刑法规定在一定程度上适应社会变化的需求,罪刑法定同时又允许适当的扩张解释。由于这两种解释方法都主要运用于扩大刑罚范围的情形,将刑法条文的语义进行了扩充,如何判断两者的界限就成为了刑法学研究的一大难题。

德国刑法理论的通说观点是以"可能的语义"作为区分扩张解释与类推解释的界限,若不能被"可能的语义"所涵括的,就是超出了法律的界限。相对来说,德国的法律解释的界限是较为严格的。③尽管这种观点也被我国一些学者引用和借鉴,但是并没有形成通说的地位,除此之外,在讨论的过程中还形成了许多颇有见地的观点:起初多以"单一标准"为依据,有"文义最远射程说""法律条文逻辑含义许可范围说""具有解释对象核心属性说""国民预测可能性说""合法+合理标准说"等等,④但这些学说提供的所谓诸多单一标准均难以应付刑法解释对象的千变万化,从而在涉及具体解释问题的验证过程中也

---

① 这种实质解释是不是扩大解释还有待商榷,只是在这里暂时作此理解,接下来的内容将对实质解释是扩大解释还是类推解释的问题提出质疑。

② 陈兴良:《罪刑法定主义》,中国法制出版社 2010 年版,第 45~46 页。

③ 陈兴良:《罪刑法定主义》,中国法制出版社 2010 年版,第 47 页。

④ 参见陈志军:《论刑法扩张解释的根据与限度》,载《政治与法律》2005 年第 6 期。

被——地否定了。所以,近些年来在此问题上学者们逐渐开始求助于"综合标准"的路径企图摆脱这一理论困境,有的学者认为,区分刑法解释尤其是扩张解释与类推,应当综合分析判断:刑法目的指明了解释的基本方向和大致领域;构成要件分析比较则是关键,是基础,是根本;最后,系统地分析与比较也是不可缺少的。同时,还要处理好理论与实践、历史与现实、形式与本质的关系等重要问题。① 有的学者提出了三个标准的学说,认为两者的区分可以从"词语可能包含的意思""预测可能性""惩罚犯罪与保障人权相结合"三方面加以认定。② 同为三标准说,还有人提倡综合标准应由法律文本、预测可能性和思维方法三个范畴构成,只有在此三方面的协力之下才能将两者完全区分开来。③ 还有的学者认为两种解释方法的区分只能是相对的,不可能是绝对的,必须从动态的综合的观点去看待这一问题。以刑法文本为依据,以事物的本质属性为主线,以国民预测可能性为限定,强调法官的"良心"在解释中的作用,并辅之以程序上的限制,具体分析、综合判断。④ 当然,更有学者主张类推解释和扩张解释的区分是不可能的,两者在本质没有任何区别,我们也不可能就此问题找到科学的标准,唯一的选择是将类推解释加以合法化。⑤ 由此可见,此一问题在我国刑法学研究的历程可谓是命运多舛,从"单一标准说"到"综合标准说",从"全面否定"到"部分肯定",始终没有得到圆满的解决。也许正如某些学者所讲到的,"但凡成为老问题的问题,多半没有答案,有的只是语言魔术"⑥。对此,笔者的态度是,既然事实上我们无法寻求到合理的界定标准来区分类推解释和扩大解释的界限,就只能回归该问题的起始点,重新认识

---

① 曲新久:《区分扩张解释与类推适用的路径新探》,载《法学家》2012 年第 1 期。

② 行江:《试论刑法学中类推解释与扩大解释的区别》,载《甘肃政法学院学报》2007 年第 1 期。

③ 利子平:《论刑法中类推解释与扩张解释的界限》,载《华东政法大学学报》2010 年第 4 期。

④ 徐光华:《罪刑法定视野下刑法扩张解释的"度"——以扩张解释与类推解释的区分为视角》,载《河北法学》2008 年第 5 期。

⑤ 吴丙新:《扩张解释与类推解释之界分——近代法治的一个美丽谎言》,载《当代法学》2008 年第 6 期。

⑥ 马克昌:《比较刑法原理》,武汉大学出版社 2001 年版,第 71 页,转引自邓子滨:《中国实质刑法观批判》,法律出版社 2009 年版,第 21 页。

其产生的原因。类推解释的禁止与罪刑法定原则的确立具有直接关系,其基本立足点在于人权保障,其目的是使人们能够准确预测自己的行为在法律上的后果。尽管扩大解释为罪刑法定主义所认可,弥补了刑法条文过于僵化的特征,但如果我们在具体的解释结论上不能合理地区别是类推解释还是扩大解释,就应当持一种较为审慎的态度,即能不运用上述解释方法则不加以运用,特别是在不利于被告人的情形下更要三思后行。

在上述诸多标准当中,大多涉及了"国民预测可能性"的内容,这是区别类推解释和扩大解释经常被提及的尺度之一。这一概念是指,"法律只能期待人们做可能做的事情,而不能期待人们做出不可能做的事情,其中包括不能期待人们对今后法律的颁布或推行实施做出预测"。[1] 在对财产性利益进行实质解释的过程中,该论者认为,将其解释为财物"能够为一般人所接受,并没有侵犯国民的预测可能性"。[2] 可是这里的"一般人"是谁?论者又是如何得出"一般人"已经接受上述结论的观点呢?笔者认为,从根本上来说这是无从查证的,反过来讲,这种结论也是不可能得出的。至于实践中对于侵犯财产性利益的违法行为作为犯罪处理的零星判例也只能说明,在此问题上司法机关的态度也是摇摆不定,因为我们无法统计到底有多少相同的行为可能在初始阶段就没有作为刑事案件来对待。因此,更不能将数个判列说成是"一般人"的意见。我们不应当在国民的预测可能性这一概念上寄予过多的期望,由于其本身就是一个非常模糊的定义,又怎么可能被作为明确的标准加以运用呢?之所以诸多学者仍将其作为区分类推解释和扩大解释的标准之一,也只是因为"人类无法放弃对刑法的基本确定性和明确性的追求,但由人类的有限理性所致,注定了这种追求难以完全实现,而既然不可能根本解决法律的明确性问题,则理性的做法只能是退而求其次,因为有标准总比没标准好",[3]这也许道出了所谓的国民预测可能性的真正本质。笔者认为,对于"一般人"的想法只能通过立法去查明,也只有获得了立法上的积极认可,才能够说已经为一般人所接受。至于在理论研究的层面上应当尽可能减少"绑架"国民的做法,多从

---

① 刘宪权:《刑法学研究》(第 1 卷),北京大学出版社 2005 年版,第 38 页。

② 张明楷:《诈骗罪与金融诈骗罪研究》,清华大学出版社 2006 年版,第 29 页。

③ 周长军:《刑事裁量权论:在划一性与个别化之间》,中国法制出版社 2010 年版,第 160～161 页。

合理性的角度去分析解释结论的理由是否充足、完备。

当然,实质解释论者在论述其结论并没有违反罪刑法定原则,应视为扩大解释的问题时,还列举了另外四条理由。① 其中有关于"处罚必要性"的理由、"与刑法的整体精神相协调"的理由、"财物与财产概念没有区别"的理由在前文中已有论述,并进行了反驳,此处不再重复。只是就有关于"本国刑法用语和外国刑法用语"之间的关系的部分,我们再稍作阐释。该理由的基本立场是,"在刑法明文区分财物与财产性利益的情况下,不可能将财产性利益解释为财物;但在刑法没有明文区分财物与财产性利益的情况下,反而可以将财产性利益解释为财物。"②笔者认为,此处的关键问题并不在于刑法是否有规定,而是财物和财产性利益到底是否存在区别,如果两者并不相同,仅仅以刑法没有对此做出区分就认定可以如此解释并不妥当。刑法的规定自然会受到立法对象性质的影响,如果财物和财产性利益不能同等看待,而刑法做出了相同的规制,应当检讨的是法律本身,而不是以曲解法律概念的做法去迎合立法上的疏漏。实质解释论者恰恰是犯了这种错误。财产性利益自然不必与国外刑法理论当中的对应概念完全一致,我们完全可以赋予它新的内涵,但就目前的研究趋势来看,做相同的理解可能更为合理一些。实质解释论者也并没有提出将我国刑法中的财产性利益概念加以改进的想法,足以说明区分的必要性并非很大。既然如此,两个概念在形式上的不同特征又怎么会因为立法上的差异而可以忽略呢? 再者,如果说日本刑法当中的二项犯罪的规定是比较合理的做法,那么就必须承认我国刑法在此问题上存在着一定的缺憾。"在如何弥补法律缺陷的问题上,实质论者多半倾向于法律解释,而不是法律修改",③但上述缺憾是不可能通过法律解释来加以完善的。在实质解释的领域中,解释的功能被无端地放大了很多倍,这既是实质解释论的一个基本立足点,也是该方法备受争议的薄弱环节。

综上所述,实质解释论者为了证明将财产性利益解释为财物属于扩大解释而非类推解释,列举了多条"言之凿凿"的理由。但扩大解释的根据是否合

---

① 参见张明楷:《诈骗罪与金融诈骗罪研究》,清华大学出版社 2006 年版,第 28~34 页。
② 参见张明楷:《诈骗罪与金融诈骗罪研究》,清华大学出版社 2006 年版,第 32 页。
③ 参见张明楷:《刑法格言的展开》,法律出版社 1999 年版,"代序"第 7~8 页。

理,"完全属于价值判断,而价值判断完全不足以解决扩大解释的合法性问题"。[①] 也就是说,该论者绕开了他本应当讨论的话题,只是对上述结论做了一个自认为合理的价值判断。作为学理解释而言,这也仅仅不过是一家之谈;而作为解决具体问题的立法根据,它实际上还要相差很大一段距离。在此,是否"必须一并杜绝不利于被告的扩大解释"[②]笔者很难做出回答,这可能是在成文法的国家难以想象的事情。但就目前中国的法治现状来说,如果罪刑法定主义尚未得到全面贯彻,如果无罪推定原则还没有被真正认可,如果法律解释权力仍然部分地旁落司法机关,我们是不是应该在理论上更多地唱一些"反调",以求为实现真正的人权保障做出一些努力?

第三节　财产性利益的概念界定

如果财产性利益不是财物,也不应当被解释为财物,我们就需要重新思考对财产性利益概念如何界定的问题。以往的定义仅仅是利用排除法对财产性利益和财物做出了简单的区分,既没有指出两者的上位概念,更没有表明财产性利益的具体所指,类似于利用"否定判断"[③]的方法给出的定义,并没有从正面揭示这一概念的内涵。因此,我们仍然要从财产性利益的一些基本问题入手,来重新考虑刑法对于此类特殊财产的具体规制措施。

一、财产性利益的内涵

在界定财产性利益的内涵问题上,我们的基本立足点是财产性利益不同于财物,唯有如此,才能真正发现这一概念独立存在的意义。不得不说,若要对这一难题产生的原因追根溯源的话,还是由于立法规定的滞后性和不科学性与现实社会的发展之间产生的不协调关系造成的。"刑法问题中存在很多与民法问题相交错的部分,立刻浮现于脑海中的便是财产犯领域——刑法中

---

① 邓子滨:《中国实质刑法观批判》,法律出版社 2009 年版,第 166 页。
② 邓子滨:《中国实质刑法观批判》,法律出版社 2009 年版,第 21 页。
③ 财产性利益是指普通财物以外的财产上的利益,这一定义只是说明了财产性利益不是财物,但却没有说明财产性利益到底是什么。

关于财产犯的讨论深受民法影响。"①而这种关系在财产类型的法律保护体系方面，就集中地表现于刑法对民法当中的债权保护不力上。

德国法学家、历史法学派的主要代表萨维尼第一次指出了物权与债权的区分对于现代法学的重要意义。他认为，根据物权和债权所构成的个人权利关系的总体，可以称之为财产，财产法就是与之相关的法律制度的总和。自此以后，至少是在理论层面上，大陆法系的财产法被固定在了物权法与债权法的二元框架当中。② 对于物权的保护古已有之，从有体到无体，从有形到无形，一直延续到当代社会，始终作为财产犯罪以及其他财产法律的主体内容来对待。这是因为，一方面作为绝对所有权的物权，其客体具有行为人所需要的全部价值属性，也是财产表现的基本形式和终极形式，在价值属性上具有共通性和绝对性，也是人们能够加以利用、作为生存和发展的必要条件，在这一点上，物权与债权具有重大区别。另一方面，对于物权客体的民法保护并不足以遏制与此相关的侵权行为，在物权的领域内，主体是绝对的、无限制性的，都能够在事实上占据物权客体的全部价值，并从中直接获取各种物质、精神需求上的满足，由此引发的违法财产关系的无序性和危害性必须动用刑罚的手段加以制止才能产生人们所希望的效果。而债权的财产属性恰恰与此相反，它的相对性特征决定了价值转移往往发生在特定的关系人之间，即便产生了违背契约的侵权关系，其存在范围和违法主体也特别容易确定，从而大大减小了由此引发的社会危害性，也从根本上限制了侵权行为的类型。因此，在很长一段时间内，我们都是以较为缓和的法律责任来对待侵犯债权的违法行为。但是，这一立法习惯在近代资本主义社会发展初期就受到了严重的挑战，随着物权与债权的分离进一步加重，"日益扩大的市场对财产自由流转的要求使得债权其本身具有财产内容，债权的财产化与独立化伴随近代资本主义经济组织的发展而逐渐得到发展和强化"。③ 这一趋势也可以称之为债权的物权化。债权的物权化导致对债权的对世效力的承认。传统民法理论信奉债权相对性的原则，它一直阻碍着人们承认第三人侵害债权理论。但是，随着社会的发展，债

---

① ［日］佐伯仁志、道垣内弘人：《刑法与民法的对话》，于改之、张小宁译，北京大学出版社 2012 年版，第 1 页。

② 王卫国：《现代财产法的理论建构》，载《中国社会科学》2012 年第 1 期。

③ 李永军：《民事权利体系研究》，中国政法大学出版社 2007 年版，第 291 页。

权的优越地位日益明显,第三人侵害债权理论逐渐得到承认。债的不可侵性和第三人侵害债权理论支持了债权的绝对性(对世性)认识,从而打破了绝对权(对世权)与相对权(对人权)之间的藩篱。① 这种趋势和认识反映在刑法领域,促使我们开始反思对于债权的保护是否应当纳入到刑事立法的调整范围之内,如果依然坚守过去的区分规则,很有可能会造成对债权保护不力的局面。反之,如果树立对财产权利加以全面保护的刑事立法指导原则,那么我们应当以何种方式来保护债权,也是需要认真面对的新问题。笔者认为,财产性利益概念之所以能够诞生,正是基于这一立法上的现实需要而出现的。"债权表现的权力欲及利息欲在今天都是经济目的。债权已不是取得对物权和物利用的手段,它本身就是法律生活的目的。经济价值不是暂时静止地存在于物权,而是从一个债权向另一个债权不停地移动。"② 债权一方面被作为一项重要的财产权利得到了普遍的认可,另一方面也逐渐地呈现出诸多的物权的特征。基于对物权客体"物"的不同认识,也存在着将债权理解为一种特殊的物的观点。在债权人处分其债权时,有类似所有权人的地位,"从这一现象上看,债权人对其债权也是一种支配权,即对债权的'所有权',故债权人让与、处分其债权时,其地位与所有权人并无本质的区别,或谓有'类似所有权之地位'"。③ 既然如此,也就产生了将债权作为物权加以保护的理论基础。反观我国刑法财产犯罪的具体规定,大多是以物权的保护作为基本立足点,而知识财产的保护则作为经济犯罪规定在其他章节,除此以外的非财产权例如人格权(自由、名誉等)和身份权(婚姻家庭关系等)也是刑法所要保护的重要法益,而唯独有所欠缺的就是有关债权保护的相关内容。从现实情况来看,同样也存在着大量民法不足以完全保护特定债权关系的情形,例如以借据为对象的违法行为、恶意骗取有偿服务的行为等等,往往很难通过民事手段彻底解决。"在财产关系极为复杂的当今社会,认为完全可以通过民法补救被害人的债

---

① 王卫国:《现代财产法的理论建构》,载《中国社会科学》2012 年第 1 期。

② [日]我妻荣:《债权在近代法中的优越地位》,王书江等译,中国大百科全书出版社 1999 年版,第 6～7 页。

③ 孙宪忠:《德国当代物权法》,法律出版社 1997 年版,第 24 页。

权、财产性利益的损害,也是不现实的。"①这种现实与立法之间的紧张关系催生了财产性利益的概念:它不是财物,却是财产犯罪的现实对象;它是财产的形式,却又不是刑法所要保护的法益内容。财产性利益不应当是一个界限模糊、无所不包的概念,而是有着特定的产生渊源和具体内涵的定义。基于上述分析,笔者认为刑法中的财产性利益概念的出现,是对财产的刑法保护提出的一项新的要求和启示,并且"财产性利益概念的产生与民法中的债权财产化和独立化具有密切联系,是在新时期进一步协调刑民关系的重要体现"。②

如果仅仅从立法缺陷和现实需求的关系分析还不足以说明财产性利益和债权的紧密关系,我们还可以从学者们对财产性利益取得方式的总结中获取更多的"证据"。先以日本学者在此问题上的说明为例,大谷实教授认为行为人侵犯财产性利益或者取得财产性利益的形态有如下三种:第一,是让对方处分某种财产性利益,如欺骗债权人让其免除自己所承担的债务,或延长债务履行期限;第二,让对方提供一定的劳务,如无钱强行乘坐出租车等;第三,让对方做一定的意思表示,如使用暴力或胁迫手段,让对方做转让土地所有权的意思表示,或是让对方承担某种债务。③ 前田雅英教授认为,取得财产性利益的方法主要有三种类型:一是使对方负担债务;二是使自己免除债务(或延期履行);三是接受别人提供的劳务。④ 中山研一教授认为,财产性利益主要包括:(1)财产性利益的积极增加;(2)债务的免除;(3)利益的暂时取得;(4)取得债务保证;(5)让人承担债务。⑤ 再以台湾学者的论述为例,林山田教授认为所谓财产上的不法利益系指财物以外的一切无法律原因的财产利益而言,不论为有形或无形的财产利益,也不论为积极的财产利益,或消极的财产利益。前者例如取得债权,后者例如免除债务。⑥ 褚剑鸿教授对此的说明则要详细一

① 张明楷:《财产性利益是诈骗罪的对象》,载《法律科学(西北政法大学学报)》2005年第3期。

② 陈烨、李森:《论刑法中的财产性利益》,载《中国刑事法杂志》2012年第11期。

③ [日]大谷实:《刑法各论》(新版第2版),黎宏译,中国人民大学出版社2008年版,第172页。

④ [日]前田雅英:《刑法各论讲义》,东京大学出版社1995年日文第2版,第166页,转引自刘明祥:《财产罪比较研究》,中国政法大学出版社2001年版,第39页。

⑤ [日]中山研一等:《现代刑法讲座》(4卷),成文堂1982年版,第300页,转引自马卫军:《论抢劫罪中的财产性利益》,载《政治与法律》2011年第7期。

⑥ 林山田:《刑法各罪论》(上册),北京大学出版社2012年版,第326页。

些,他认为侵犯财产性利益的行为应当包括以下五种方式:"(一)对被害人设定权利,如使被害人房屋出租交与使用;(二)使被害人免除加害人或第三人债务,如使书立免除债务字据或退还借据;(三)使被害人提供劳务,如使演员演出;(四)使被害人满足加害人或第三人之欲望,如给付白饮白食,免费观剧、乘车等;(五)其他获得财产上之受益,如窃占他人之土地耕种之收益,占据他人房屋居住等,均属财产罪之不法利益范围。"①对此,国内学者的论述并不多见,仅有的部分也多与日本刑法学者的见解相近似,譬如童伟华教授指出,财产性利益包括积极利益和消极利益两种,根据日本的判例和学说,积极利益包括三种类型:一是对被害人约定权利;二是劳务的提供;三是其他利益,例如行为人胁迫债权人使自己取得从债务人处收取债务的权利,律师以恐吓手段强迫被害人委托自己处理法律事务并签订报酬契约等。消极利益主要包括债务的免除和债务偿还的迟延。② 财产性利益本身的概念所指是极为模糊的,从学者们经常探讨的具体问题来看,也是极为庞杂且不成体系的,通过列举财产性利益的主要类型很难看出它们之间的共同点。与此相反的是,对于财产性利益的取得方式的总结却较为简单,从中也许更容易推导出这一概念的真正内涵。大谷实教授所主张的三种取得财产性利益的形态当中,尽管并没有指出与债权债务关系的紧密联系,但其列举的例证却都是建立债权或者免除债务的内容,其第一点类似于前田雅英教授所认为的"免除债务",而第三点则类似于前田教授主张的"使对方负担债务"。关于劳务是否属于财产性利益在日本刑法理论界尚有争议:一种观点认为所有劳务都属于财产性利益;另一种观点认为只有附带等价报酬的劳务才是财产性利益;第三种观点认为,劳务本身并不是财产性利益,只有免除支付相应的劳务报酬才属于财产性利益。③ 当然,第一种观点显然扩大了财产性利益的范围,对于不以获取等价报酬的劳务来说,根本不能视为财产性利益。第二种观点和第三种观点是从不同角度对劳务的财产性利益的性质进行了说明,并无实质区别。但从行为人的角度来

---

① 褚剑鸿:《刑法分则释论》,台湾商务印书馆 1995 年版,第 1088~1089 页。

② 童伟华:《财产罪基础理论研究——财产罪的法益及其展开》,法律出版社 2012 年版,第 109~110 页。

③ [日]阿部纯二等编:《刑法基本讲座》(第 5 卷),法学书院 1993 年日文版,第 154~155 页,转引自刘明祥:《财产罪比较研究》,中国政法大学出版社 2001 年版,第 39 页。

看,将一种有形的劳务本身视为财产性利益确有不妥,且劳务可以接受但不能获得,如果不将其转化为一定的等价报酬,则不能在事实上作为财产来对待。尽管被害人向行为人提供了一定的劳务,也不能说明行为人获得了积极利益,至少这种利益的增加是不明显的。因此,从获取财产性利益的违法属性来看,将劳务看做一种支付对价的经济义务的免除更为贴切。以此来看,劳务仅仅是引发债权债务关系产生的客体因素,并不是行为人所要直接追求的行为对象,它实际上也表现为一种"免除债务"的财产性利益。除此以外,大谷实教授在第三种形态当中还认为"使用暴力或胁迫手段,让对方做转让土地所有权的意思表示"也属于一种财产性利益,但笔者对此不敢苟同。对于这种情况,如果行为人的暴力或者胁迫行为所指向的是一种具体的财物,即便由于这种财物不能发生现实的转移,也不能说明由此而生的权利移转就成为了一种财产性利益。从根本上来说,任何对于财产的犯罪都是侵犯财产权利的行为,如果说使对方做出转让某种财物的意思表示是一种财产性利益的话,那么就会无限地扩大了财产性利益的范围。中山研一教授所论述的五种情形就更为明确,基本上与债权债务关系紧密相连,其中财产性利益的积极增加应当也是主要表现为获得债权或者说让人承担债务。褚剑鸿教授所列举的五种取得方式尽管有些混乱,但仔细分析仍是以获得债权或者免除债务作为主体形式,当然,对于其中与不动产相关的权益取得行为,仍有待进一步商榷。而对于"窃占他人之土地耕种之收益"的行为,则不宜视为财产性利益,按照传统的财产犯罪处理即可。因此,"从财产性利益的性质以及它的取得类型可以看出,财产性利益往往是和债权这种财产权利联系在一起的。"[①]

综上所述,财产性利益的类型化必须以民法理论当中的债权保护作为参照系,而不能在此基础上任意扩大这一概念的内涵,否则就会失去其指示和限定功能。从诸多学者对财产性利益取得方式的归纳来看,债权的取得和债务的丧失也是行为人获取财产性利益的基本方式,因此,从这一点来定义财产性利益的概念应当是最为准确、最为科学的。

债者,指特定当事人间得请求一定给付的法律关系。分析言之,债乃一种法律关系,又称为债之关系。其得请求给付的一方当事人,享有债权,称为债

---

① 肖松平:《刑法第 265 条探究——兼论我国财产犯罪的犯罪对象》,载《政治与法律》2007 年第 5 期。

权人,其负有给付义务的一方当事人,称为债务人。给付则为债之标的,包括作为及不作为。① 债权以请求权为其基础和主体,它不同于物权的支配权性质,也即债权的实现必须以义务相对人的作为或者不作为方能达成,否则,这种权利就不能产生实际价值。尽管在债权物权化的趋势过程中,债权也拥有了相对独立的财产地位,尤其表现在自由流转也即处分方面,更是增强了作为财产所有权的积极属性,但与物权还是存在着较为明显的差异。例如有的学者指出:"一个人的财产既可以表现为财物(bona),也可以表现为债(obligation)。财物与债之间的区别是拥有与应当拥有之间的区别。"②这种区别决定了物权与债权在权利客体上前者表现为物,而后者则指向给付行为。而财产性利益恰恰也表现为一种以经济利益为内容的给付行为,主要包括两种形式:要求对方为一定的给付行为和免除己方的特定给付行为。当然,上述利益的取得都是通过违法手段实现的。尽管在表现形式上财产性利益和债之间的关系非常近似,但是从具体内容上来看,两者也有一定的差异:一方面,就目前发生的多数侵犯财产性利益的案件来看,其客体大多指向具体的财物,并不以其他形式的客体为对象,而债的内容则较为多样化,除了财物客体以外,还包括一定的行为,以及其他无形财产等等;另一方面,民法中的债权债务关系多是发生在平等主体之间,且多以合同作为产生原因,除此以外还有不当得利之债、无因管理之债等等,其具体类型和体系较为明晰,而财产性利益则没有很好地被类型化,行为人与被害人之间的关系也不确定。有的学者也已经发现了这些问题,因此多从广义的角度去概括财产性利益的范围,如大谷实教授就认为"财产性利益,不仅仅指法律上的财产权(债权、抵押权等),还包括大体合法的经济价值或利益。因为,存在即便民法上是否具有财产权并不明确(如提供义务劳动等),但也必须承认的财产性利益的场合"。③ 但这种观点还是过于宽泛,既没有从定义的角度去解释财产性利益的内涵,也没有准确的界定其合理范围。笔者认为,即便我们不能直接认定财产性利益的概念与民法

---

① 王泽鉴:《债法原理》,北京大学出版社 2009 年版,第 3 页。

② [英]巴里·尼古拉斯:《罗马法概论》,黄风译,法律出版社 2000 年版,第 102 页,转引自温世扬:《财产支配权论要》,载《中国法学》2005 年第 5 期。

③ [日]大谷实:《刑法各论》(新版第 2 版),黎宏译,中国人民大学出版社 2008 年版,第172 页。

中的债属于同一意义,也可以从两者的相同客体即特定的给付行为出发去界定这一问题。综上所述,刑法当中的财产性利益应当是指,以使本人或者第三人对被害人产生特定的给付权利或者免除上述主体对被害人的特定给付义务为内容的财产形式。

我们可以将财产性利益简单的区分为积极利益和消极利益,前者是指行为人通过非法手段约定对被害人的权利的情形,后者则是指行为人通过非法手段免除自己或者第三人本应当履行的给付义务。积极利益包括在原有债权的基础上增加不应当负担的债务,而消极利益既有部分免除的情形,也可指全部免除。财产性利益不仅包括有效的、合法的财产性利益,也包括非法的、无效的财产性利益,例如行为人以欺骗手段与被害人赌博,并使被害人担负了赌债,即使这种财产性利益并不受到法律的保护和认可,也应当认为属于刑法中的财产性利益;再如行为人利用威胁手段逼迫被害人在没有事实依据的欠条上签字,但被害人签署的名字并非真名,也应当认为该欠条属于财产性利益。

二、财产性利益的外延

财产性利益和财物同属于有形财产,在本书的财产分类体系当中,财产性利益和其他类型的特殊财产形式之间的界限是非常明显的,例如它与无形财产之间的界限就是有形财产和无形财产的差别,而它与无体物之间的区分就是它与财物的不同。但理论研究当中却没有做到如此的泾渭分明,不同概念之间的界限也是非常模糊,甚至经常被混为一谈。因此,笔者仍有必要对财产性利益的外延也即它与其他特殊财产形式之间的分别重新界定。

(一)财产性利益与无形财产

财产性利益和财物同属于有形财产,之所以将两者划分为同一类型,主要原因还是在于两者的客体都具有客观性和有形性。本书将无形财产界定为具有经济价值的信息,除此以外的财产类型就目前来看都应当属于有形财产。而有形财产的客体除了具有实体存在的各种有体物和无体物之外,还应当包括特定的行为。前者是从静态的角度来描述财产的有形性,而后者是从动态的角度说明这一特征,但两者都是客观存在的实体,都是具体可见的。民法理论的通说认为,民事法律关系的客体主要有四类,包括物、行为、智力成果和人身利益。一般来说,上述四种类型分别是物权关系、债权关系、知识产权关系和人身权关系的客体。① 就此而言,将财产性利益的客体界定为某种行为,不仅正好与民法理论的主流观点相契合,而且也进一步完善了对民事法律关系的刑法保护,具有一定的科学性。

有的学者认为,"专利权、商标权、著作权等知识产权,实际上也是财产性利益,但侵犯这种利益的犯罪,通常是由特别法规定的,故不是财产犯罪的对象。"②持相同观点的人认为,与有形财产有着明显的不同,财产性利益是指普通财物之外的无形的财产上的利益。③ 还有的学者认为,应当从广义上理解无形财产,除了电力、煤气、天然气等能源以外,知识产权、债权、用益物权、股权等抽象存在的财产性权益都是无形财产。④ 这些观点实际上都混淆了财产性利益和无形财产之间的界限。出现这一问题的主要原因一方面在于对两个概念的内涵没有区分清楚,对非实体性的财产权利没有加以再次分类,另一方面也是由于财产性利益的表现形式确实与无形财产的外在特征具有一定的相似性造成的。财产性利益的客体是一种给付行为,但这种行为尚未发生之前,财产性利益只能表现为一种可以被期待的权利形态,因而是一种无形的存在。有的财产性利益具有一定的物质载体,例如借据、欠条等等债权凭证,其客体内容能够根据客观存在来加以反映;而有的财产性利益则没有具体的存在形式,只是表现为一种财产权利或者义务,例如口头约定的劳务合同等,后者的"无形性"的特征就更为明显。这里需要注意的问题是,财产性利益的物质载体并非是该种财产体现其经济价值的关键要素,而能够以该物质载体所记载的实际内容要求对方履行一定的给付义务才是其效用性的承载。所以,这里说财产性利益是一种"无形的财产"有一定的道理。但是,这种意义上的"无形性"是与有形的财物做比较得出的一种结果,倘若将其与各种类型的无形财产放在一起做比较,就会发现后者的无形性特征更为典型。具体来说,无形财产之无形性并不仅仅是存在形式上的无形,更是客体的无形,作为一种具有经济价值的信息来说,其认识和理解过程是主观的、抽象的,而财产性利益所谓的

① 魏振瀛主编:《民法学》,北京大学出版社、高等教育出版社 2007 年第 3 版,第 35 页。
② 张明楷:《外国刑法纲要》,清华大学出版社 2007 年第 2 版,第 532 页。
③ 马卫军:《论抢劫罪中的财产性利益》,载《政治与法律》2011 年第 7 期。
④ 魏海:《盗窃罪研究——以司法扩张为视角》,中国政法大学出版社 2012 年版,第 58~66 页。

"无形"只是在物理形态的意义上并不存在相对应的客体物,至于其财产权利所指向的客体——行为——则是一种有形的存在,对财产性利益与对财物的认识和理解是相同的,都是一个客观的、具体的过程,这也是两者之所以能够在同一意义上作为有形财产的根本理由。因此,财产性利益和无形财产的相似性仅仅是片面的、表象的认识,从两者的存在形式以及对应客体来看,仍是处于不同意义上的财产类型,应当加以区别对待。

(二)财产性利益与无体物

财产性利益与无体物之间的关系并非是直接的,而是财产性利益和财物的进一步转化。本章论述的基本目标就在于区分财产性利益和财物两个概念,而如果说上述两者的界限划分清楚以后,财产性利益和无体物的区别应是不言自明的。但是,正是由于诸多学者并未认真区分财物和财产性利益的不同,从而进一步造成了财产性利益和无体物的关系难以厘清,在此,笔者亦须重新做一解析。

物是指外在于人和人的行为、能够为人所控制和利用的客观存在。刑法中经常提及的与物有关的概念也即有体物和无体物,就本书的观点来说,其上位概念应当是财物。根据刑法中的财物是否包括无体物的不同,存在着有体性说和管理可能性说的争论,后者认为只要具备管理可能性的东西都是财物,因为无体物也有从刑法上进行保护的必要性。典型的无体物就是电力,至于其他的无形能源是否也应当作为财物处理还有争议。[①] 但是,刑法中的无体物特指各种类型的新能源却是较为统一的观点。[②] 而财产性利益和无体物的界定不清应当说是源于民法对无体物的看法。中国现行民法对物未作定义,学理解释与德、日民法大体一致,即认为物是指独立存在于人身之外、能够为人力所支配和利用的物质实体和自然力。[③] 但这种物的定义早已被理论研究所打破,沿承了古罗马法体系的大陆法系国家多以物的概念表示财产,从而造

① [日]大谷实:《刑法各论》,黎宏译,法律出版社 2003 年版,第 133 页。

② 对此,本书第四章将有详细论述,此处恕不赘述。

③ 参见张俊浩主编:《民法学原理》(上册),中国政法大学出版社 2000 年修订第 3 版,第 367 页;王利明主编:《民法》,中国人民大学出版社 2000 年版,第 89 页;郭明瑞主编:《民法》,高等教育出版社 2003 年版,第 87 页。转引自温世扬:《财产支配权论要》,载《中国法学》2005 年第 5 期。

成了立法与现实之间的矛盾:物的内涵有限性与财产形式的无限性。这一矛盾的最早也是最为突出的表现就是无体物概念的出现,最先提出有体物和无体物界分的是古罗马法学家盖尤斯(Gaius),他认为无体物是指没有实体存在,为人们拟制的物,如债权、用益权、地役权等。① 正因如此,债权作为一种例外的"物"得到了较为普遍的承认。如果说刑法理论沿用这一概念,那么就会使得刑法中的无体物财产如何类型化的问题变得愈加困难。事实上,各种能源与债权之间的区别是非常明显的,前者的经济价值体现在客体的物理性质,通过损耗行为对象来满足人们的各种需要;后者则是具体的给付行为作为客体,通过履行特定的给付义务满足权利人的价值需求。因此,如果刑法中的无体物已经成为了指代各种新型能源的特定概念,就不应当再将财产性利益纳入进来。

《刑法》第 265 条规定:"以牟利为目的,盗窃他人通信线路、复制他人电信码号或者明知是盗接、复制的电信设备、设施而使用的,依照本法第二百六十四条的规定处罚。"关于本条对于盗窃罪的对象产生了何种影响,不同的学者存在着差别较大的看法:有的学者认为,通信线路、电信码号应当属于无体物,而有人则认为应当将其归入财产性利益。② 前一观点的主要依据在于,第一,我国刑法并没有将无体物排除侵害财产罪的对象之外,在此情况下,随着社会的发展,许多无体物的经济价值越来越明显,且可以对其进行管理,也可以成为所有权的对象。所以,将无体物理解为财产犯罪的对象,并不违背罪刑法定原则;第二,我国司法实践事实上也将无体物作为财产犯罪的对象。③ 对此,笔者较为赞同第二种观点。通信线路、电信码号属于何种意义上的财产形式不能根据法条的性质来判断,而必须以其实际性质作为标准,如果说上述客体属于无体物的范畴,至少在某种意义上可与电力等能源相提并论。无论是有体物还是无体物,都必须属于一种现实存在的客观物质,而通信线路和电信码号作为有偿使用的客体,并不是服务提供者的主体内容,而且也不以消耗上述客体作为实现经济价值的必要手段,更多体现在电信商对于消费者的一种无

---

① 周枏:《罗马法原论》(上册),商务印书馆 1994 年版,第 28 页。

② 肖松平:《刑法第 265 条探究——兼论我国财产犯罪的犯罪对象》,载《政治与法律》2007 年第 5 期。

③ 张明楷:《刑法分则的解释原理》,中国人民大学出版社 2011 年版,第 652~655 页。

形的服务上面。依此而言,行为人利用非法手段骗取了电信服务的行为,应当是一种侵犯他人财产性利益的违法行为,即通过免除自己的支付报酬义务而获取了财产上的利益。对于刑法第 265 条规定的性质,我们应当将其视为一种法律拟制,不宜扩大适用范围,仅在法条表述的情况下才可以盗窃罪定罪处罚。

(三)财产性利益与不动产

动产和不动产属于有体物,两者与财产性利益的关系较为疏远,其差别亦是非常明显,尤其作为不动产来说,一般情况下并不存在与财产性利益出现交集或者难以分辨的问题。只不过,由于不动产本身具有特定属性,也即不能移动或者移动就会损害其价值,所以该类财物的利用往往与各种权利归属密切相关,从而在此一点上,造成了一些学者往往将侵犯不动产权利的行为误认为是侵犯财产性利益的行为。

例如上文中所说的台湾地区学者褚剑鸿教授,就在其财产性利益的取得方式中列举了如下形式:"窃占他人之土地之耕种,占据他人房屋居住等",并认为这些是行为人获取财产性利益的方式之一种。当然,对于第一种情形与财产性利益无关自不必说,这显然属于普通的财产犯罪,"土地之耕种"与土地剥离之后只是普通的财物而已,无须特别探讨。还有学者认为,"与其他财物一样,住宅可以用来进行出租等收益活动,如果住宅被强占或者窃住(即使主人不知),主人都会丧失占有期间的住宅收益权,而住宅收益权正是一种财产性利益",[①]以此作为抢劫、盗窃不动产行为入罪的路径,进而平息有关的争议。对此,笔者依然持相反的观点。不动产属于一种特殊的财产类型,关于不动产是否能够作为普通财产犯罪的对象仍是一个具有较多争议的问题,由于本书将在最后一章中对此做出详细论述,所以此处暂不做研究。单就不动产和财产性利益之间的区别来看,我们还是可以明确地将两者区分清楚的。财产性利益并不是广义上的经济权益,这样理解的话,很有可能各种财产权利都被这一概念所包括了。再者,不动产本身作为一种财物是没有疑问的,权利人对于动产和不动产都可以进行收益,两者只是具体的收益形式不同而已。如果对于侵犯动产的犯罪行为可依普通的财产犯罪处理,为什么对于侵犯不动

---

① 王骏:《抢劫、盗窃利益行为探究》,载《中国刑事法杂志》2009 年第 12 期。

产的行为又要借助于"收益权"来认定其客观损害呢？难道对不动产本身的侵犯不足以说明该违法行为的性质吗？以本书的观点来看，财产性利益的产生原因在于对财产的侵害不能通过财物来加以客观反映，从而试图以新的财产形式的出现推进刑法对财产法益的全面保护。就不动产的性质来说，作为普通的财物是可以传统的财产犯罪加以保护的，至少在犯罪对象这一点上并不存在任何障碍。① 所以，将对不动产的侵害行为说成是一种侵犯财产性利益的违法行为实属画蛇添足，多此一举。

与此相关的问题是权利能否被盗窃的争议，国外有学者认为私自变更他人房产登记的情形就是一种权利盗窃的例证，可以认为成立盗窃罪。② 对于私自变更他人房产登记为自己所有的行为，尽管属于一种侵犯他人财产所有权的行为，但不宜视为针对权利的犯罪。有人认为，在这种情况下，盗窃的对象仍然是房屋，而不是房屋所有权。房屋所有权只是房屋归属问题在法律上的反映，它是一个抽象的法律概念，即它是对盗窃对象权属转移的法律确认，而不是盗窃对象本身。……因而，权利不能成为盗窃的对象。③ 这种观点是值得肯定的。而且，盗窃罪的保护法益本身就是财产所有权，对象应当是体现上述权利的现实财产形式，如果说对象本身就是权利之一，法益就变成了权利之上的权利，显然是一种不合逻辑的结论。

第四节　财产性利益的司法认定

既然财产性利益不是财物，更不能被解释为财物，也就不能将侵犯财产性利益的违法行为按照现行的财产犯罪进行处理，这是根据罪刑法定原则得出的基本结论。但是，这一结论并非一概否认侵犯财产性利益的违法行为具有

---

① 有关于不动产犯罪与普通财产犯罪之间的关系如何我们将在第五章再行探讨，此处只是简要地说明不动产本身的财物性质，也即在犯罪对象这一点上根本无须做扩大解释甚至类推解释就可以被纳入进来。
② 牧野英一：《刑法研究》（一卷），第326页以下，参见蔡墩铭主编：《刑法分则论文选辑》（下），台湾五南图书出版公司1984年版，第729页。
③ 王礼仁编著：《盗窃罪的定罪与量刑》，人民法院出版社2008年版，第137页。

严重的社会危害性,我们不应当被财产犯罪束缚了手脚,先入为主地认为侵犯财产性利益的行为就只能按照盗窃、抢劫、诈骗等罪名来加以惩治,而应当从具体刑法规定的适应性和违法行为的整体去考虑如何处理。

一、司法认定的一般原则

(一)以行为方式入罪

尽管我国刑法尚有一些亟待完善之处,但就整体的罪名体系来看,已经是渐趋成熟。这种成熟不仅体现在数量上的持续增长,也表现在结构性的全面化和系统化。因此,对于真正具有严重社会危害性的违法行为,并不会出现无法可依的情形,即使罪名的适用并不足以完全体现这种危害性,还是能够起到一定的威慑作用。据此,就严重侵犯财产性利益的违法行为来说,我们也不应当仅仅囿于财产犯罪的框架当中,亦可以考虑从"侵犯"的手段入手探求更为合法合理的刑事处理路径。

以司法实践中经常出现的以非法手段骗免养路费等各种规费的案件为例,对此如何处理就一直存有争议。这类案件属于非常典型的行为人接受有偿服务后拒绝支付对价报酬的情形,是一种常见的财产性利益。根据最高人民法院 2002 年 4 月 10 日《关于审理非法生产、买卖武装部队车辆号牌等刑事案件具体应用法律若干问题的解释》(以下简称《解释》)第 3 条第 2 款的规定:"使用伪造、变造、盗窃的武装部队车辆号牌,骗免养路费、通行费等各种规费,数额较大的,依照刑法第二百六十六条(诈骗罪)的规定定罪处罚"。尽管笔者对该解释的合理性尚有质疑,但作为有效的司法解释应当被贯彻执行却是毋庸置疑的,实际上该条款就是一种特殊的利益诈骗犯罪。只不过作为一个法律拟制的条款,只能适用于此种情形,并不代表财产性利益作为诈骗罪乃至财产犯罪的对象得到了立法上的认可。之后,2009 年 2 月全国人大常委会通过《中华人民共和国刑法修正案(七)》,该修正案第 12 条第 2 款规定:"伪造、盗窃、买卖或者非法提供、使用武装部队车辆号牌等专用标志,情节严重的,处三年以下有期徒刑、拘役或者管制,并处或者单处罚金;情节特别严重的,处三年以上七年以下有期徒刑,并处罚金。"由于前一司法解释所规制的内容与该条款相同,无论是从效力位阶上,还是从生效时间来看,前者都应当自动失去效力,利用假军车牌照骗免养路费的行为应当按照非法使用武装部队专用标志罪定罪处罚,不再考虑诈骗罪的适用。以 2011 年发生的"天价过路费案"①为例,有的学者认为该案行为人并不构成非法使用武装部队专用标志罪,其理由主要有两点:第一,骗免过路费的行为本身符合诈骗罪的犯罪构成,《解释》本身没有失效且并非创立新的罪名;第二,非法使用武装部队专用标志罪维护的是武装部队的形象和声誉,保护的是国防利益,并不以财产所有权作为法益客体,因此不适用于以假军牌照骗免过路费的案件。② 对于第一点笔者不再评述,上文的分析皆可作为驳斥的理由。只就第二点来看,其观点也是很难成立的,如果我们直接认为该类型的案件属于财产犯罪案件,那么自然就会将其作为侵财犯罪处理,但不得不说,这里有先入为主的嫌疑。即便是利用假军车牌照骗取养路费的行为当然地以经济利益作为主要目标,也不能说明此类行为没有侵犯到武装部队的形象和声誉,没有危害国防利益,行为的目的并不能决定行为本身的性质,实践中非法使用武装部队专用标志的犯罪行为都有其特定目的,但这并不具有犯罪构成意义上的重要性,也不应当具有影响此罪与彼罪的效力。还有学者对此案持牵连犯的观点,手段行为是冒充军人使用伪造的车辆号牌,骗免高额的过路费是目的行为,比较两种罪名的法定刑,诈骗罪属于重罪,按照牵连犯的处罚原则应当以诈骗罪定罪处刑。③ 对此观点,笔者难以认同的理由除了在犯罪对象上不能构成诈骗罪以外,还必须注意的是,如果实践中多以牵连犯来处理这一类案件,我们就会发现非法使用武装部队专用标志的罪名将会在立法意义上大打折扣,因为此类违法行为多以骗取各种财产性利益为目标,很少以其他的目的实施,所以作为一个法定刑较轻的罪名基本失去了"用武之地"。

因此,在侵犯财产性利益的违法行为认定的问题上,我们必须摆脱财产犯罪给予我们的定罪思维桎梏,跳出"唯结果损害论"制造的怪圈,只是从行为本

---

① 2008 年 5 月 4 日至 2009 年 1 月 1 日,被告人时建峰为牟取非法利益,非法购买伪造武警部队士兵证、驾驶证、行驶证等证件,并购买两副假军用车牌照,在郑石高速公路下汤收费站、长葛收费站、禹州南收费站、鲁山收费站多次骗免通行费,免费通行共计 2361 次,合计逃费金额共计人民币 368 余万元,被平顶山市中院以诈骗罪判处无期徒刑。案件被曝光后,引发舆论广泛质疑。
② 刘宪权、李振林:《"天价过路费案"定性分析》,载《法学》2011 年第 3 期。
③ 潘雪晴:《时建峰案的定罪处罚——以牵连犯为视角的分析》,载《中国检察官》2011 年第 2 期。

身的严重社会危害性思考定罪的具体可能性,也许更能得到科学合理的答案。

(二)以特别规定入罪

"在刑事立法中,立法者为了特定的目的,往往在普通条款之外又设立特别条款,作为对普通条款的补充、限制、修正或者重申。"①这就是刑法中的特别规定。其主要包括三种类型:但书形式的特别规定、拟制性特别规定、注意性特别规定以及法条竞合的特别规定。其中争议最大也是最难区分的两种就是拟制性特别规定和注意性特别规定,一般也称之为法律拟制和注意规定:前者是指已知事实与特定构成要件并不完全相同,但以特殊条款的形式将已知事实拟制为已有规定的情况,赋予它们相同的法律效果;后者是指在刑法对已知事实做了相关规定的情况下,为引起人们的重视,对该种特殊情况又加以重申的条款。两者之间的最大区别在于,法律拟制突破了原有罪名的犯罪构成要件,创立了新的罪名形态,而注意规定恰恰相反,它只是对原有罪名具有适用性的着重声明,其立法意义在于宣示而非创造。但问题在于,如何理解原罪名的构成要件并非是绝对统一的,倘若在此问题上并不能达成一致,自然就会造成对某一条款到底是法律拟制还是注意规定的性质认定上的歧义。

关于财产性利益的法律拟制条款包括《刑法》第 210 条、第 265 条等,当然也包括上文《解释》当中所涉及的内容,这些条款都是对诈骗罪、盗窃罪的对象范围做出了一定的修正,将本不属于财物范畴的财产性利益包含了进来。对此,持相同观点学者认为,《刑法》第 265 条规定的并不是无体物的财物盗窃行为,而是关于非法获取电信服务的一种财产性利益盗窃的规定,而财产性利益不仅不同于有体物,事实上也不是无体物,属于一种独立的财产表现形式。②而实质解释论者则坚持认为该条款只是提醒和重申盗窃无体物亦可成立盗窃罪,并未超出盗窃罪的构成要件范围。③ 但是,无体物是一种具有物理管理可能性,是独立于人而客观存在的外在之物,而获得电信服务则和人的行为密不可分,它只存在于人的身体举动之中。没有人的身体举动这种服务,我们无法

---

① 刘彩灵:《刑法特别规定的适用与完善》,载《理论导刊》2006 年第 8 期。

② 郭立新、杨迎泽主编:《刑法分则适用疑难问题解》,中国检察出版社 2000 年版,第 184 页。

③ 张明楷:《刑法中的注意规定与法律拟制及其运用分析》,载《刑事司法指南》(总第 15 集),法律出版社 2003 年版,第 93 页。

想象这种情况下在人的身体举动之外存在一种独立的外在之物。[①] 就此而言,第 265 条并非是对盗窃无体物成立盗窃罪的提醒和重申,而是创设了一种利益窃盗罪,行为人的目标是通过使他人承担损失的方式获取财产性利益,并没有窃得无体物。由此,该条款应当是一种法律拟制,属于刑法的特别规定,对于此种侵犯财产性利益的违法行为可以按照该规定做出处罚。同理,刑法第 210 条亦是如此。

区分法律拟制和注意规定的重要意义在于,后者的内容属于"理所当然",因此可以"推而广之";后者却并非如此。[②] 但笔者的态度却稍有不同,就两者的性质来看,无论是注意规定还是法律拟制,都谈不上"推而广之"的问题。法律拟制由于对原有的犯罪构成要件做出了调整,属于创造性条款,按照罪刑法定的原则自应在条文所限的内容上发挥作用;而注意规定本身没有改变构成要件的任何部分,甚至可以说是可有可无的,其立法意义仅仅在于方便司法判断而已,又怎么能够将其"推而广之"呢?即便是可以推广适用,也只不过是原有罪名的构成要件所限定的犯罪情形而已,也就是说,并不是注意规定在"推而广之",是其背后的罪名的适用范围本就如此。以此来看,也许法律拟制和注意规定的区分并非具有特别重大的意义,我们需要明确的仅仅是对相关的条文如何进行客观上的理解而已。

(三)以犯罪未遂入罪

财产性利益与财物之间的紧密关系在于,财产性利益可以转化为现实的财物。事实上,财产犯罪的终极目的都是现实的财物,仅以财产性利益作为目标的犯罪并不多见。财产性利益主要表现为积极的利益和消极的利益两种,前者是指债权的建立,后者是指债务的免除。就债权的建立而言,行为人仅仅产生使他人负担债务的结果并非是最终结果,而现实地实现不法债权才能够满足行为人的全部要求。从这一点上来看,获取财产性利益仅仅是获取财物的前一步骤;即使在债务免除的情况下,看似行为人仅仅获取了消极的财产性利益,并不存在实际获取财物的可能性,但我们仍然可以认为此种情况下应当失去而没有失去的财物就是一种消极的"获取",至少在本质上两者并不存在

---

① 肖松平:《刑法第 265 条探究——兼论我国财产犯罪的犯罪对象》,载《政治与法律》2007 年第 5 期。

② 张明楷:《刑法分则的解释原理》,中国人民大学出版社 2011 年版,第 641 页。

重大区别。由此,笔者认为部分侵犯财产性利益的违法行为,在尚未获取现实的财物的情形下可以按照特定财产犯罪的未遂处理。

由于在日本刑法中同时规定了财物罪和利益罪,所以就得利罪成立是否具有进一步成立财物罪的余地问题产生了较大的争议。判例认为,尽管两种犯罪在处罚的对象上有所不同,但罪质是相同的,因为同一个欺骗行为,被害人在承诺交付财物以后进一步实施交付行为的,成立包括的一罪,按照诈欺罪处理即可。但学界对此持有不同意见,有的学者认为得利罪不过是财物罪的补充,当财物罪成立的时候,不存在得利罪的问题;有的学者认为取得财产性利益后再取得与此相应的财物的行为,在通常的情况下只宜作为单一的(而非包括的)财物罪来处理。[1] 根据上述观点,如果债务的内容表现为财物的给付,那么一般只限于利益已经得到的场合才有成立得利罪的可能。如果行为人仅仅得到交付财物的承诺,并没有最终获得财物,也一般不成立诈欺得利罪的既遂。我国刑法并没有“二项犯罪”的规定,对此问题的分析远没有日本刑法理论那般复杂。如果说行为人以获取财物为目的,强迫、恐吓、欺诈被害人做出交付财物的承诺,事实上可以认定行为人已经获取了财产性利益,如果最终被害人并没有按照承诺现实的交付相应财物,按照财产犯罪的既遂理论来看,此种情形下并未成立抢劫、敲诈勒索或者诈骗罪的既遂,但是却可以按照相关犯罪的未遂处理。只不过,这种情况所能适用的范围较窄,仅仅限于行为人以使对方承担一定债务的财产性利益,并且具有给付财物的内容才可适用。反之,如果行为人获取的财产性利益是免除给付财物的义务,由于该类型的财产性利益并不要求对方实施一定的行为,自然也就不存在成立财产犯罪未遂的可能性。

(四)按债务纠纷处理

最后,如果行为人的手段行为并没有达到严重的社会危害性,尚未触及刑法分则的特定罪名,同时,也没有法律拟制的特别规定就其性质做出界定,那么此种侵犯财产性利益的违法行为,就不应当作为犯罪处理,可按民事领域的普通债务纠纷处理即可。

---

[1] 童伟华:《财产罪基础理论研究——财产罪的法益及其展开》,法律出版社 2012 年版,第 116 页。

"对刑法(这里主要是指刑罚)的迷信,是各种政治迷信中最根深蒂固之一种。"①就目前刑法理论界争议较多的财产性利益类型来看,大多是以直接的债权债务关系作为主要内容,其中的很多案件都是经济纠纷引起的欠债不还的行为,双方在证据问题上往往是各执一词,是非难辨。如果贸然地针对此类问题作刑事化处理,有可能导致矛盾的进一步激化,并不利于真正有效地实现债权人的合法权益。因此,最为稳妥的方法仍然是被害人通过民事诉讼的手段重新确认债权债务关系,与此同时,更要加强对民事判决的强制执行力度,以求充分保护债权人的基本权利。

实质解释论看似解决了财产性利益的入罪问题,实际上是以破坏刑法条文的明确性为代价的,甚至存在着倒向类推解释的危险。罪刑法定原则确立以后,类推解释自然而然地退出了刑法历史的舞台。但是,无论是司法机关,还是刑法学者,似乎都还尚未习惯这种"束手束脚"的状态。曾几何时,悄然兴起的扩大解释在相同的舞台上粉墨登场,但笔者在隐约间总有这样一种感觉:"扩大解释"的背后一直就是我们告别不久的"类推解释"如幽灵般阴魂不散、如影随形。② 对此,即便有再多的理由对其结论自圆其说,也不能解释在语义上存在的难以逾越的合理性障碍。试想,如果扩大解释或者所谓的实质解释在我国刑法理论研究中大行其道,是否从根本上已经动摇了罪刑法定原则的刑法地位就不无疑问了。

二、争议问题的具体辨析

(一)欠条、借据等债权凭证

针对欠条或者借据等债权凭证发生的侵犯财产性利益的违法行为是争议最多的问题,既有是否成立诈骗罪的疑问,也有涉及抢劫、盗窃甚至抢夺等罪名的探讨。肯定论者认为,对于不法获取借据的行为虽然不是对财物的侵害,但有可能是对财产性利益的侵害,所以,从规范上看,在特定情形下,借据可以视为财产性利益。对于实践中经常发生的债务人为逃避债务而采取盗窃、抢夺等不法方式获取债权人控制、占有的借据的行为,不仅对债权人的财产利益

---

① 陈兴良:《刑法谦抑的价值蕴含》,载《现代法学》1996 年第 3 期。
② 陈烨:《财产性利益与罪刑法定问题》,载《上海交通大学学报(社会科学版)》2013 年第 5 期。

造成了现实的危险,本身也有获取财产性利益的可能,可以相关财产犯罪论处。① 当然,也有学者主张抢劫欠条的行为并不适合由刑法来调整,因为"抢劫欠条从本质上讲是一种赖账不还的行为,双方债权债务关系应通过民事法律去调整。如果刑法涉及这一领域,有违刑法谦抑性原则。但如果行为人使用暴力、胁迫手段,对债权人造成伤害,或者有故意杀人情节的,应按故意伤害罪或故意杀人罪定罪处罚。"②还有的人认为,盗窃借条、欠条的行为不应当按照盗窃罪处理,如果行为人已经占有了他人财物,后续的盗窃行为可以解释为"拒不退还",符合侵占罪的构成要件。③ 有的学者则认为,行为人秘密将自己写下的欠条偷回,致使债权人的债权实际丧失,毫无疑问侵犯了财产所有权,符合盗窃罪的犯罪构成,因此,不能一概而论说财产性利益不是盗窃罪的对象,同时指出,盗窃财产债权文书与盗窃其他财产确有不同,如果能像日本刑法中规定利益罪就更为妥当了。④ 有的否定论者则认为,在我国刑法既没有规定利益罪,也没有法律或者司法解释予以规定的情况下,对这种侵害借据的行为定性为侵犯财产罪是不合适的;当前虽然可以妨害司法罪定罪处罚,但仍然存在立法上的缺陷,其最为合理的保护路径就是在财产罪中研究增设利益罪(或得利罪),以更加全面地保护公民、法人的财产权(包括物权、债权等)。⑤

对此,笔者需要明确如下两个问题:第一,欠条、借据等债权凭证属于财产性利益。有的学者对此曾提出过质疑:"作为财产罪对象的财产性利益必须是财产权本身,即行为人通过盗窃行为取得他人的财产权或者至少使他人丧失财产权时,才能成立财产罪。而且,只有在行为盗窃财产性利益同时导致他人遭受财产损失的,才能认定该利益为财产性利益。欠条本身不具有这种性质。"⑥因此,该学者指出,如果债权凭证的丧失意味着该凭证记载的财产丧

① 武良军:《论借据能否作为财产犯罪的对象》,载《政治与法律》2011年第2期。

② 赵星、陈青浦:《抢劫罪行为对象若干问题研究》,载《政法论丛》2002年第4期。

③ 曾芬芬、曾芳芳:《论盗窃借条、欠条行为的刑法性质——兼论其他涉债权凭证行为的性质》,载《江西公安专科学校学报》2010年第6期。

④ 安文录、陈洪兵:《论盗窃特殊对象的认定和处理》,载《山西省政法管理干部学院学报》2003年第3期。

⑤ 南明法、郭宏伟:《以借据为侵害对象的犯罪行为定性研究》,载《中国刑事法杂志》2003年第4期。

⑥ 张明楷:《诈骗罪与金融诈骗罪研究》,清华大学出版社2006年版,第34页。

失,则该债权凭证属于财物;反之,则不宜认定为财物。[①] 对于欠条等债权凭证是否属于财产性利益的争议,究其原因在于丧失债权凭证是否直接导致被害人财产的损失。"理论上讲,债权具有独立存在性,不因欠条的存在而存在,也不因欠条的消失而消失;但同时债权又是抽象的,如没有凭证就难有保障。也就是说,法律所保护的债权离不开物理化的凭证。"[②]本书将财产性利益界定为一种给付行为,即权利人可以要求义务人为一定内容的给付,而欠条本身就是这种给付义务的重要证明。两者之间的联系在于,没有欠条就很有可能导致债权难以实现,这也是行为人之所以会针对欠条等债权凭证实施侵害行为的根本所在。因此,针对欠条等债权凭证的违法行为实际上就可以看作是针对财产性利益的侵害,两者并不存在任何区别,无须分开讨论。就财产性利益本身而言,它是一种非常抽象的财产形式,如果对其实施侵害,必须针对承载这种抽象财产形式的物质载体,我们说欠条是一种财产性利益,并不是关注它的物质属性,而是记载其上的权利内容。至于欠条的消失并不一定导致债权消失的问题,笔者是这样理解的:财产性利益本来就是一项可期待的利益,而非现实性的,只要违法行为有可能导致债权人无法实现债权,就应当认定为属于侵害到财产性利益的情形,而不应当过于考虑结果的现实损害。

第二,侵犯财产性利益的违法行为不宜按照财产犯罪定罪处罚。为了解决实践中经常发生的针对借款凭证的违法行为的处理问题,浙江省高级人民法院、浙江省人民检察院、浙江省公安厅于 2002 年 1 月 9 日联合发布了《关于抢劫、盗窃、诈骗、抢夺借据、欠条等借款凭证是否构成犯罪的意见》,根据该意见,"债务人以消灭债务为目的,抢劫、盗窃、诈骗、抢夺合法、有效的借据、欠条等借款凭证,并且该借款凭证是确认债权债务关系存在的唯一证明的,可以抢劫罪、盗窃罪、诈骗罪、抢夺罪论处。债务人以外的人在债务人的教唆之下实施或者帮助债务人实施抢劫、盗窃、诈骗、抢夺借据、欠条等借款凭证,并且明知债务人是为了消灭债务的,以抢劫罪、盗窃罪、诈骗罪、抢夺罪的共犯论处。"这是目前针对此类违法行为如何作刑事上处理的最为明确的规定。但是,本书已经明确指出了财产性利益作为财产犯罪对象的不合法性,所以对此意见

[①]　张明楷:《刑法学》,法律出版社 2007 年第 3 版,第 706 页。
[②]　魏海:《盗窃罪研究——以司法扩张为视角》,中国政法大学出版社 2012 年版,第 58～66 页。

自然也持反对态度。关于如何在刑法范围内处理侵害财产性利益的违法行为在本节第一部分当中已有说明,恕不赘述。至于上文中所提及的对盗窃欠条、借条的行为有可能按照侵占罪处理的观点也是不妥,将一种"秘密窃取"的行为解释为"拒不退还"有违罪刑法定原则,且侵占罪的行为结构也与盗窃的行为方式大不相同,不宜混为一谈。

(二)有偿服务

关于劳务是否能够成为财产性利益一直存在较多的争议,上文中笔者已经表明了本书的立场,也即劳务本身所产生的对价支付义务是一种财产性利益,单纯地讨论劳务本身是否能够作为财产性利益是没有意义的。正如上文所探讨的债权凭证的问题一样,我们不应当纠结在债权凭证是否属于财产性利益的问题上,而应当看到物质载体或者说有形的劳务背后是否存在具有经济价值的财产性利益,这才是行为人企图获取的真正客体。

在日本刑法学界,关于劳务能否成为财产犯罪的对象存在劳务提供肯定说、劳务对价限定说和劳务提供否定说之分。① 由于日本刑法中存在利益犯罪的相关规定,所以争议的焦点主要集中在劳务是否能够成立财产性利益的问题。其中,劳务对价限定说认为,并非所有的劳务都能够成为财产犯罪的对象,也即并不都是财产性利益,而只有那些提供对价的劳务才具有这种属性。对此,笔者持赞同的观点。从这一角度出发,劳务的说法可能会引起学者们的歧义,将其改为有偿服务的概念也许更为妥当一些。至于行为人尽管采取非法手段获取了一定的利益,但被害人所提供的服务起初就没有期待对价的支付,就不能认定为财产性利益。例如行为人谎称生病,让朋友用私家车送自己回家的情形,就不能说行为人获得了刑法意义上的财产性利益。关于有偿服务是否属于财产犯罪的对象,有的国内学者持肯定的观点,例如有人认为"财产犯罪的对象包括公私财产或者财产性利益,并认为不动产和特定劳务、消费行为可成为本罪对象"。② 还有人直接认为有偿服务作为一种财产性利益属于诈骗罪的对象,应当通过刑法来保护所有人的合法权益。③ 反对的观点则

---

① [日]大塚裕史:《刑法各论的思考方法》(新版),早稻田经营出版 2007 年版,第 151~152 页,转引自马卫军:《论抢劫罪中的财产性利益》,载《政治与法律》2011 年第 7 期。

② 孙国祥、魏昌东:《经济刑法研究》,法律出版社 2005 年版,第 559 页。

③ 温军:《有偿服务能否成为诈骗罪对象》,载《中国审判》2008 年第 8 期。

认为,骗取劳务、服务的行为是以不支付对价为本质特征,和传统的诈骗罪具有较大区别,而且两者的对象也不尽相同,只能按照合同诈骗罪进行处罚。[①] 当然,也有学者认为,人的劳动力一般是作为财产性利益来把握的,不属于财物的范畴。[②] 对此,笔者仍然赞同否定的观点,既然有偿服务所代表的是一种财产性利益,不管行为人以何种手段获得,只要在财产犯罪对象这一点上不能满足财产犯罪构成要件的对象要求,就不能按照相应的罪名处理。但是否构成合同诈骗罪也是存有疑问,因为合同诈骗罪的犯罪对象也是财物,在这一点上无异于财产犯罪,自然存在着与其相同的规范障碍。论者不应当仅仅注意到行为手段上的符合性,更应看到问题的关键在于对象属性上的一致性。对于此类违法行为,从性质上看更类似于一种违约行为,完全可以按照民法、合同法的规定要求被告承担违约责任,不必考虑刑法的适用更为妥当。

有偿服务并非仅仅表现为各种形式的劳务,同时也经常伴随着被害人财物的损耗,例如行为人在饭店用餐后利用欺骗手段拒绝支付餐饮费用的行为,实际上也是获得了财产性利益,但如果从支付行为的前一阶段来看,行为人在获得财产性利益的结果之前已经实际取得了财物,那么,是否可以认定此种行为已经构成了诈骗罪呢?笔者并不赞同此种观点。尽管物权的保护方式更为全面,保护体系也更为完善,在同等情况下,如果能选择通过物权保护的方式惩治财产的侵害行为是较为妥当的,但就具体的骗取有偿服务的违法行为而言,可能以债权保护作为优先选择更为合理。以餐饮行业为例,虽然该行业会向消费者提供一定的食物、饮品等现实的财物,但就消费行为的整体性质而言,仍是一种提供和接受有形服务的行为,服务方所提供的现实物品不可能脱离人的服务行为而存在,两者是融为一体、密不可分的,根本不应当割裂两者的关系去分析这一问题。实际上,"食物与餐费具有紧密的关联,行为人的所得也仅为单份,要么是食物要么是餐费,不可能既得食物又得餐费。"[③]同时,如果作为财物犯罪是可以返还赃物的,但就被害人而言,他所想要返还的并非是原物或者其他同类物品,而是行为人接受服务后应当支付的对价报酬,据此

---

① 崔文杰、周恩深:《关于对骗逃铁路运费行为性质的探析——兼谈刑事司法及立法对策》,载《检察实践》2003 年第 6 期。

② 陈立、陈晓明主编:《刑法分论》,厦门大学出版社 2004 年第 4 版,第 343 页。

③ 马卫军:《论抢劫罪中的财产性利益》,载《政治与法律》2011 年第 7 期。

而言,也可以看出被害人损失的是一种请求行为人支付对价的债权,而非现实的各种物品。这种情形与《刑法》第265条规定的内容基本相同,也即都是利用非法手段在接受服务之后免除支付对价的行为,其中的客观上的物质损耗应当看成是被害人所提供的服务的一部分,不宜单独对待。

(三)债务的延迟履行

关于债务的延迟履行是否属于财产性利益,日本的审判实践和通说均持肯定的观点。但很多学者同时认为,只有在债务的延迟履行造成债权的价值减少时,才是财产犯罪的对象。[①] 我国学者对于债务的延缓履行是否属于财产性利益也存疑问,从现状来看,如果延缓履行导致债务部分免除或者全部免除的情形则可认定行为人获取了财产上之利益,否则的话,尚无必要对此加以刑法规制。[②] 对此,本书的立场也是相同的。因为债务的延缓履行毕竟不同于完全地不履行,债权人实际上并未丧失财产上之权利,行为人尽管获得了一定的利益,但这种利益是否属于经济利益,以及如何计算其经济价值都有疑问。况且,本书是将财产性利益界定为一种给付义务的变更,就延缓履行而言,给付义务依然存在,并未发生实质性改变,自然不能作为财产性利益加以对待。反之,如果行为人延缓履行的违约行为导致了债务部分或者全部免除,此时的问题已经发生了改变,就不再是延缓履行了,而是部分或者全部的免除履行,因此,两者讨论的并不是同一个问题。单纯的就债务延缓履行来说,即使行为人采用非法手段获得了这一利益,也不宜认定为财产性利益。同理,行为人采用非法手段使债务提前履行的,也不宜认为已经获取了财产性利益。

(四)使用盗窃的行为

所谓使用盗窃是指,不以直接占有而是以暂时占有原物为目的,使用后将原物归还的行为。[③] 对于使用盗窃汽车的问题,根据1997年11月4日最高人民法院的《关于审理盗窃案件具体应用法律若干问题的解释》中做了比较详细的规定,其基本精神是,如果盗用他人车辆的行为没有造成丢失等严重后果,

---

① 参见[日]山口厚:《刑法各论》(补订版),有斐阁2005年版,第246页,转引自马卫军:《论抢劫罪中的财产性利益》,载《政治与法律》2011年第7期。

② 张明楷:《诈骗罪与金融诈骗罪研究》,清华大学出版社2006年版,第42~43页。

③ 王礼仁:《使用盗窃可以构成盗窃罪》,载《人民司法》1995年第6期。

情节轻微的,可不按犯罪处理。① 之后,2013 年 4 月 4 日起施行的《最高人民法院、最高人民检察院关于办理盗窃刑事案件适用法律若干问题的解释》可以说延续了上述解释的基本精神。但由于使用盗窃的行为危害亦是较为严重,如果不做刑事处理,也很难通过其他的司法手段取得权利上的充分救济,所以也有学者认为,"以获利为目的的使用盗窃,虽然与普通盗窃在表面上有细微差别,但其基本特征与盗窃并无两样。因而,在立法尚未规定使用盗窃罪和有关新的司法解释出台的情况下,直接定盗窃罪是较为科学的,而且简便、经济、易行。"②但必须注意的是,我国刑法中的普通盗窃罪要求具备数额较大或其他情节方成立犯罪,这就意味着盗窃行为成立犯罪,不仅需要侵害他人的占有,还需要在侵害法益的程度上达到一定的标准……那么,在使用盗窃的场合,当行为人的使用盗窃行为违法程度较低,或者说盗窃数额较小等,就应当排除其犯罪性。③

使用盗窃的行为之所以不同于普通的盗窃罪,在于行为人并不具备主观上的非法占有目的,而这是后者犯罪主观方面的必备要素。因此,传统的观点一直对于使用盗窃的行为构成犯罪持否定的态度。现如今,如果从犯罪对象扩大解释的角度出发,即便行为人不以获取财物为目的,但使用盗窃的行为使得行为人获取了财产性利益却是不可否认的。也就是说,即便不具备非法占有他人财物的目的,却具有非法占有他人财产性利益的目的,两者在本质上是相同的。这样一来,将使用盗窃的行为按照盗窃罪进行处理也就有理有据了。当然,笔者对此观点亦持否定态度。使用盗窃的行为是否能够产生财产性利益并非无须论证,从行为人与被害人的关系来看,使用盗窃并不一定就会产生债权债务关系,行为人所获取的利益不与被害人的损失产生直接联系;就被害人来看,需要行为人返还的并不是使用的对价,而是财物本身,即使有支付对价的请求,也可以按照民事法律关系进行处理。因此,与其他比较典型的财产性利益相比较,使用盗窃所获得的利益是一种不特定的经济内容,不属于财产性利益的客体——给付行为的范畴,不宜作为盗窃财产性利益的行为来认定,更不能按照盗窃罪处理。有的学者提出,相当的利用可能性妨害可以作为判

---

① 具体内容参见该《解释》第 12 条第三、四项。
② 王礼仁编著:《盗窃罪的定罪与量刑》,人民法院出版社 2008 年版,第 135 页。
③ 高巍:《盗窃罪基本问题研究》,中国人民公安大学出版社 2011 年版,第 226 页。

断使用盗窃的可罚标准,但须综合盗用时间的长短、使用盗窃的对象、财物的保存状况等因素来判定。① 但其实这种观点已经渐渐脱离了使用盗窃的原有含义,经过上述综合标准"过滤"后的使用盗窃行为基本已与普通盗窃行为趋于一致,自然可以按照盗窃罪定罪处罚。事实上,行为人是否具有非法占有的目的必须进行综合判断才能得出结果,这个过程已经剥离了不成立盗窃罪的盗用行为,反之,如果事实证明行为人确无非法占有目的,按照其他手段处理此类违法行为更为妥当。

（五）骗购住房的行为

保障性住房是与商品性住房相对应的一个概念,是指政府为中低收入住房困难家庭限定标准、限定价格或租金的住房,一般由廉租住房、经济适用性住房和政策性租赁住房构成。随着我国加大对保障性住房的建设力度,使得很多住房困难家庭解决了居住问题,对改善民生、维持社会稳定起到了巨大的积极意义。但是,在保障房的分配过程中,也是存在着各种各样的问题,尤其是许多不具有申请条件或者申请资格的家庭或个人通过非法手段骗购骗租的乱象也是时有发生,尤以骗购保障性住房的违法行为最为严重。由于相关的《保障性住房管理条例》对该类行为的处罚不甚严厉,而且往往难以落实到位,更是造成了违法行为人的有恃无恐。基于此,有的学者提出了将骗购保障性住房的行为按照诈骗罪处理的观点,主张此类行为与我国刑法规定的诈骗罪基本一致,应当作为犯罪行为予以严惩。② 但也有学者认为,尽管行为人存在诈骗行为,但整体财产并不存在损失且犯罪数额难以计算,从刑法谦抑性的角度考虑还是不宜由刑法加以调整。③

对此,笔者亦持否定态度。对于骗购保障性住房的行为,如果仅从行为方式上来分析,确实与诈骗罪的客观方面十分相似,但就本书的立场来看,骗购保障性住房并非是诈骗财物,而是以财产性利益作为骗购对象,也就是说,从犯罪对象上来讲仍是不符合诈骗罪的构成要件。表面上来看,行为人骗购的对象是不动产,而不动产显然也是财物之一种,可是行为人却为不动产支付了

---

① 张红昌:《论可罚的使用盗窃》,载《中国刑事法杂志》2009 年第 5 期。

② 陈元:《保障性住房分配的刑法控制》,载《广西大学学报(哲学社会科学版)》2012 年第 4 期;

③ 付立庆:《论刑法介入财产权保护时的考量要点》,载《中国法学》2011 年第 6 期。

一定的对价,这个对价与保障性住房的实际价格是相同的。行为人通过非法手段获得的是一种购买权的优惠,这种优惠主要体现在免除了部分房价,而这种"购房的资格"是否属于财产性利益呢? 尽管有的学者"考虑到经济适用房有限产权之特性以及房地产市场的交易风险等诸多因素,这种所谓财产性利益很难做出准确的认定"[①],但笔者仍然认为这种优惠实际上就是财产性利益。行为人是否获得优惠必须与相同情况下购买商品性住房所须支付的对价进行比较,其中相差的部分就是行为人本应支付却没有支付的对价,仅仅看到行为人采取非法手段是为获得购买资格是不够的,因为这种购买资格的具体内容就是免于支付更高的房价,是一种现实的财产性利益。当然,不仅仅是犯罪对象方面,就犯罪数额如何计算、被害人怎样认定、财产损失是否存在等等诸多问题都是其不能成立诈骗罪的重要原因。因此,笔者认为对于现实社会中存在的骗购骗租保障性住房的违法行为,一方面要加强管理和监督,不给违法行为人以可乘之机,另一方面还是在行政处罚方面要加大力度,使违法行为得不偿失,无利可图。至于对此类行为如何进行刑法规制的问题,依现行的法律规定尚不足以作入罪处理,否则有可能违背罪刑法定原则的立法精神。

第五节　财产性利益的立法完善

一、刑法保护的必要性分析

从刑法与民法之间的关系来看,对民法中的财产权进行积极保护是设立财产犯罪的基本目标和根本任务。但是,就目前的财产体系保护现状分析,物权的保护已趋于成熟和稳定,知识产权的保护尽管有待加强,也已经形成了基本的立法思路和立法理念,唯独债权的刑法保护仍然处于真空地带,只能通过不尽合理的刑法解释或者其他相关的罪名进行间接的保护,尤其是后一种选择更是无法体现侵财行为的危害性质。因此,仍有必要通过对财产性利益进行刑法保护来达到进一步完善财产权利法律保护体系的目的。

---

① 阴建峰、张巧娜:《骗购经济适用房行为定性分析》,载《法学杂志》2011 年第 3 期。

(一)拒不支付劳动报酬罪的启示

2011年5月1日起施行的《刑法修正案(八)》对财产犯罪的部分做出了三处调整,除了盗窃罪和敲诈勒索罪以外,最引人注目的还是第41条规定的拒不支付劳动报酬罪。[①] 该规定的立法初衷自然与现实社会中广大农民工讨薪难的问题密切相关。由于欠薪行为的普遍性和严重性,引发了各种各样的社会问题。基于此,该类违法行为被纳入到了刑事立法的视野当中,并最终得以正式通过。有的学者认为:"该罪的设立具有以下重要价值:一是符合社会发展的现实需要。二是加强了对弱势群体的权利保障。三是有利于与其他部门法的衔接。四是符合国际刑事法治的发展趋势。"[②]

自从《刑法修正案(八)》正式施行以后,学者们对于拒不支付劳动报酬罪的若干司法适用问题进行了积极的探讨,[③]对于实践部门如何运用该项罪名处理农民工的欠薪案件提供了诸多指导性的意见。但就本罪的犯罪客体问题应该如何解读却鲜有论及,在此,笔者试作探析。

由于拒不支付劳动报酬罪多发生于经济领域,因此,有的学者主张该罪的客体应当是复杂客体,主要表现为国家的劳动秩序和劳动者获得劳动报酬的权利。[④] 但是,就本章而言应当属于财产犯罪的领域,也即该类罪名的同类客体应当是公私财产的所有权,就是与本罪具有密切关系的破坏生产经营罪也是以公私财物的所有权作为首要客体,次要客体才是国家、集体或者个人生产经营的正常秩序。那为什么拒不支付劳动报酬罪的客体被界定为国家的劳动

[①] 该条款的主要内容为:"以转移财产、逃匿等方法逃避支付劳动者的劳动报酬或者有能力支付而不支付劳动者的劳动报酬,数额较大,经政府有关部门责令支付仍不支付的,处三年以下有期徒刑或者拘役,并处或者单处罚金;造成严重后果的,处三年以上七年以下有期徒刑,并处罚金。单位犯前款罪的,对单位判处罚金,并对其直接负责的主管人员和其他直接责任人员,依照前款的规定处罚。有前两款行为,尚未造成严重后果,在提起公诉前支付劳动者的劳动报酬,并依法承担相应赔偿责任的,可以减轻或者免除处罚。"

[②] 杜邈、商浩文:《拒不支付劳动报酬罪的司法认定》,载《法学杂志》2011年第10期。

[③] 参见宋伟卫:《拒不支付劳动报酬行为的司法认定》,载《河北大学学报(哲学社会科学版)》2011年第4期;章建军:《拒不支付劳动报酬罪初探》,载《中国刑事法杂志》2012年第4期;谢天长:《拒不支付劳动报酬罪的法律适用问题探讨》,载《中国刑事法杂志》2011年第11期等等。

[④] 高铭暄、马克昌主编:《刑法学》,北京大学出版社、高等教育出版社2011年第5版,第524页。

秩序呢？财产犯罪一章属于针对个人法益的犯罪类型，多数以公私财产的所有权作为其首要客体，①这是由刑法分则体系的分类标准所决定的。不以该类客体作为首要保护对象的罪名，就不应当被归入财产犯罪的章节。因此，有的学者注意到了这一问题，进而将劳动报酬权这种财产权界定为本罪的首要客体，次要客体才是国家对劳动关系市场的正常监管秩序和国家对社会公共秩序的管理制度。② 这种说法是基本合理的，只不过笔者需要做进一步的追问，劳动报酬权是何种类型的财产权利呢？财产权基本分为物权、债权以及知识产权，所谓的劳动报酬权自然不可能是知识产权，那么它是一种物权吗？物权是指权利人对特定的物享有直接支配和排他的权利，包括所有权、用益物权和担保物权等。③ 如果劳动报酬表现为一定的货币，在其之上的权利就应当属于一种物权。可是就拒不支付劳动报酬的案件来看，行为人并非直接以被害人的货币或者其他财物作为犯罪对象，而是拒绝履行支付的义务，也就是说，被害人并没有丧失任何现实的财物，而是应当增加的财产没有增加，也即此处受到侵犯的正是本章所讲的财产性利益。行为人通过"转移财产、逃匿等方法"拒绝支付劳动者的劳动报酬，从而免除了自己的债务，获取了一定的财产性利益，也正因如此，它才被规定在财产犯罪的部分。这种观点得到了一些学者的认可，例如周光权教授就认为，本罪的保护法益应当是个人的劳动收益权（财产性利益）。公民个人向他人提供劳动后，有权获得相应的劳动报酬。拒不支付劳动报酬的行为，会损害劳动者的财产性利益，减少其收益，还可以引发其他社会问题，理应动用刑罚加以处罚。④

综上所述，笔者认为拒不支付劳动报酬罪在立法上的呈现，是现实社会中广泛存在的侵犯财产性利益的违法行为达到严重社会危害性的重要表现，也是刑事立法进一步完善财产权保护的重大进展。依据通常之法理，"劳动报酬"在被支付给劳动者之前，劳动者就劳动报酬并不具有所有权，也未曾取得

---

① 至于抢劫罪的首要客体是公私财产所有权还是生命、健康权利仍有争议，但笔者倾向于前者。且两种法益尽管有所不同，也均属于个人法益。

② 赵秉志主编：《〈刑法修正案（八）〉的理解与适用》，中国法制出版社 2011 年版，第341 页。

③ 魏振瀛主编：《民法学》，北京大学出版社、高等教育出版社 2007 年第 3 版，第 209 页。

④ 周光权：《刑法各论》，中国人民大学出版社 2011 年第 2 版，第 126 页。

占有权,仅仅是一项民法意义上的债权请求权。① 劳动者与用人单位的劳动关系可以描述为民法当中的债权债务关系,也即用人单位在劳动者提供了一定的劳务之后,有按照约定支付相应的劳动报酬的义务。如果违反了约定没有或者不足额支付的话,就应当属于一种侵犯债权的违法行为。

在我国社会经济飞速发展的过程中,各种各样的社会问题也是愈演愈烈,近些年来较为严重的拒不支付劳动报酬行为就是其中一种。据国家统计局的调查,2009 年春节前我国返乡的农民工约有 7000 万人,5.8% 的人被拖欠了工资。② 除此以外,作为弱势群体的农民工经常会以过激的手段讨要欠薪,从而很有可能造成更为严重的刑事案件,受害人有可能是农民工本人,也有可能是被讨要的对象。因此,欠薪行为不仅损害了劳动者的合法权益,也严重破坏了正常的社会秩序。就现有的《劳动法》和《劳动合同法》的规定来看,尽管对欠薪违法行为有着明确的规定,但都只是原则性的规定,并没有具体的责任内容。而且,通过民事或者行政救济手段解决此类问题耗时长、效率低、维权成本高,对于违法企业或者责任人的处罚也是无关痛痒,很难收到良好的实践效果。这些都是拒不支付劳动报酬罪之所以能够产生的现实基础。不过,笔者认为更为重要的一点是,该罪名在财产犯罪当中的出现,是第一次通过正式的刑事立法对债权加以保护,具有标志性的意义。由此展开,我们也许应当更加注重如何从财产性利益的角度对民法中的债权加以全面保护,从而为财产犯罪的立法完善提供一条新的路径。

(二)侵犯财产性利益行为的入罪基础

1. 理论基础

谈到侵犯财产性利益的违法行为犯罪化的理论基础,我们必须又回到之前所讨论过的实质解释理由的问题上,其中的数点理由虽不能作为将财产性利益解释为财物的依据,却完全属于将其犯罪化的重要理论支撑。

一方面,就刑事处罚的必要性而言,针对财产性利益的违法行为与传统的财产犯罪具有相同的社会危害性,如若长久地不能作为犯罪处理,或者只能以其他非财产犯罪处理,就不能起到全面保护财产权的积极效用,不仅违反了实

---

① 周旋:《我国刑法侵犯财产罪之财产概念研究》,上海三联书店 2013 年版,第 45 页。

② 参见周英锋、刘铮:《5.8% 的农民工被拖欠工资》,载《商报天下》2009 年 3 月 26 日第 4 版。

质上的公平正义,更有可能因为这一法律漏洞将大量的违法行为引入债权领域,从而严重侵害公民的合法财产权益。在经济飞速发展的当代社会,财产流转的速度越来越快,对效率的要求越来越高,而债权恰恰符合了这一趋势。由于它已经在很大程度上具备了物权的财产权性质,不仅能够为所有权人带来收益,而且处分的过程只需要进行象征性的权利变更即可,不必如物权的流转那般复杂,更加符合现代人追求简便、高效的经济交易模式的需求,从而在近些年来得到了更多的认可和广泛的应用。从现有的发展趋势来看,债权将会逐步地取代物权而成为财产权体系中最为重要的一种权利类型。正因如此,侵犯债权的行为才会愈演愈烈,因为此类违法行为不仅可以获得与财产犯罪相同的经济利益,而且在很多情形下更为容易实现,更重要的一点是,如果对传统的财产犯罪严格贯彻了罪刑法定原则,行为人只会受到较为轻微的惩罚,承担相对较弱的法律责任。这些问题的存在实际上间接助长了侵犯财产性利益的违法行为迅速蔓延,阻碍了社会经济的健康发展。我们认为,侵犯物权的行为作为传统的财产犯罪能够获得立法上的认可,而侵犯债权的违法行为自然也可以加以犯罪化处理,这是理所当然的结论。另一方面,从刑法与民法的关系来看,对于债权的保护也是目前我国刑法分则体系中最为薄弱的一环,甚至可以认为基本处于缺失的状态。就民法的诸多救济方式而言,可以说已经对于侵犯财产性利益的严重违法行为束手无策,就以上文中所谈到的农民工欠薪问题为例,我们尽管不能排除很多用人单位确实存在资金周转困难无力按时支付的情形,但除此以外,仍然存在着大量的有能力支付而采取各种手段拒不履行支付劳动报酬的违法行为,即便在主管部门责令支付的前提下,仍是不能保证杜绝此类违法现象。行为人主观方面具有故意不履行支付义务的消极态度,在明知行为违法并有可能造成严重的社会危害性时,仍然执意为之,客观方面采取转移财产、逃匿等方法通过消极的不作为拒不支付劳动者的劳动报酬,并且公然违背政府有关部门的行政命令,这些构成要件都已经说明了其他救济方式在此类违法行为方面是无效的,只有依靠刑法才能真正维护被害人的合法财产权益和正常的劳动秩序。其他类型的侵犯财产性利益的违法行为亦是具有相同的性质,行为人往往是以财产犯罪的传统手段如盗窃、诈骗、抢劫等去获取财产性利益,这种行为方式已经证明了该行为人并非是在合同甚至民法领域处理这种财产上的关系,而是通过不劳而获的犯罪手段侵害他人的合法财产权益。对此,唯有通过刑法加以立法保护才能合理地协调刑民实体法之间的紧张关系,从而在财产权利的法律保护体系的完善问题上更进一步。

有的学者认为,"将一种行为规定为财产犯罪,需要考虑以下因素:(1)被害财产经济上的重要性,通过刑罚加以保护的必要性,特别是通过刑罚之外的个人、社会或者是法律手段来防止侵害是否可能;(2)被害的恢复是否可能及其困难程度;(3)通过刑法加以保护是否具有实际效果;(4)类似行为是否被规定为(或被解释为)犯罪。"①笔者认为,侵犯财产性利益的违法行为已经符合了上述要求,具备了刑法介入的理论基础,应当将其尽快加以立法完善。

2.现实基础

对于侵犯财产性利益的违法行为是否应当入罪的问题,如果从现实的角度来看,也已经具有了充分的社会基础。前文已述,就用人单位或者其他组织、个人拖欠劳动者劳动报酬的情形来看,这种违法行为已经并非属于行政或者民事救济手段所能解决的问题,而是已经达到了非常严重的社会危害程度,足以采取刑事制裁的手段加以规制。由此,本书认为对于违法行为的犯罪化问题,不应当单单看重违法行为自身的严重性与否,如果仅从这一点出发,将会大大限制刑事立法完善的作用和范围。同时更应当注意的是,它是否已经严重威胁到了稳定的社会秩序和人们的生活安定,也即是否具有一定程度的社会普遍性和引发严重后果的较大可能性。以危险驾驶罪为例,其实对此类违法行为轻则有行政手段加以处罚,重则有交通肇事罪进行惩治,为什么又要在《刑法修正案(八)》增设这一罪名呢?除了该类违法行为通过其他救济手段难以很好地被扼制的原因以外,也许更为重要的因素在于,它不仅严重地干扰了普通群众的社会生活秩序,破坏了国家的交通安全管理制度,而且在惩处不力的情况下,很有可能造成更为严重的危害后果。"机动车辆在极大地便利人民群众生产生活的同时,因违法驾驶机动车辆而引发的交通安全事故也日趋严重。其中,因酒驾、飙车等危险驾驶行为而引发的重、特大交通事故案件更是层出不穷,如 2008 年'12·14 成都交通肇事案'、2009 年'南京 6·30 特大交通肇事案'、'杭州 5·7 飙车肇事案'等案件,都引起了强烈的社会反响",②

---

① 付立庆:《论刑法介入财产权保护时的考量要点》,载《中国法学》2011 年第 6 期。

② 王志祥、敦宁:《危险驾驶行为入罪的合理性及其立法改进》,载《河南大学学报(社会科学版)》2012 年第 2 期。

这些都是促使立法机关将危险驾驶行为引入刑事范畴的重要理由。当然,对于任何一种危害行为的治理都不能过分或者仅仅依靠刑法手段,但也必须注意到刑法手段是不可缺失的、也是极为重要的一部分。

就侵犯财产性利益的违法行为而言,我们可以实践中经常发生的驾车闯关逃费的案件为例。据上海市某高速路口收费站的记载,在 2006 年两个收费口共计有 6016 辆货车以各种形式闯关,损失高速公路通行费、上海市贷款道路建设车辆通行费、高速公路通行卡费用 72 万余元;2007 年 1 月至 6 月在上述两收费口至少有 7317 辆货车闯关,损失至少 98 万余元;同时,由于“闯关”行为造成的高速公路收费设施破坏的维修费用有 7 万余元。由于违法车辆的牌照被遮挡,逃缴的费用基本无法追回,遭受的财产损失巨大,同时,这种行为严重危害国家正常的社会管理秩序和公共秩序,造成恶劣的社会影响。[①] 而且,如此严重的违法行为,却在刑法定性上一直持有争议,[②]无法对其采取合理有效又能获得一致认可的处置方式。而利用假军车牌照骗免通行费的案件在各地更是屡见不鲜,低廉的犯罪成本和高额的非法经济收益形成的显著对比促使更多的车主以身试法。最高人民法院新闻发言人孙军工曾经表示,一些犯罪分子利用假军车进行逃税、逃避缴纳过路过桥费等违法犯罪活动,据有关部门统计,仅此一项每年就给国家造成约 10 亿元的经济损失。[③] 再从侵犯债权的违法行为来看,据统计,近年来我国合同交易量只占整个经济交易量的 30％,合同履约率只有 50％左右。专家指出,这表明信用危机(债务信用)已经严重阻碍了经济活力的产生。[④] 与此相关的是,行为人通过各种非法手段欠债不还的情况下,被害人仅仅通过一般的民事手段无法获得有效的救济,进而诉诸其他的违法或者犯罪手段,以毒攻毒,从而导致更为严重的犯罪行为发生。还有的债权人采取秘密窃取或者公然以暴力、威胁手段劫走债务人的财

[①] 靳芳名:《高速公路逃费行为调查》,http://www.shjcy.gov.cn/fzjw/200806/t20080605_2558.htm,下载日期:2014 年 1 月 6 日。

[②] 参见龚晓明、刘明智:《“驾车闯关逃费”行为如何定性》,载《中国检察官》2011 年第 2 期。

[③] 杨能勇:《假军牌车每年逃费十亿元 伪造军车牌最高判刑十年》,http://www.taizhou.com.cn/news/2011—07/27/content_417486.htm,下载日期:2014 年 1 月 8 日。

[④] 李小敏:《浅析侵犯债权行为的犯罪化》,载《宁夏大学学报(社会科学版)》2004 年第 2 期。

物以作抵偿。更有甚者,有的公安、司法机关工作人员也往往会介入非法索债,利用手中权力以查办经济犯罪为名扣押债务人,进一步扰乱了债权债务关系。这些社会现象的产生,可以说多多少少都与我国现行刑法对债权的保护不力具有直接的关系。对此,我们必须引起高度重视,至少在刑法方面必须尽快完善相关的立法规定,以求更为全面地保护债权债务关系,妥善预防和解决由此引发的各种社会问题。

二、诈骗利益罪的犯罪构成

对于侵犯财产性利益的违法行为如何进行刑法规制,可能最为基本的思路仍旧是通过增设相关罪名予以严惩,使得此类违法行为在刑事惩治方面能够有法可依。只是,在具体罪名的性质归属以及行为方式的选择上仍需进一步斟酌,对此我们需要做如下三方面的判断。

(一)一般罪名还是个别罪名

违法行为的犯罪化必须首先考虑具体罪名的性质问题,也即该罪名侵犯了何种客体,应当将其纳入何种犯罪类型之列。对于侵犯财产性利益违法行为的入罪问题,这并非是毫无争议的。如果仅从财产性利益本身的研究现状出发,有的学者还是建议应当在我国刑法财产犯罪的部分增设利益犯罪,以弥补法益保护不甚周全、犯罪对象存在缺失的法律漏洞,主要借鉴日本刑法中有关的"二项犯罪"规定,来对我国刑法的相关罪名进行修改补正。① 只可惜,这些学者仅仅是概括地提出了增设利益犯罪的刑法建议,并没有进行充分的研究和论证如何增设的细节问题。与此相关的立法建议是一些学者所提出的对债权进行保护的观点,行为人通过各种非法手段抗拒履行合法有效的债务因而给债权人造成严重损失的行为,在很多国家都被作为犯罪处理。基于这种损害他人债权行为的严重社会危害性,也有学者提出了具体的立法建议,包括

---

① 刘明祥:《论侵害财产罪的对象》,载《法律科学》1999 年第 6 期;南明法、郭宏伟:《以借据为侵害对象的犯罪行为定性研究》,载《中国刑事法杂志》2003 年第 4 期;刘晖:《侵犯财产罪犯罪对象的演变及发展——以网络虚拟财产为视角》,载《山西省政法管理干部学院学报》2009 年第 3 期;童伟华:《财产罪基础理论研究——财产罪的法益及其展开》,法律出版社 2012 年版,第 108 页。

在侵占罪之后增加欠债不还罪,①或者是增加逃避债务罪,②有的学者在修改第五章的类罪名为"侵犯财产权利罪"的基础之上,提出了一系列的保护债权的立法建议,包括损害债权罪、故意破产罪、过失破产罪、偏袒部分债权人罪等等。③ 还有的学者从行为人的角度出发设立了拒不偿还债务罪和干扰履行债务罪来对债权加以保护。④ 这些实际上也都是以保护刑法中的财产性利益为对象的立法建议,只不过其行为方式与传统的财产犯罪有较大区别,并非是盗窃、抢劫等积极的手段,而只是消极的逃避行为。尽管上述观点在罪名设置上有所不同,但就罪名的性质归属问题上却基本持相同的意见,都认为损害债权的行为应当被纳入财产犯罪的章节,作为刑法对包括债权在内的财产权利进行全面保护的一大举措。不过,也有学者对特定侵犯财产性利益的违法行为进行犯罪化思考之时,并没有将其纳入到财产犯罪的范畴之内,而是将其定位在刑法分则第三章第八节扰乱市场秩序罪的强迫交易罪之后,并建议将骗取劳务、服务罪规定为:"以骗取劳务、服务为目的,对交通运输劳务或者电信、医疗、保健和餐饮、旅馆服务,不支付对价数额较大的,处 2 年以下有期徒刑或者拘役,并处或者单处罚金"。⑤ 这也是具有代表性的观点之一。

笔者赞同将侵犯财产性利益的违法行为纳入财产犯罪的类型当中。债权作为财产权的重要组成部分,是现行刑法保护缺失的重要一环。尽管从财产类型的性质而言,它与物权仍然具有较大的区别,但是这种区别尚不足以将其与财产犯罪分割开来。无形财产之所以从财产犯罪当中分离出去,在于它所保护的法益往往具有一定程度的复杂性,财产法益作为其中之一种所占比重常常居于次要地位,行为人虽以获取经济利益为最终目的,行为手段却侵犯了国家对于特定行业、领域的监督管理制度,严重破坏了其正常的运行秩序,从

① 谢慧:《论债权的刑法保护——欠债不还可以构成犯罪》,载《宁夏党校学报》2008 年第 6 期。

② 李小敏:《浅析侵犯债权行为的犯罪化》,载《宁夏大学学报(社会科学版)》2004 年第 2 期。

③ 孙明先:《加大我国刑法对于债权保护力度的思考》,载《同济大学学报(社会科学版)》2001 年第 6 期。

④ 刘华、陈乃蔚:《关于完善财产犯罪立法的构想与论证》,载《社会科学》1997 年第 1 期。

⑤ 崔文杰、周恩深:《关于对骗逃铁路运费行为性质的探析——兼谈刑事司法及立法对策》,载《检察实践》2003 年第 6 期。

而使得单纯的财产法益的保护不再是主要的考虑对象,因此对于侵犯无形财产的违法行为不宜作为一般的财产犯罪处理。而侵犯财产性利益的违法行为却不同于上述情形,就目前与财产性利益有关的违法行为发生领域来看,尽管笔者尚无法对此类行为加以类型化的处理,其形式特征的共同性也是非常不明显,但就司法实践中经常发生的具体案例来看,行为人所使用的非法手段莫过于盗窃、抢劫、诈骗、侵占等传统方法,基本上占据了此类违法行为的大多数情形,并未在此一方面发生实质性的变革,这样一来,也就无法产生比财产法益更为重要的法益类型需要我们加以特殊保护,自然只需考虑财产犯罪的选择就可以了。

但是,就具体罪名的选择问题上,笔者主张放弃侵害债权罪的考虑,原因有三:第一,目前我国尚无制定具备完整体系的《中华人民共和国债权法》,也就是说,关于债权的规定仍然处于民事立法的初级阶段,既然在民法范围内如何界定债权的内容尚处于理论探讨的层面,刑法贸然规定损害债权的犯罪有越俎代庖之嫌。尽管就刑法与民法的关系而言,笔者主张刑法的独立性大于其依附性,但这种独立性也是有限的、相对的,尤其在涉及财产权的基本问题上,如果民事立法尚无明确规定,刑法更宜采取一种观望的态度,待民法就该问题能够在立法上得出初步结论以后,再做规制未尝不可。第二,尽管刑法中的财产性利益与民法中的债权具有非常紧密的关系,但本书仍不主张建立两者之间的绝对对应关系。从前文对财产性利益的内涵界定来看,还只是从两者的共同内容指向作为存在关系的连接点,以具有经济利益的给付行为来描述刑法中的“债权”概念。这种界定方式既是出于对第一点理由的充分考虑,也是注重了刑法倾向于对违法行为具体的、现实的特征的把握和反映的立法理念。第三,基于对立法效率性的考虑,笔者主张尽可能选择一般性的罪名对侵犯财产性利益的违法行为进行规制,也即先行设立普通罪名,经过实践检验之后,再考虑于此基础之上设立相关的特殊罪名。对于损害债权的罪名而言,尽管考虑到了行为人通过非法手段拒不履行债务的行为,但没有考虑到在很多情况下,行为人同样以非法手段使他人承担一定债务的情形,这同样是获取财产性利益的重要方式。如果将两者割裂开来分别加以规定,可能后一种情况的罪名设计、构成要件的选择上都会产生一定的立法困境。而且,上述立法建议当中,有些违法类型并不具有财产犯罪的特定属性,往往是发生在经济领域当中的一些犯罪行为,将其规定在第三章当中更为妥帖。因此,笔者主张就侵犯财产性利益的违法行为还是从财产犯罪的角度出发,设立一般罪名作为保护财产性利益的主导,这是目前阶段应该优先考虑的问题。

从这一点出发,对于在经济犯罪当中规定骗取劳务、服务罪的立法建议笔者亦持否定的态度,原因并非是该项立法建议不合理或者不必要,而是我们应当首先看到这些犯罪的根本属性和内在本质,不应当就具体的问题做"头痛医头、脚痛医脚"的修修补补,而是站在刑法全局的高度看待如何保护财产性利益这一问题。关于拒不支付劳动报酬罪已经为我们开了一个不太好的先例,更不能在这样的立法路径上越走越远。因此,就目前诸多立法选择来看,直接规定利益犯罪的想法仍然是最为可取的,如果能够在此方面取得立法上的重大突破,将会对财产权利的刑法保护产生极为关键的意义。

(二)行为方式的具体确定

确定了利益犯罪的基本立法思路之后,我们需要全面考虑欲增设罪名的犯罪构成诸要件的具体内容。只不过其中最为关键的一环是犯罪客观方面的选择。因为就犯罪客体而言,作为财产犯罪的利益犯罪自然仍是保护的财产所有权[①];犯罪对象就更为明确,主要是针对财产性利益而实施;主观方面应为故意,因为财产犯罪往往以非法占有为目的,所以过失不能构成此类犯罪;犯罪主体可以由自然人构成,但暂时不宜考虑单位犯罪的内容,一方面是因为财产犯罪多为自然犯罪,不以违反相关法律规定为前提,主要是基于行为手段的违法行为而设的,单位犯罪多不适于这种类型的犯罪,另一方面在单位是否能够构成财产犯罪的立法态度上仍然不甚明朗,大多数学者往往抱有谨慎或者怀疑的态度来看待这一问题,即便是个别罪名(拒不支付劳动报酬罪)已有先例,但就利益犯罪的普通罪名也是不应提倡的。如此一来,我们需要考虑的犯罪构成要件就只有客观方面了,那么,如何在诸多的行为方式当中总结规定利益犯罪的客观方面呢? 这仍然需要我们详加讨论。

从利益犯罪的发生特征以及专家学者们的相关研究来看,对于抢劫、盗窃、诈骗、侵占利益的行为都有所涉及,尽管是否成立相关犯罪尚有争议,成立的理由也是不尽相同,但至少已经表明在上述手段是否可以作为侵犯财产性利益的行为方式问题上已经得到了实践的部分认可。而且,更为一致的观点

---

① 对于财产犯罪的犯罪客体问题仍有争议,但这并不是本书讨论的重点问题,因为该罪名的设立并不会要求以特定的学说或者观点为基础。

是,侵犯财产性利益所运用的抢劫、盗窃、诈骗等手段与一般的财物犯罪并无区别,除了犯罪对象及既遂标准稍有差异之外,没有必要做细致的区分。前文已述,尽管侵财犯罪自古有之,且最为常见,但犯罪分子所采用的手段方式无非就是偷拐抢骗而已,即便是科技如此发达的现代社会,也没有从根本上动摇这些犯罪手段的主导地位。既然如此,就财产性利益的立法完善来说,也是应当从这些犯罪的方式选择上入手,以一定的标准或者原则来确定利益犯罪的具体罪名。

目前为止,笔者认为社会危害性理论仍是犯罪化与犯罪化的根本标准。"对立法者来说,不仅应通过社会危害性的判断,确保刑法所打击的行为都是具有严重社会危害性的行为,同样,也应根据政治、经济、文化等因素判断行为的社会危害性,考察行为应受处罚的程度,及时体现在刑法的立、改、废中,确保刑法保护社会与保障自由双重机能的发挥。"[①]具体违法行为是否具有严重的社会危害性应当从行为后果的严重性、主观恶性的确定性和社会危害的普遍性这三个角度来考虑:首先,就财产犯罪而言,行为后果的严重性主要体现在财产损失的具体数额上,在这一点上,无论是抢劫、盗窃还是诈骗都不具有实质性的区别,因为采取上述何种方式都有可能给被害人带来巨大的经济损失。也就是说,手段的区别并不能够直接影响结果的大小。当然,从抢劫本身的性质来看,除了侵犯被害人的财产权益之外,还以威胁到其人身权利作为成立犯罪之必要,如果考虑到这一方面,应当优先考虑抢劫利益行为的入罪问题,而不能绕过抢劫的行为方式选择盗窃或者诈骗利益。其次,主观恶性的确定性是指行为人在实施违法行为之时,是否明确意识到该行为具有法律评价的负面意义。从法的统一性角度出发,刑法之违法性只不过是违反其他法律的最极端形式而已,任何不能被其他法律加以严惩的违法行为都应当成为刑法的规制对象。行为人对于侵犯财产性利益的违法行为必须具有上述认识才应当被加以犯罪化处理,否则,如果行为人基于合同纠纷、缴费分歧等其他认识才导致他人的财产性利益受损,则不宜作为犯罪处理。这种确定性的认识也即刑法上所说的故意,行为人在意图侵犯他人财产性利益之时不仅明确认识到自己没有该项权利,而且具有非法获取财产上之不法的经济利益的企图。

---

① 童伟华、武良军:《刑法中社会危害性概念的机能分析》,载《时代法学》2011年第4期。

因此,在这一点上,各种行为方式之间的差异也不甚明显。最后,从社会危害的普遍性来看,刑事立法不可能针对个别案件轻易启动立法程序以至于发生变化。"法律不理会琐细之事",其中的含义就包括对于极为罕见的行为,即使法益侵害较为严重,也没有必要规定为犯罪。因为法律是普遍适用的规范,法律针对最常见的情形而制定;对于更容易实施的行为法律更严格地禁止,所以,立法者不尊重稀罕之事,不得以稀罕之事制定法律。① 从这一点来看,就目前实践中经常发生的以及学者们讨论和认可较多的行为方式当属诈骗,其明显要多于抢劫或者盗窃财产性利益发生的情形,比如上文所说的骗免养路费的情形、骗购经适房的案件等等都非常具有代表性,已经成为了社会热议的话题,且产生了较大的影响性。反之,盗窃、抢劫利益的行为虽然也是时有发生,却难以称得上具有普遍性的特征,对其直接动用刑罚加以惩治既无必要,也有违刑法的谦抑性原则。而且诈骗从其本身的行为性质上也是更为广泛地适用于各种利益犯罪的情形,一些国家和地区的刑法规定也证明了这一点。因此,笔者认为,抢劫利益或者盗窃利益的情形尚不满足可以入罪的要求,如果从立法尝试的角度考虑,也许优先选择诈骗利益罪是比较稳妥的。

(三)利益诈骗罪的刑罚设置

作为一项完整的刑事法律规范,除了构成要件也即行为模式的描述之外,另外一部分也就是法律后果,即法定刑的设置。既然作为二项犯罪,在刑罚设置上就存在着两种选择:其一,参照日本刑法和我国台湾地区刑法的相关规定,将诈骗财产性利益的行为与诈骗罪同等看待,规定相同的法定刑种类和幅度;其二,就是将侵犯财产性利益的诈骗犯罪与传统的以财物为对象的诈骗犯罪区别对待,根据其不同的财产形式和造成的不同危害后果具体决定刑罚的内容如何。基于本书的立场,笔者认为财物和财产性利益是两种不同的财产类型,无论是对于行为人来说,还是对于被害人,它们所造成的影响应当是有所不同的,至于是何种不同则须具体分析。

财产性利益的基本特点是必须具有经济价值,即可以货币衡量,这是财产区别于其他事物的重要点,也是其可以为财产的基石。② 从这一本质性的特征来看,财产性利益和财物在本质上是相通的,一万元的现金是财产,一万元

---

① 张明楷:《刑法格言的展开》,北京大学出版社 2013 年第 3 版,第 173 页。
② 张爱晓、黄福涛:《财产性利益抢劫罪对象化研究》,载《理论界》2010 年第 4 期。

的债权也是财产,而财产性利益与后者的不同之处在于,前者是一种可以期待的、有可能实现的财产形式,而后者则是现实的、直接能够满足人们各种需要的物质客体。前文所述,财物是人类财产的初级形式,也是终极的目标,只有各种物质客体才能够真正满足人类的生存以及发展需要,财产性利益只具有间接价值,而人们之所以仍然将其与财物同等看待、同等保护,就在于它具备了转化为财物的较大可能性。这种价值的实现间接性是财物和财产性利益的重大区别,也是本书不同意将财产性利益解释为财物的重要理由。同时,从这种价值的实现间接性来看,财产性利益的实际价值以及能够为人们所接受的心理价值都要低于财物,如果将一万元的现金和一万元的债权放在一起供人选择,无疑前者将是优先的选项。

我们再以"天价过路费案"为例,该案初次受到关注就是源于巨额的过路费和罚款金额,当行为人被判以无期徒刑之后,立即引发了社会舆论的广泛关注。当时,根据诈骗罪相关的司法解释规定,数额特别巨大的标准是 20 万元,倘若剔除备受质疑的罚款部分,行为人一共骗免养路费达 70 余万元,按照无期徒刑定罪也是罪刑相当的。但为什么人们还是觉得有些量刑过重呢?原因就在于,行为人尽管获取了财产性利益是 70 余万元,这并不代表他已经实际占有了相同数额的财物,两者无法相提并论。而诈骗罪的量刑标准恰恰是以行为人已经实际占有或者取得相应价值的财物为依据的,这样一来,量刑的不均衡便彻底暴露出来了。当然,这里的问题并不仅仅在于犯罪对象的性质不同,量刑标准的滞后性也是一方面的因素。"在实践操作中,司法机关大多将数额特别巨大的标准定为 200 万元,作为十年以上有期徒刑的起刑点,而不是以十多年前的 20 万元作为标准。"①2011 年 4 月,最高人民法院、最高人民检察院发布了《关于办理诈骗刑事案件具体应用法律若干问题的解释》,该《解释》将诈骗最低入罪门槛由原来的 2000 元提高至 3000 元。其中规定,诈骗公私财物价值 3000 元至 1 万元以上、3 万元至 10 万元上、50 万元以上的,应当分别认定为刑法规定的"数额较大""数额巨大""数额特别巨大"。各地可以结合本地区经济社会发展状况,在上述规定的数额幅度内,研究确定本地区执行的具体数额标准。这种调整是与现实社会的经济发展方向基本相适应的,在

---

① 李森:《"天价过路费"案的定罪量刑分析》,载《天水师范学院学报》2011 年第 4 期。

一定程度上控制了犯罪圈的不当扩大,实现了刑法的谦抑性。只不过,对于诈骗财产性利益的犯罪行为我们还是必须加以区别对待,从目前的研究现状来看,我们即便不能将财产性利益与财物之间进行科学的换算,也应当在立法时突出两种财产形式的不同价值。对于财产犯罪的数额问题,我们试图以绝对量化的方式控制罪刑不均衡的现象的努力并非是成功的,对于千变万化的财产犯罪,也许考虑交由法官"具体问题具体分析"更能做到罪刑均衡。就诈骗利益罪的法定刑来说,作为一种尝试,简单的倾向性规定也许比复杂的求全求细更为可取,也就是说,按照诈骗财物罪的法定刑标准适当地加以量刑上的从轻考虑应当是比较合理的选择。

综上所述,笔者认为应当在我国刑法第 266 条之后规定:"以前款规定的方法取得财产上之非法利益的,依照上述规定从轻处罚。"

无体物的刑法保护边界

第一节　无体物之理论溯源

一、民法中的无体物

无体物并非是刑法特有的概念,甚至也不是刑法理论最初提出的概念,对无体物的概念进行追根溯源,仍然要从民法理论和民事立法的发展历程开始。

(一)物与财产的关系

随着私有制的产生和发展,原始社会的各项制度逐步走向瓦解和崩溃,阶级、国家、法等概念伴随着社会组织的建立而得到了普遍性的接受。人类第一次开始从紧密的、小范围的群体性组织走向了疏松的、大规模的社会组织,个人尽管仍然依附于群体而存在,但对于社会这样的群体组织来说,特定个人已经具备了独立的生存和发展的能力,其严重的依附性基本上已经荡然无存。原始社会的状态下,个人不需要拥有特定的生产资料,所有的工具属于集体共同所有,生产活动也是由群体组织实施,个人离开群体是无法生存的。而进入文明社会之后,生产工具得到了进一步的发展,人类的智力、体能等客观条件也进入了新的历史时期,从而为个人摆脱群体的束缚创造了充足的基础,个人的独立性和重要性渐渐得到了彰显。

在私有制的社会当中,剔除个人作为财产被其他人所拥有的特定情形以外,若想具有独立的社会地位,其最为明显的特征和最为基本的条件就是占有财产,这是私有制度的首要价值。"财产观念在人类的心灵中是慢慢形成的,它在漫长的岁月中一直处于初萌的薄弱状态。……对财产的欲望超乎其他一切欲望之上，这就是文明伊始的标志。"①我们也可以这样认为，由此形成的"财产制度基本形成了一个社会"。②但是，占有财产的终极意义并不在于数量的多寡，而是在于这些财产能够被占有主体任意的支配，同时，未经占有主体的同意或默许，任何相对人也不能侵犯其财产。在此意义之上，财产已经由一种行为客体或者说对象变成了特定的权利类型，从而有的学者会这样认为，"现在经常被称为'财产'的东西，最先就是人类意志的产物。"③尤其表现在与财产权相关的法律制度上，与其说财产是一种人与物之间的关系，不如说财产是特定的人与人之间的关系。古典制度经济学家麦克劳德就曾经指出：财产这个名词的真正和原来的意义不是指物质的东西，而是指使用和处理一件东西的绝对权利。财产的真正含义完全是指一种权利、利益或所有权。④

既然财产与财产权具有相同的内涵，那么财产作为一种权利形态的具体客体又是什么呢？关于这一问题的回答，我们必须从最初的财产形态说起。自私有制度确立财产权利开始，尤其在古代社会生产力条件较为落后的时代，人类所能掌握的主要财产形式就是物。"物之所以构成一种独立的财产种类，本质上是因为物的价值基础是其物理形态。物的物理形态是自然界赋予的，不以人的意志为转移。人类可以通过对自然物物理属性的发现来确定作为主体的人和作为客体的物之间的关系模式，也可以通过改造自然物的物理形态来达到控制和利用自然物的目的。"⑤人类可以离开其他种类的财产形式而继续生存，但没有了自然意义的物，人类就不可能维持其生命存在。这种根本性的价值需要决定了人类最初的占有对象自然是以物为主体的，相对应的是，物也由此成为了财产的基本表现形态。因此，从根本上来说物应当是财产权利的客体指向，前者是一种具体的财产形式，财产则是一个更为抽象的、形式化

① ［美］路易斯·亨利·摩尔根：《古代社会》（上册），杨东莼等译，商务印书馆 1977 年版，第 9～11 页。

② Edward Hettinger, Justifying Intellectual Property, 1 Philosophical & Public Affairs 18（1989）.

③ ［荷］格劳秀斯：《战争与和平法》，A. C. 坎贝尔英译，何勤华等译，上海人民出版社 2005 年版，第 33 页。

④ ［美］康芒斯：《制度经济学》（下），于树生译，商务印书馆 1962 年版，第 19 页。

⑤ 刘少军、王一轲：《货币财产（权）论》，中国政法大学出版社 2009 年版，第 31 页。

的概念。"在代表财富的符号发明之前,财富仅仅指土地和牲畜,这是人们拥有的唯一真正的财产"[①],只不过随着社会的进一步发展,财产的形式逐渐走向多元化和复杂化,物的概念是否能够继续全面代表财产的权利客体已经产生了疑问,而且,这种疑问被证实也并非是近代社会才发生的事情,早在古罗马时期的奴隶社会,物的说法就已经不再仅仅指代物理意义上的财产客体了。

关于物与财产的两个概念之间的关系问题,我国有学者总结道:(1)自罗马法以降,作为权利客体的"物"在各国民法中被赋予多重含义:狭义的物指物权的客体,即有体物;广义的物指支配权或利用权的客体,包括有体物和无体物(精神创造物);最广义的物指作为处分权的客体或交易客体的权利,包括对有体物、无体物的支配权或利用权以及各种债权。(2)"财产"一词通常用以表述一般的权利客体,即"某人合法拥有之物",其内涵与最广义的"物"相当,既包括有体物和无体物,也包括权利。(3)在采取财产法二元结构的大陆法系国家,立法上出于维护物权制度内部逻辑自足的需要而对"物"作出了狭义界定,对财产仅有学理解释;而其他国家则以"财产"为立足点,构建包括物权制度在内的财产支配和利用制度。[②] 其中,对于最广义的"物"与财产的含义相同的论点仍然是民法理论当中的认识误区之一,而导致这一结论不能自圆其说的关键要素就是无体物的理论存在。[③] 当然,作为存在历史最为久远的特殊的"物",无体物基本上代表了自古代以来的财产形式发展的主要趋势,也是民法理论研究的重要课题。

(二)概念的诞生与发展

无体物概念的诞生与财产形式的变化具有异常密切的关系,这一关系的呈现起始于古罗马时期的法学研究当中。财产的概念尽管在私有制社会中占据重要地位,但如何定义这一概念却始终未能得到妥善解决。就古代罗马法而言,有学者指出:"罗马法明定财产是在法律限度内对于一个事物的使用权和滥用权。"但专业的罗马法学家都了解这一事实,在他们的主要研究文本《民法大全》(*Corpus Iuris Civilis*)当中,并没有一个关于财产的定义。不仅罗马

---

① [法]卢梭:《论人类不平等的起源》,高修娟译,上海三联书店 2009 年版,第 59 页。

② 温世扬:《财产支配权论要》,载《中国法学》2005 年第 5 期。

③ 马俊驹、梅夏英:《财产权制度的历史评析和现实思考》,载《中国社会科学》1999 年第 1 期。

法著作中没有文本给出财产一个定义,而且寻求这样的一个文本也是不得要领,因为罗马人根本没有财产权概念。[①] 但是,罗马法对物(res)的概念却尝试着进行了解读,认为物是指"外部世界的某一有限部分,它在社会意识中是孤立的并被视为一个自在的经济实体"。[②] 法律上的物的概念其实就是指的财物,古罗马法中的物则包括现代民法中的物权、债权和继承权。[③] 罗马法对物的分类方式可谓是种类繁多,标准不一,但其中最为重要的一种就是将物分为有体物(res corporals)和无体物(res incorporals)。

最早提出这种分类方法的是古罗马著名法学家盖尤斯。他指出有体物是具有实体的存在,且可通过感觉加以认知的物体,如土地、牲畜、奴隶等等;无体物则是指没有实体的存在而是由人们拟制的物,也就是权利,如债权、地役权、用益权等等。这种分类方式在法律上的重要意义在于,无体物不能通过占有的方式加以取得,因为占有的实质条件是对物的实际持有,只有有体物才能够满足这一点,也即无体物既不能以时效的方式取得,也不能以让渡的方式来转让。[④] 由此来看,无体物概念的产生实际上是基于物的内涵的有限性,对于不同于有体物的权利财产形式,一方面我们必须对其进行法律规制,因为这些权利形式是极为重要的财产内容,甚至在古代社会就已经远远超过了有体物的重要性;而另一方面在立法上惯于使用的物的概念大大限制了抽象的权利作为财产客体的可能性,从而使得财产权利的保护出现了明显的不足之处,亟须完善。这种现实的需求随着社会的发展越来越紧迫,最先的突破终于在理论研究领域得以发生,无体物的概念第一次对物的内涵做出了调整,承认了非实体存在作为物权客体的合理性。物的范围不断扩大与财产范围的积极拓展紧密相关,但物的概念是否能够承载源源不断的新型财产形式一直都是值得怀疑的问题。

西欧封建社会基本沿袭了古代罗马法的物与财产概念。在这一较长的时

---

① 文中的学者是指皮埃尔—约瑟夫·蒲鲁东,他在 1840 年出版了《什么是财产?》一书。参见[英]彼得·甘西:《反思财产——从古代到革命时代》,陈高华译,北京大学出版社 2011 年版,第 200~203 页。

② [意]彼得罗·彭梵得:《罗马法教科书》,黄风译,中国政法大学出版社 1992 年版,第 185 页。

③ 周枏:《罗马法原论》(上册),商务印书馆 1994 年版,第 277 页。

④ 参见[英]巴里·尼古拉斯:《罗马法概论》,黄风译,法律出版社 2000 年版,第 110 页。

期内,由于生产力并未获得较大的提高,科学技术的进步没有产生根本性的变革,因此财产的形式相比于古罗马时期并未出现明显的扩张。只是在资本主义商品经济发展起来以后,股票、债券等有价证券以及知识产品的大量出现,才使得财产形式发生了突飞猛进的变化。这一趋势在大陆各国的财产立法当中都得到了或多或少的体现,只不过关于物的分类问题仍是以动产和不动产为主,有些无体物则作为动产来加以看待,例如 1804 年《法国民法典》第 529条规定:"以请求偿还到期款项或动产之目的之债权及诉权,金融商业或产业公司的股份或持份……均依法律规定为动产。"①但是该民法典在形式上回避了有体物和无体物的分类,只不过其使用的"财产"概念是以有体物作为基础进行定义的,至于无体物则有的归入动产,也有的作为不动产处理。② 1896 年德国民法第 90 条则明确规定:"本法所称之物,仅指有体物。"该条文的宗旨在于给物下一个确定的定义,规定了物的种类,即该法所说的物并非所有的"物"或者说一切物,仅指有体物,不包括无体物在内。《日本民法典》受到了《德国民法典》和《法国民法典》的双重影响,旧民法财产编曾直接规定"物有有体物和无体物之分",无体物主要包括权利、现代意义上的知识财产、继承开始时的遗产、解散中的公司等等。但新的《日本民法典》关于物的概念采取了和德国一样的规定,即第 85 条规定:"本法所谓物是指有体物"。③ 无体物的概念之所以一直没有得到立法的认可,主要源于大陆法系的物权与债权二元结构的立法惯例,许多无体物的内容多被规定在债权部分,从而排除了使用无体物这一理论定义有可能造成的诸多缺陷。但是有体物概念在民事立法上的延续,从另一角度也说明了这种分类标准依然得到了大陆法系民法理论的认可。由于不同的立法习惯,英美法系中并没有与大陆法系相互对应的"物""动产"或者"不动产"这些术语,这些国家大多以《财产法》规制相关内容,尽管对不动产

---

① 马俊驹、梅夏英:《财产权制度的历史评析和现实思考》,载《中国社会科学》1999 年第1 期。

② 李国强:《时代变迁与物权客体的重新界定》,载《北京师范大学学报(社会科学版)》2011 年第 1 期。

③ 李国强:《时代变迁与物权客体的重新界定》,载《北京师范大学学报(社会科学版)》2011 年第 1 期。

之上的或者动产以外的财产权利也视之为无体,但无体物的习惯却是无从产生。[1]

盖尤斯所创立的无体物概念对于后世民法典的制定可谓是影响深远,奥地利民法典(第 291 条、第 292 条)和智利的民法典(第 575 条、第 576 条)都直接采用了无体物的概念,法国民法典也存在"无体财产"(第 526 条、第 529 条)的说法。但影响更为久远的却是在理论研究方面,为了维护物权概念在民事立法当中的主体地位,从客体统一性的角度描述财产的基本属性,无体物可以说是做出了不可磨灭的理论贡献。但是,即使在罗马法时期,也只是在有体物的范畴内解决了所有权及其他财产权利的法律问题。尽管存在无体物的概念,所有权的客体还是主要限于有体物,债权等只是作为例外的"物"而存在。[2]"实际上,一旦从权利的角度对法律进行思考是不需要运用盖尤斯的无体物概念的,因为盖尤斯正是在没有权利概念的前提下才创设出此概念来,而这两种思维方式是相互冲突的。"[3]正因如此,例如非常典型的债权、他物权、继承权等等无体物逐渐地走出了所有权的视野,通过不断的分解和重构彻底架空了无体物本身,只剩下无体物的观念孑然存在。我们必须承认,现代民法从无体物的理论研究中汲取的"营养"是非常有限的,尽管这一概念存在的时间已近两千年,但就其内涵从未明晰这一点来看,也许权利真的不能作为物来看待,它永远只是一种思考方式罢了。[4]

(三)国内的研究现状

我国台湾地区的民法规定未对"物"的概念作出说明,理论上的通说认为系除人的身体以外,凡能为人力所支配,具有独立性,能满足人类社会生活所需要的有体物和自然力。物可分为不动产和动产。称不动产者,谓土地及其定着物(第 66 条第 1 项);动产系指不动产以外之物(第 67 条),例如珠宝、图

---

[1] 吴一鸣:《英美物权法——一个体系的发现》,上海人民出版社 2011 年版,第 19~28 页。

[2] 马俊驹、梅夏英:《财产权制度的历史评析和现实思考》,载《中国社会科学》1999 年第 1 期。

[3] 方新军:《盖尤斯无体物概念的建构与分解》,载《法学研究》2006 年第 4 期。

[4] Bennardo Windscheid, Dritto delle Pandette, Volume Primo, Dagli avvocati Carlo Fadda, Paolo Emilio Bensa, Torino, 1902, p. 204. 转引自方新军:《盖尤斯无体物概念的建构与分解》,载《法学研究》2006 年第 4 期。

书、汽车等等。① 由于台湾地区"民法"也是沿承了大陆法系物、债两分的二元结构，所以至少在民事立法方面，并无无体物概念的存在余地。不过，在理论研究中诸多学者对于物的概念却是定义不一，有的也包括了无体物的内容。例如洪逊欣教授在其《中国民法总则》第 202 页中所述：物乃指除人之身体外，凡能为人类排他的支配之对象，且独立能使人类满足其社会生活之需要者，不论其系有体物与无体物皆为法律上之物。但多数学者仍然物之概念特指有体物，权利等系无体物，并不包括在内。至于固体、液体及气体，其他如电气及其他之自然力，能为吾人所控制而足为人生活之资料者，无不可称之物。洪逊欣先生所谓无体物，也并非指"权利"，而是说电、光、热等，凡人类能予支配之自然力，虽无一定形体，也属法律上之物。② 由此可见，即便台湾学者对"物必有体"做了些扩张解释，指出物包括能够支配的自然力，但仍没有阐明他物权的客体可为权利。也就是说，这种物的扩张是基于现代社会人类可利用之物外延已经发生变化的理论反映，并非是对罗马法有体物和无体物的传统分类的继承性研究。

祖国大陆法学界对于无体物的民法研究主要集中在以下几个方面：第一，将无体物与无形财产不加区分，通过研究无体物与知识产权的关系问题，来认可知识产权以及其他种类的无形财产的权利基础。③ 这种理论研究的趋势之所以产生是因为传统的债权、他物权等无体物内容已经与物权概念逐渐的剥离开来，不宜将其作为相同属性财产权利再继续进行探讨，但无体物概念的理论意义仍然还在，这种意义对于解释当今社会产生的诸多新型的财产权利具有积极作用，例如知识财产、虚拟财产等等。从现有的研究角度来看，上述财产形式与物权的关系更为"亲近"，如何对其进行法律规制甚至将其逐步纳入法律规制的范畴，无体物的理论又有了新的用武之地。只可惜的是，无体物和无形财产的概念并非没有区分的必要，正如"物即财产"的结论也难以令人信服一样。将知识产权、虚拟财产等列入无形财产的概念似乎更为妥当，而且就知识产权现有的立法体系来看，也并非必须借助物权理论才能立足，也许无体

① 王泽鉴：《民法物权》，北京大学出版社 2009 年版，第 40 页。
② 林艳琴：《对民法"物"的再认识》，载《学术交流》2003 年第 1 期。
③ 参见杨建斌：《论无体物权与知识产权的关系》，载《求是学刊》2006 年第 6 期；吴汉东：《罗马法的"无体物"理论与知识产权制度的学理基础》，载《江西社会科学》2005 年第 7 期；邓佑文，李长江：《"虚拟财产"的物权保护》，载《社会科学家》2003 年第 3 期。

物在此方面的表现仍然不过是昙花一现罢了。第二，以将无体物等财产客体纳入物权法的调整范围为目的，对《物权法》的物的概念提出修改建议。例如有学者建议物的定义应为："法律意义上的物，是指特定民事主体直接支配的，有一定经济价值的特定客体。"[①]也有学者通过解释现行《物权法》第 2 条的具体规定，指出不仅有体物和无体物属于物的范围，一些仅仅是观念上的物也可以成为物权客体。他认为，法律上的物应等同于财产的概念，是指具有稀缺性，能为主体带来一定利益，并为主体所支配、具有转让价值的一切财产（或资源）。[②] 这种观点实际上仍然延续了"物即财产"的立法观念，希望调整物的概念来跟随财产变化发展的"脚步"，但笔者并不赞同这种过于将立法用语任意扩大化的做法，尽管法律术语可以和日常用语有所不同，但是这种不同并不是刻意为之的，而是以一定的立法目的做了限缩或者扩张，而物的概念在现有的立法中可以说已经被扩张到了外延的边界，不宜再次进行有目的的改变。况且，大陆法系国家的民法已经普遍接受了将物限于有体物的范围之内，对于特殊的财产类型只需特殊对待即可，并无必要全部统一在物的概念之下。第三，从作用的有限性角度出发，主张应当彻底抛弃有体物和无体物的分类方式。因为这种分类方式既对权利人利用客体没有影响，又容易造成将权利作为物权客体的困惑，反而使物权客体的范围受限，使一些本应由物权法来调整的客体被排除在物权法的调整之外。[③] 这种观点尽管没有形成太大的影响，至少从现实的角度出发是比较合理的。现如今，哪些财产属于无体物已经形成了众说纷纭的局面，实际上就连无体物的概念也是没有一个非常明确的观点。在民法理论中，无体物的概念价值在我国始终没有挣脱止于分类研究的命运，立法宁愿选择规定无体物具体类型的特别条款，也不愿尝试对其进行全面说明，这可能已经是无体物所能发挥作用的极限了。

综合来看，民法理论中的无体物主要在三个意义上使用：一是指能源、热、光等自然力，二是指财产权利，三是指知识产品。[④] 可是三者之间的关系却是

① 卢志刚：《广义物概念的法典化》，载《中国社会科学院研究生院学报》2011 年第 6 期。
② 杨百胜：《〈物权法〉中"物"的含义解析》，载《湖北社会科学》2007 年第 4 期。
③ 闫夏育、李占国：《有体物与无体物分类质疑》，载《河南公安高等专科学校学报》2008 年第 6 期；夏杰：《论物权的客体》，载《广东社会科学》2009 年第 6 期。
④ 温世扬：《财产支配权论要》，载《中国法学》2005 年第 3 期。

非常模糊,没有学者对无体物和无形财产为何被混为一谈进行过解释,更没有学者对于无体物的具体所指做出令人信服的说明和论证。实际上,就目前的研究现状来看,无体物存在的意义也只不过是为了说明哪些财产属于有体物而已,但实际上这种说明不是必要的。正如有学者所论述的一般,无体物的概念似乎让所有权变成了一个黑洞,除了所有权以外的其他权利都被所有权吸附,成为了所有权的客体。这样所有权与他物权、物权与债权之间的区别都不复存在。而上述区分是近代民法典建构自己体系的必要前提。《德国民法典》第 90 条明确规定:"法律意义上的物,是有体的客体。"从此开始,大陆法系的物彻底抛弃了无体物的概念。[①]

二、刑法中的无体物

刑法中的无体物是否借用于民法的相同概念并无从得知,但它的产生却远远晚于民法中的无体物是毋庸置疑的,而且,就目前国内外的相关理论研究现状来看,刑法中的无体物至少在内涵上是比较清晰的。

(一)国外研究概述

大陆法系的财产法理论既然以物作为权利客体,财产犯罪自然也是以财物作为主要的行为对象,且传统的刑法理论一直将财物解释为有体物,这也与民事立法的有关规定相呼应。但近代以来,随着电力等各种能源得到普遍的推广和应用,针对这些无体能源实施的违法行为在各个国家也是经常发生,从上述行为的本质来看,它与以往的财产犯罪并无质的区别,只是在行为对象上产生了较大的差异,于是有关电力等无体能源是否可以作为财产犯罪对象的争议也就产生了。

对于针对电力等能源的犯罪争议的焦点集中在是否可以按照盗窃罪处理的问题上。法国和日本的审判实践曾就财物进行了扩大解释,将电力包括进来,窃电行为也就属于盗窃罪。但同一时期的德国却认为电力不属于财物,扩大解释有违罪刑法定主义,窃电的行为也不构成犯罪。只是在后来明确规定了盗窃电力的犯罪以后,才改变了原来的看法。现在,虽然有些国家将电力明确规定为财物,例如日本刑法的第 245 条,但除了电力以外的其他能源是否属

---

① 赵怡然:《权利体系的形成与无体物概念的分解》,载《企业导报》2013 年第 3 期。

于财物仍是问题。有的国家刑法明确规定了所有具有经济价值的能源都是财物,如意大利刑法第 624 条第 3 款规定:"在刑事法律的意义上,电能和其他具有经济价值的能源也被视为动产。"但多数国家并没有这样的规定。①

在大陆法系国家的民法当中,财物一般仅限于有体物,而刑法理论就围绕着财物的范围是否也仅限于有体物的争议产生了三种学说:有体性说认为,财物仅限于有体物,具体包括固体、液体和气体三种物理形态上的客观物质,因此瓦斯、蒸汽等就属于财物的范畴,但电力、光、热等就是无体物。内田文昭教授认为,在和民法的关系上,刑法没有超过民法限定的物的范围进行保护的理由。② 即使刑法明确规定电力可以被视为财物,但这种规定也仅仅是法律拟制,不能以此为依据扩大到光能、热能、磁能、核能等其他能源类型,否则就是违反罪刑法定原则的类推解释。物理管理可能性说认为,凡是具有物理上的管理可能性的客体都是财物,无体物也具备物理管理可能性,自然也属于刑法规定的财物范畴。木村龟二教授认为,既然财物罪以保护财物免遭侵害为目的,而不法侵害可以指向管理可能性的物,就应当采用管理可能性说。③ 这种观点是对物理管理可能性说的一种限制性学说,与此相类似的还有团藤教授所主张的仅限于与电那样基于自然力利用的能源,以及大塚仁教授所倡导的仅限于具有物质性之物的观点,但这种限制并不具有理论合理性。④ 更进一步的事务管理可能性说则认为,凡是具有事务上的管理可能性的对象,都可以被认为是财物,具体包括债权、牛马的牵引力、情报、商业秘密等等。根据牧野英一教授的观点,不仅能源的非法利用可以成立盗窃罪,擅自乘车以及在剧场免费观看演出都有可能成立盗窃罪。⑤ 最后一种观点由于夸大了财物的范

---

① 张明楷:《外国刑法纲要》,清华大学出版社 2007 年第 2 版,第 528 页。

② [日]内田文昭:《刑法各论》(上卷),青林书院新社 1979 年版,第 232 页,转引自童伟华:《财产罪基础理论研究——财产罪的法益及其展开》,法律出版社 2012 年版,第 73 页。

③ [日]木村龟二:《刑法各论》,法文社 1957 年版,第 101 页,转引自童伟华:《财产罪基础理论研究——财产罪的法益及其展开》,法律出版社 2012 年版,第 74 页。

④ [日]西田典之:《日本刑法各论》,刘明祥、王昭武译,武汉大学出版社 2005 年版,第 96 页。

⑤ [日]牧野英一:《刑法学的新思潮与新刑法》,有斐阁 1919 年版,第 48~54 页,转引自童伟华:《财产罪基础理论研究——财产罪的法益及其展开》,法律出版社 2012 年版,第 74~75 页。

围,受到了很多人的批评。日本刑法学界以往的通说是物理管理可能性说,现在较为有力的观点则是有体性说,例如大谷实教授就认为,财物原则是有体物,只是例外的将电力作为财物加以处理而已,从保护的必要性、处罚的妥当性的立场出发,对电力以外的能源也应当作为财物加以对待,但为了坚持罪刑法定原则,必须对这一条款进行严格解释。① 而且,司法实践也没有将电力以外的能源作为财物对待的判例。

(二)国内理论现状

为了扩张窃盗罪的财产保护范围,我国台湾地区参照大陆法系各国的立法例,也设立了准动产的规定,即:"电能、热能及其他能量,关于本章之罪,以动产论。"这样一来,行为人加以窃取的行为客体,并不限于具有体积而占据一定空间的有体物,而是包括电流、暖气、冷气等能量在内。此外,电业法也规定了窃电条款,属于窃盗准动产罪的特别规定。② 还有的学者认为,"冷气固非物理上之有体物,然因其有控制之可能性,与电气并无区别,固非不可视为刑法上之有体物,是其可为动产窃盗罪之客体。""冷气占有一定空间,可借视觉、触觉认识其存在,故应属于有体物。"③不过,多数的观点还是认为窃取客体无论在物理形态上如何,不管是固体、液体还是气体都应当属于有体物,并不影响本罪的成立,除此以外的无体物则需要法律的明文规定才可视为财物,以避免抵触类推适用的禁止。可见,台湾地区的刑法理论亦主张有体性说。④ 特别需要指出的是,在台湾法学界就无体物的理论研究来看,学者们很好地维护了这一概念的统一性要求,无论是在民法中抑或是刑法当中,无体物多指以电、热、气等为代表的各种新型能源,并未出现严重分离的问题,这一点值得我们予以学习借鉴。

在我国大陆刑法学界,无体物的概念总是与无形财产不能被很好地区分开来,有的学者总是习惯性地将两者混为一谈。⑤ 但就无体物的范围来看,大

---

① 〔日〕大谷实:《刑法各论》(新版第 2 版),黎宏译,中国人民大学出版社 2008 年版,第 168 页。

② 林山田:《刑法各罪论》(上册),北京大学出版社 2012 年修订第 5 版,第 211 页。

③ 蔡墩铭:《刑法例题演习》,百益印刷事业有限公司 1984 年版,第 270~271 页。

④ 林山田:《刑法特论》,三民书局 1978 年印行,第 205 页,转引自王玉珏:《刑法中的财产性质及财产控制关系研究》,法律出版社 2009 年版,第 103 页。

⑤ 王礼仁:《盗窃罪的定罪与量刑》,人民法院出版社 2008 年版,第 122~124 页。

多数人并没有过于扩张这一概念的外延,只是限于对电力、煤气、天然气等能源以及电信码号的探讨,这也是与相关的法律规定相互契合的。起初,1992年《最高人民法院最高人民检察院关于办理盗窃案件具体应用法律的若干问题的解释》中首次出现了无形财物的概念,其第一条第四项规定:"盗窃的公私财物,既指有形财物,也包括电力、煤气、天然气、重要技术成果等无形财物。"这也是唯一一次在法律规定中使用了无形财物的说法,不过将重要技术成果与电力等无体物相并列很难说具有科学性。继1997年刑法修订之后,新的司法解释也对这一规定进行调整,将技术成果归入了商业秘密的范畴,也摒弃了有形财物和无形财物的提法,直接规定财物的范围包括电力、煤气、天然气等客体。基于此,现在理论上通说的观点认为,作为盗窃罪的财物应当包括无体物,如电力、煤气、天然气等,同时,根据《刑法》第265条的规定,也可成为盗窃罪的对象。① 有的学者具体论述了刑法中的财物应当包括无体物的主要理由:第一,在当今社会,无体物不仅可以成为所有权的对象,也可以进行处分,而且许多无体物的经济价值越来越重要,刑法有必要规制窃取、骗取无体物的行为。第二,无体物虽然无体,但既可以进行管理,也可以进行处分,行为人既可以盗窃无体物,也可以骗取无体物。而且无体物可以用金钱计算价值。第三,数字化时代,一方面原来的有体物可以变成无体物,一方面有体物与无体物的划分越来越模糊。如果将财物限定为有体物,既不符合社会发展需要,也会导致处罚的不均衡。第四,将无体物包含在财产概念之内,也符合我国的刑法规定与刑法实践。如《刑法》第265条就规定秘密利用通信设施和通信线路的,成立盗窃罪,《最高人民法院关于审理盗窃案件具体应用法律若干问题的解释》(以下简称《解释》)也规定电力可以成为盗窃的对象。② 除了盗窃无体物的观点得到较多支持以外,对于抢劫罪、诈骗罪甚至侵占罪的对象是否包括无体物也有学者表示赞同。③ 相反的否定论者认为,我国《刑法》第265条应

---

① 高铭暄、马克昌主编:《刑法学》,北京大学出版社、高等教育出版社2011年第5版,第505页。

② 张明楷:《诈骗罪与金融诈骗罪研究》,清华大学出版社2006年版,第14~15页。

③ 赵星、陈清浦:《抢劫罪行为对象若干问题研究》,载《政法论丛》2002年第4期;戴有举:《诈骗罪若干实务问题研究》,载《中国刑事法杂志》2006年第4期;张永红、蒋久九:《论侵占罪中"代为保管"的对象》,载《黑龙江省政法管理干部学院学报》2007年第5期。

当是例外规定,学说上对 265 条性质的理解,也可能是受到司法解释的影响。但司法解释有无违背罪刑法定原则尚有疑问,似不足为凭。另外,从财产法益论出发,也可以得出财物原则上限于有体物的结论。① 最好的办法,是以有体性为原则,同时,法律明文规定哪些无体物以财物论,对法律无明文规定的无体物,不得任意解释为财产罪对象的财物。② 至于司法实践中对财物的认识比较一致的观点如下:刑法意义上的财物,既包括有体物也包括无体物,只要具有一定的经济价值,能够成为权利主体依法享有的正当权益,就可以成为财产犯罪的对象。③ 由此可见,类似于日本刑法理论中的物理的管理可能性说在我国财产犯罪对象的问题上仍然居于主导地位,只是由于这种学说在范围上存在不确定性,从而导致了在刑事立法上不能彻底地贯彻该说。④

无体物属于财产已经得到了多数学者的赞同,基于现实中侵犯无体物的违法行为的严重性,将其作为财产犯罪处理既有理论上的肯定意见,也有司法解释的定罪依据,似乎在此问题上已经形成了统一认识。只不过,学者们前后矛盾的态度也是非常明显:一方面,司法解释的规定是否坚持了罪刑法定原则是有怀疑的,即便排除了这种怀疑,如何确定无体物的范围也是非常困难的事情;另一方面,对于实践中发生的盗窃无体物的违法行为如果不进行处罚,又会纵容类似行为的蔓延,很可能导致处罚的不公正。其实就法学理论研究而言,所有的学术难题都是立法难题,实践中出现的新问题新情况我们该如何回应才是需要最终克服的困难所在,显然,通过已有的办法并没有完成这一任务。笔者认为,当前的理论研究始终忽略了一个根本性的问题,也即我们区分有体物和无体物的意义何在,不管是根本理论意见的指导也好,还是基于法律规定的内容也罢,如果将无体物与有体物不加区别地同等看待,是否可以认为这种分类并不具有刑法上的特殊意义呢? 作为民法的财产可以是一个开放的体系,只要在平等自愿基础之上形成的财产关系都应当尽可能地受到法律的保护,但刑法对于财产的保护范围即便不能说是固定不变的,也至少满足可预

---

① 参见童伟华:《财产罪基础理论研究——财产罪的法益及其展开》,法律出版社 2012 年版,第 80～81 页。

② 刘明祥:《财产罪比较研究》,中国政法大学出版社 2001 年版,第 23～24 页。

③ 陈兴良:《故意毁坏财物之定性研究》,载《国家检察官学院学报》2009 年第 1 期。

④ 王玉珏:《刑法中的财产性质及财产控制关系研究》,法律出版社 2009 年版,第 105 页。

测的基本标准。笔者认为有关于无体物的理论研究绝不应当仅限于财产犯罪对象的范围上,这种特殊的财产类型能对财产犯罪的立法产生何种影响更是关键所在。

第二节 无体物之基本问题

一、无体物的概念界定

根据本书的观点,无论是有体物还是无体物都属于刑法中的财物范畴,两者以存在形式作为划分标准,无体物作为特殊的财物类型,与无形财产之间的关系在上文中已经说明,此处不再赘述。但刑法中的无体物到底该如何定义,以及无体物属于财物的根本理由为何却需进一步说明。

(一)定义的关键因素

在我国刑法理论当中,如果追诉无体物概念的来源,仍然可以看出它与民法中的无体物有着密切关系。早在 20 世纪 80 年代,有学者就曾指出,无体物是有体物的对称,是指不具有形体的物,通常指权利,如债权等,但是电力、地热、信息等,由于可以生产、占有、买卖、使用,并能有效地对其行使权能,因此也包括在无体物中。[①] 由此可见,无体物的概念在刑法中的使用应当是从民法中借鉴得来,所以常常指代债权等财产权利。但如果继续坚持这种观点,则会造成如下几方面的问题:其一,本书已将刑法中的财产性利益与债权基本对应起来,尽管这一立场仍有待进一步深入研究和论证,但大致的研究方向应当是明确的,除非我们认为无体物和财产性利益又是一对混淆不清的概念,否则不宜再将债权和无体物牵扯上任何关系。其二,如今的财产犯罪对象的研究最大的弊病在于概念的滥用,究其原因还是由于没有很好地界定清楚各种财产形式的具体内容,不仅无体物和无形财产不分,就连财产性利益和无体物也没有学者进行过专门的探讨,以至于我们在理论研究的阐述过程中往往可以任择其一,致使几个概念成为了高度概括而又含混不清的定义。因此,笔者认

---

① 孙膺杰、吴振兴主编:《刑事法学大辞典》,延边大学出版社 1989 年版,第 71 页。

为任何特殊的财产形式都必须具备其类型化的共同特征,而不是一个"除了……以外,都是……"的概念,无体物亦不例外,那种通过列举数种毫不相干的财产类型来定义无体物的方法实不可取。其三,正如上文所述,关于民法中的无体物概念尽管历经千年依然存在,但其理论研究前景的确堪忧,随着民法研究对财产权利的进一步深入认知,无体物的传统研究范畴得到一步步分解,时至今日,残存的也只不过是这个概念的"空壳"而已,如果刑法中的无体物与民法中的无体物具有相同的内涵,那么只能说刑法中的无体物理论也是岌岌可危。因此,从根本上摆脱民法相关理论对刑法中的无体物概念的不当限制应当是对其进行定义的先决条件。

无体物概念的另一条产生路径来源于德日刑法对电力盗窃犯罪的理论探讨和立法完善。基于对刑法中的财物是否包括无体物的不同回答,存在有体性说与管理可能性说两种观点。依前一学说,所谓有体物就是具有物质性的东西,即具有外界的客观存在的东西。因此,除了固体以外,还包括液体、气体(瓦斯、空气等),有体性说主张将电气等其他能源作为无体物排除在财物的概念之外。起初这一观点占据通说地位,但后来随着电力犯罪的日益猖獗,司法实践部门渐渐改变了立场,日本大审院在1903年(明治36年)的针对电力盗窃的判例认为,"所谓窃取就意味着将他人所持之物转移到自己所持的范围之内,那么,存在于人的思想中的无形物,其所持的可能性如何,能否成为窃盗的目的物,都是有待讨论的问题,然而具有所持可能的物必须是依靠五官的功能可以认识的有形的或已成形体的东西,也就是说必须是有体物,作为这种物中的任何一类,都具有独立存在应当可以用人力加以任意支配的特性,既可以持有这些物,也可以将所持继续下去,还可转移所持。简而言之,以有无可动性、管理可能性及能否达到窃盗罪的目的作为认定物的唯一标准",从管理可能的情况的立场出发,把电气也解释为财物(大判明治36.5.21刑录9卷874页)。① 以这一判决为契机,管理可能性说逐渐占据了通说地位,得到牧野教授等学者的支持。1907年(明治40年)的现行刑法第245条规定:"将电视为财物",从而进一步解决了窃电犯罪的立法问题。之所以出现这种立法上的变化,主要原因在于刑法上财物的概念原本不必受到民法规定的限制,完全可以

---

① [日]木村龟二主编:《刑法学词典》,顾肖荣、郑树周等译校,上海翻译出版公司1991年版,第68页。

根据特定的目的进行理解和规定。财物犯罪的立法目的在于保护他人所管理或持有之物,从这一点出发,只要具有管理、持有可能性的物都有保护的必要,应当被解释为财物。尽管管理可能性说对于保护财产所有权起到了一定的积极作用,但是否违背了罪刑法定原则仍是存有疑问的。如果将日本刑法第245条理解为拟制规定,那么电力本身属于财物的立法依据也就不复存在了,反而因此规定我们认识到电力并非财物,才有可能将其"视为"财物。对物的概念做"管理可能性"的解释未免有失宽泛,破坏了构成要件日常用语的意义,和罪刑法定主义的要求也很难适应,总而言之,明确物理管理可能性的范围是非常困难的事情。由此,日本刑法理论中的有体性说现在仍不失为最有力的学说。

仔细分析我国刑法学界对无体物问题的研究现状可知,目前基本一致的观点类似于日本刑法理论中的物理管理可能性说,也即主张各种无体物属于财物的范畴,可以作为财产罪的对象。具体理由也无外乎两方面:从客体的性质来看,无体物具有财物的全部特征,包括物质形态的客观性、经济价值性、管理或转移可能性等等;从财产罪的立法精神来看,无体物的经济价值并不低于有体物,侵犯无体物的违法行为同样会造成严重的社会危害性,自然应当适用刑法的有关规定予以严惩。除此以外,更为重要的一个理由在于,有关的司法解释已经规定了电力、煤气、天然气等属于财物的范畴[1],这又为物理管理可能性说的提倡增加了砝码。但是,正如日本刑法理论中的学说更迭一般,如果主张该学说必须克服"物理管理可能性"这一提法界限不清的弊端,否则,质疑的声音将会持续存在。

笔者认为,若想准确界定有体物的内涵及其范围,还是要从无体物与有体物之间的区别出发。从字面的含义来看,两者的区别在于"体"之有无。有的民法学者认为有体物之"体"包括两个方面的内容:一是表现为物的客观实在性;二是既为人所感知也能为人所控制。[2] 笔者认为这两点恰恰可以被统一在"存在形式"的含义之下,客体的存在形式如何既决定了它是否属于客观物

---

① 参见《最高人民法院关于审理盗窃案件具体应用法律若干问题的解释》第一条的内容。

② 吴汉东:《财产权客体制度论——以无形财产权客体为主要研究对象》,载《法商研究》2000 年第 3 期。

质,也决定了它能否被人们感知以及控制。所以以本书的观点来看,所谓"体"在刑法中仍旧是指具体财产类型的存在形式,但正如无形财产也不是没有存在形式一样,无体物更不是一种没有存在形式的物质,这种说法本身就是不科学的。无体物的存在形态不仅是具体的、可感知的,更是严格意义上的物理形态。一般认为,无体物就是没有物理上之存在形态的客体,但反观被我们所公认的各种无体物财产,不仅煤气、天然气等能源本身就属于物理学意义上的气体(或者说液体),单就电力而言也不能认定其不具备物理意义上的存在形态。因此,这种区分也是不科学的。其实,本书就如何区分有体物和无体物的问题已在第一章中进行了简要说明,在此我们还需要明确如下问题:首先,凡是财物皆有具体的存在形式,也可以说是具有物理学意义上的存在形式,能够被人具体的感知、察觉,不仅包括各种固体、液体、气体等物质,也包括电力、自然力等其他能够被人控制和管理的客观存在。其次,财物与财产性利益、无形财产的重要不同在于体现经济价值的方式有所差别,也即存在形式上的不同,作为传统的、自然的财产形态,财物体现经济价值的途径是其物理学意义上的效用所产生的积极价值,有体物是如此,无体物也是如此。最后,财物被划分为有体物和无体物,并非根据有无客观实体或者物理形态作为依据,无体物的存在形态并非是绝对的"无体",只是与传统的有体物类型相比更难控制和管理而已,因此,两者区分的标准应当是按照其物理形式的控制难易作为衡量依据的。

根据这一衡量标准,笔者认为有体物和无体物之间主要存在以下不同之处:第一,有体物多以固体、液体为主要存在方式,根据现代社会的科学技术手段以及生产力水平,人们对其进行控制和管理的难度是比较小的;而无体物的存在方式以各种气体、能源比较常见,而电力更是典型的代表,但不宜将固体或者液体的能源作为无体物来对待。除此以外,也并不是所有的气体都是无体物,有些气体如果并不以广泛使用的能源作为主要存在形态,也不是无体物,比如氧气瓶、液化气罐等等。第二,作为财产犯罪的对象有体物不仅容易取得,而且取得的方式也是多种多样,财产犯罪所列举的十几种行为方式应当全部适用于有体物;无体物讨论最多的获取方式是盗窃,尽管由的学者认为诈骗、抢劫、敲诈勒索无体物的行为亦有可能成立犯罪,[①]但支持者比较少见,其余财产犯罪则更少论及以无体物作为对象的情形。第三,行为人取得有体物之后可以占有、使用、收益和处分,并且很少有期限上的限制;而无体物的取得和利用往往是同时进行的,很少出现将无体物进行保存或者是转让的情形。上述区别尽管不能将有体物和无体物完全划清界限,却也提供了一些较有价值的参考标准。以此为基础,笔者认为刑法中的无体物应当是指,由其特殊的物理形态决定的相对控制困难的具有经济价值的物质客体。

(二)属于财物的两点理由

关于无体物属于财物的具体理由,学者们多有论述:有的学者从财物自身的界定出发,认为只要具备可控制性和财产性价值就应当属于财产型犯罪的对象,随着人们征服自然的能力不断提高,以前一些人们不能够控制和利用的物质,像太阳能、风能等等,也渐渐成为盗窃行为的对象。[②] 有的学者认为,无论是有体物还是无体物,只要其具有经济价值,能够为人所控制,一旦被他人占有,能够给所有人造成财产损失,就应当纳入财产所有权的保护范围,这对于保护公私财产所有权是有利的。[③] 还有的学者认为,刑法上的财物应包括有体物和无体物。随着社会的发展,许多有体物的经济价值越来越明显,无体物虽然无体,但可以对之进行管理,也可以成为所有权的对象,故应成为财产罪的对象。[④] 与此相类似的观点还有许多,在此不一一列举。

但笔者认为,上述观点看似纷繁复杂,却并没有抓住财物一词的核心含义,且很多特征具有重复性,完全可以将其合并处理。在此,我们需要明确以下几个问题:第一,无论是我国民法理论还是刑法研究,都没有将财物限于有体物的传统或者是立法,这种观点只不过是对国外学说的引介和研讨,不足以作为解释刑法中财物概念的具体依据,也就是说,我国立法上所称之财物不应当先入为主地认定为有体物,有体物概念的产生并不早于无体物,两者出现的

---

① 王作富主编:《刑法分则实务研究》(中),中国方正出版社 2007 年版,第 1055～1056 页。

② 刘清华、韦丽婧:《财产型犯罪中财物的界定》,载《广西警官高等专科学校学报》2006 年第 3 期。

③ 王作富主编:《刑法分则实务研究》(中),中国方正出版社 2007 年版,第 1055 页。

④ 张明楷:《刑法学》,法律出版社 2007 年第 3 版,第 704 页。

时期应当是相同的,正因为有了无体物的崭新财产类型,我们才开始运用有体物的说法。第二,既然财物并不是仅指有体物,那么无体物属于财物的问题是否不证自明呢?事实上也并非如此,无体物是一种新型财产,它具有何种特征、应当如何定义、属于何种特殊类型都是不确定的问题,我们必须撇开有体物在此问题上给我们造成的迷惑,将无体物确立为一种独立的、需要进一步研究其性质的财产类型来看待,它有可能是财产性利益,也有可能是无形财产,所以这个问题依然需要全面分析。第三,无体物所具有的一些特征是可以合并处理的,例如经济价值性和可控制性,很多学者将这两个特征总是分别论述,认为可控制性或者管理可能性是一个非常重要的独立的问题,而笔者恰恰并不这么认为,如果某一客体已经具备了经济价值性,它必然是可以控制的或者具有管理可能性的,两者之间一一对应,根本不存在相反的例证。财物的经济属性决定了财物的可支配性,如果某一物质具有经济价值,也即融入了人类的劳动时间,就必然能够为人类所支配,两者合二为一,不必单独讨论,是否能够为人类所支配是由经济价值这一特征附带指出的。如果人类不能对某一客观物质进行有效的管理和控制,是根本无法将其作为财产来加以对待的。所以,笔者认为无体物是否属于财物其实只需要论证两方面的问题即可:一方面是无体物是否具有经济价值,也就是先论证无体物的财产属性;另一方面就是无体物是否属于客观的物质存在,这一要件是无体物是否属于财物的核心元素,也是无体物能够与财产性利益、无形财产区别开的关键所在。前者是满足"财"的要求,后者是符合"物"的条件,也即完全从文义解释的角度去看待这一问题,也许能够得出更具说服力的结论。

首先,无体物具有财产的本质属性,是一种特殊的具有经济价值的财产形式。"随着人们管理能力的提高,过去不可管理的物品现在或将来逐渐成为可以管理的物品,因而财产犯罪对象将有逐渐扩大的趋势。"[1]但是,之所以将特定物品加以管理和控制,并不仅仅是因为科学技术提高导致的人类利用自然能力的增强,从其根本的源头分析这一问题,还是在于被管理客体具有人类所需要的某种价值属性,这种需要推动了人们去开发和研究新的生产手段,去尽可能地挖掘和实现特定客体的经济价值,从而为人们所利用。有的学者指出,

---

① 陈兴良、周光权:《刑法学的现代展开》,中国人民大学出版社 2006 年版,第 615 页。

空气是不可管理的物品,不能成为财产犯罪的对象。[①] 我想这种观点还是没有抓住财产的本质特征,空气之所以不是财产犯罪的对象不是因为它不可管理,实际上以现代的科学技术手段来说,管理和控制空气等其他气体皆非难事,只不过这种控制和管理需要一定的经济成本,如果管理行为不能为人们带来任何经济上的利益,上述行为就是没有任何意义的,以此来看,空气不被作为财产来对待的根本原因在于它不能产生任何经济价值,而不是不具有管理可能性。由于我国刑法对财产犯罪的成立标准一般都有数额上的规定,所以关于财物是否仅限于有经济价值之物的问题已无争议,学者们均持肯定的观点。[②] 这一结论从客观上排除了不能为货币所衡量的物质称为财产犯罪对象的可能性。其实从财产犯罪的产生原因分析,行为人之所以冒险触犯最为严厉的刑罚措施,就是因为具有经济利益的诱惑才促使犯罪决意的产生,这也决定了犯罪对象必须具有一定的经济价值。无体物是否能够成为财产罪的对象在刑法学界得到如此广泛的探讨,并且多数学者持肯定的结论,就是因为这种物质客体已经具备了财产的经济属性。以电能为代表,它不仅成为现代社会须臾不离的生活必需品,满足了人们对于生活、生产等各方面的价值需求,而且任何人使用电力能源都必须支付相应的经济对价,从而反映了电力本身的交换价值或者说货币价值。同样的,天然气、煤气以及热能、核能、磁能、风能、太阳能等其他能源亦是如此。由此可见,无体物所具有的经济价值属性是显而易见的,它具有财产所应当具备的本质特征。

其次,无体物具有客观上的物理存在形态,这是它作为财物与财产性利益、无形财产的根本区别。上文已述,无形财产的存在形式是一种信息,而财产性利益的存在形式是一种行为,这两者尽管都是客观的,但却不是物理学意义上的存在,从而难以满足"物"的条件。对于是否属于财物的问题来说,符合这一要求具有决定性的意义,因为仅就经济价值性的条件而言,无论是财产性利益还是无形财产,都与财物没有任何区别,皆属于财产的下位概念。正因如此,才有学者主张盗窃罪的对象根据"可控性说"包括动产和不动产、无形财

---

① 陈兴良、周光权:《刑法学的现代展开》,中国人民大学出版社 2006 年版,第 615 页。
② 刘明祥:《财产罪比较研究》,中国政法大学出版社 2001 年版,第 28 页。

产、虚拟财产、财产性利益等一切能够被特定主体所支配的对象,[1]但这种观点彻底混淆了不同财产形态之间的重大差别,更不符合现行刑法的立法规定,是不可取的。当我们通过对财物的合理解释将无形财产、财产性利益等内容排除在外以后,也正好划清了无体物与上述特殊财产形态的界限,同样地,无体物的内涵也进一步得到了廓清。具体到无体物的物质属性,可从如下几方面进行认识:第一,无体物属于现实的财物范畴,它不包括信息和行为,也不指代任何意义上财产权利,而是以客观的、现实的、物理学意义上的物质存在作为唯一客体,不仅包括固体、液体、气体等常见的物质形态,也包括力、热、磁、电等非典型的物质客体。第二,财物和财产性利益都是有形财产,如果对财物从字面含义上进行理解,可以称之为财产性物质,正好与财产性利益的概念相对应。由此来看,两者之间的差别就在于前者必须是物质,而后者则是一种抽象的利益形态。反之,财物的内部分类在物质性上必然具有内在的同一性,无体物的客体对象和有体物的客体对象在本质上没有区别,只是由于其特殊的存在形态决定了现实中的控制难度有所增大。更明确地说,如果我们认为有体物是物质的话,那么无体物也应当没有超出物质的范畴。第三,无体物的核心词语落脚到"物"也恰恰说明了这一概念的外延并没有超出物质的范畴,或者说我们不应当将无体物的具体类型定义为超出物质范围的客体。无体物能够独立地存在,能够为人力所支配,能够持有和转移。对此,日本有判例所示:"电流虽然不是有体物,但是,依据五官的作用能够认识其存在,能够将其收容于容器以具有独立的存在,能够以人力任意的支配,一并具有可动性和管理可能性,的确能够满足成立盗窃罪所必要的窃取之要件。"[2]古代罗马法对"物"所下的定义是指,"在具体和特定的意义上,是指外部世界的某一有限部分,它在社会意识中是孤立的并被视为一个自在的经济客体。"[3]正是具有经济价值的有体物和无体物共同组成了我们所说的外部客观世界,也只有此种意义上的经济客体才应当被称作刑法学意义上的财物。

最后,笔者认为仍有必要说明的一点是,对刑法中的财物如何解释必须进

---

① 魏海:《盗窃罪研究——以司法扩张为视角》,中国政法大学出版社 2012 年版,第42 页。

② 罗猛、王波峰:《故意毁坏财物罪疑难问题研究》,载《中国刑事法杂志》2011 年第 6 期。

③ [意]彼得罗·彭梵得:《罗马法教科书》,黄风译,中国政法大学出版社 1992 年版,第272 页。

行解释方法上的选择,我们既可以对财物进行扩大解释,同样也可以进行限缩解释,两种解释方法都符合罪刑法定原则。如此,为什么会选择扩大解释而不主张限缩解释也就成为了一个问题。因为如果对财物进行限缩解释,恰恰得出的结论就是财物仅指有体物,并不包括无体物。那么,这种结论为什么不合理呢? 实际上,无论是限缩解释还是扩大解释,都相同于文理解释的方法,都是从刑法条文的用语、句段出发,有的学者看到这一点后指出:"它们基于文义解释,又必定考虑立法原意、目的和实施的后果。"①因为扩大解释和限缩解释都能够得出符合文义的解释结论,必须在方法上进行选择即有一个判断标准来决定何种解释结论更为妥当,而这一标准就是立法原意或者说立法目的。从这一点来看,也许所有的解释方法都只不过是目的解释。反观刑法财产犯罪的内容,其立法目的在于通过刑罚手段保护公私财产的所有权,惩治侵财犯罪的违法分子。基于此,刑法应当在其条文用语所能达到的射程范围之内,尽可能地拓展其适用范围,而不是将财物仅仅局限于个别的财产类型。当然,这种"拓展"必须坚持罪刑法定的基本原则,不能将不属于财物范围的对象解释为财物,而有体物恰恰没有触及此项规则,相反地,上文中的财产性利益如果被解释为财物,就大大颠覆了财物的内涵。

财物的范围被解释为包括无体物完全符合刑法解释的基本规则,运用了扩大解释的方法,并没有违背罪刑法定主义的立法精神。随着社会的进步和发展,物的稀缺性会表现得越来越明显,原本非常富足、不具有经济价值的物有可能变为财产,并且成为财产罪的对象,而科技的发展和利用水平的提高,也有助于人类发现和发明新的物质,一旦在人们的生活中得以广泛应用,自然也会成为新的财产形态。财物的范围会逐渐扩大是一种必然的趋势,尽管任何这一类型的变化往往需要经历很长的一段时间,但只要没有超出客观物质存在的范畴,就应当能够为财物的概念所包容。只不过,如果特殊的财物类型形成以后,是否还应当由传统的财产犯罪进行规制,也是一个值得思考的问题。

---

① 李国如:《罪刑法定原则视野中的刑法解释》,中国方正出版社 2002 年版,第 186 页。

二、无体物的主要类型

(一)电能

电本来是一种自然现象,同时又是一种能量。它是由电子和质子这样的亚原子粒子之间产生排斥力和吸引力的一种属性。电是自然界的四种基本相互作用之一。电的现象的研究虽然起始很早,但结果却是乏善可陈。直到 17 世纪,这一领域才出现了一些科学上的重大发展与突破,但在那时,科学家们依然没有找到电的实际用途。一直到 19 世纪末期,由于电机工程学的进步,把电带入了工业和家庭。在那个电气研发的黄金时代,连绵不断、日新月异的快速发展带给了工业和社会难以形容的巨大改变。作为能源的一种供给方式,电所具有的多重优点,意味着电的用途几乎是无可限量的。例如交通、取暖、照明、计算、电信等等,都必须用电作为主要能源。来到 21 世纪以后,现代工业社会的骨干依旧严重依赖着电能源,在可见的未来,电也是绿色科技的主角之一。

从电力能源的应用普遍性和日常性来看,即便当今中国社会的电力价格相对其他能源来说比较低廉,但长期大量的、多方面的使用也会产生一定数额的经济支出,反之,如果通过一定的非法手段免除了上述费用,无论对于个人还是单位等其他组织来说,都能从中获取非常可观的经济利益。基于此,窃电行为的产生与蔓延也就不足为奇了。我国的《电力供应与使用条例》第 31 条规定:"窃电行为包括:(一)在供电企业的供电设施上,擅自接线用电;(二)绕越供电企业的用电计量装置用电;(三)伪造或者开启法定的或者授权的计量检验机构加封的用电计量装置封印用电;(四)故意毁坏用电企业用电计量装置;(五)故意使供电企业的用电计量装置计量不准或者失效;(六)采用其他方法窃电的。"据有关资料表明,通过上述方法全国每年因窃电造成的损失都在200 亿元左右。多数省份每年因窃电丢失电量达上十亿千瓦,有的地区的窃电量甚至占到售电量的 15%,被窃电量的增长率大大超过了年售电量的增长率,上述被窃电量还不包括难以认定窃电事实的窃电和较为普遍的农村电网窃电。[1] 可见,窃电现象给我国供电企业造成了非常严重的经济损失,侵害了

---

[1] 姜力维编著:《违约用电和窃电查处与防治》,中国电力出版社 2011 年版,第 92 页。

合法的用电管理制度和用电检查制度,必须加大力度进行惩处和防范。单就严重的窃电行为而言,它不仅损害了供电企业的经济利益,还有可能存在着较大的危险隐患,尤其是私拉乱接的行为极易引发火灾,从而造成电路短路停电乃至重大的人员伤亡,既破坏了正常的供电秩序,又严重地影响着国家的经济建设和社会稳定。因此,仅靠行政处罚以及追究民事责任不足以发挥惩戒和示范作用,必须积极利用刑罚手段有效打击各种严重的窃电违法行为。

对于窃电行为的法律责任,《中华人民共和国电力法》(以下简称《电力法》)第72条规定:"盗窃电能的,由电力主管部门责令停止违法行为,追缴电费并处应缴电费五倍以下的罚款;构成犯罪的,依照刑法第一百五十一条或第一百五十二条的规定,追究刑事责任。"该法自1996年4月1日起施行,与之相对应的刑事法律是1979年《刑法》,其第151条和151条分别规定了盗窃罪、诈骗罪、抢夺罪以及惯窃、惯骗等犯罪。又根据1992年12月11日《最高人民法院、最高人民检察院关于办理盗窃案件具体应用法律的若干问题的解释》第一条第四项规定:"盗窃公私财物,既指有形物,也包括电力、煤气、天然气、重要技术成果等无形财产。"综合上述规定可知,对于窃电行为按照相关的刑法规定和司法解释一般按照盗窃罪处理即可。1996年9月1日实施的《电力供应与使用条例》以及同年10月8日原电力工业部颁布的《供电营业规则》都作了与《电力法》大致相同的规定。1997年《刑法》修订之后,有关盗窃罪的司法解释对公私财物的范围进行了说明。同年11月4日《最高人民法院关于审理盗窃案件具体应用法律若干问题的解释》(以下简称《解释》)第1条中就规定:"盗窃的公私财物,包括电力、煤气、天然气等。"这一规定对公私财物作了扩大解释,明确将电能作为盗窃罪的犯罪对象,为打击严重的窃电犯罪行为提供了法律保证,发挥了积极作用。① 与此同时,我们也应当看到,《解释》的规定是非常原则的,是宣言性的,在实践中由于缺乏操作性往往流于形式,变成空话。而且,在形式上,司法解释是司法机关在法律规范的原则下为办理案件所作出的具体规定,其法律效力低于刑法典,这也在一定程度上影响了对窃

---

① 2013年4月4日起施行的《最高人民法院最高人民检察院关于办理盗窃刑事案件适用法律若干问题的解释》中删除了有关盗窃罪对象的规定,只是在盗窃数额计算的条款中对盗窃电力、燃气等财物的行为如何计算盗窃数额进行了说明,但这并没有改变电力作为盗窃罪对象的立法精神。

电案件的打击力度。① 与此同时,由于窃电行为的多样化和复杂化,对于行为方式的司法认定非常困难,尤其到底是构成盗窃罪还是诈骗罪的问题上一直存在着较大的争议,这些问题的解决都有待刑事立法的进一步完善。

(二)气体能源

气体能源主要包括一次能源的常规天然气,非常规的煤层气、页岩气、可燃冰、非生物成因气等,以及经加工转换得到的沼气、煤制天然气、人工煤气和氢气等。② 由于当今世界上的多数国家都开始转变以往的高能耗、高污染的经济增长方式,发展以清洁能源为主的"低碳经济",成为保障国家能源安全和应对全球气候变化的共同选择。作为清洁能源的重要组成部分,气体能源的优势日益突出,已经进入了全新的发展时期。同样,在我国继《天然气利用政策》的实施,国家相关部门即将出台《关于发展天然气分布式能源的指导意见》等一系列的政策,这些都表明了中国政府合理利用资源、发展"气体能源",大力推动节能减排和积极发展低碳经济的决心和意志。气体能源已成为我国能源战略发展的重要组成部分,将有可能在未来我国能源结构中占据主导地位。③

气体能源既然在我国未来的能源发展战略中占有如此之重要地位,其相关的立法规制研究自然要加快脚步,以保证该行业的发展沿着法制的轨道有序前行。就刑事立法而言,随着人们日常生活对各种气体能源利用的程度越来越高,依赖性越来越强,由此引发的各种违法犯罪行为也是相伴而生。以上海市为例,2009 年 11 月 23 日,(2009)杨刑初字第 596 号刑事判决书就以盗窃罪分别判处盗用燃气用于无证经营餐馆的靳家云、林青荣有期徒刑三年,缓刑三年、四年,并处罚金人民币二万元。该案也是上海市首例以盗窃罪判处的盗用燃气案件。④ 但是,尽管最高人民法院的《解释》第 1 条第 3 项明确规定"盗

① 杨永志:《惩治窃电有关刑事法律问题研究》,载《河北法学》2004 年第 1 期。
② 杨明:《气体能源 点亮新能源市场》:http://www.china-gases.com/msg.php? id=12234,下载日期:2014 年 3 月 4 日。
③ 张凯:《气体能源将在未来能源结构中扮演主角》,载《中国矿业报》2010 年 11 月 4 日第 B01 版。
④ 殷小龙:《办理盗用燃气案》,载《杨浦年鉴》,上海高教电子音像出版社 2010 年版,第 367～368 页。

窃的公私财物,包括电力、煤气、天然气等",①但从实际情况看,鲜有以盗窃罪对盗用燃气类违法犯罪行为定罪处罚。造成法律长期虚置的原因颇为复杂,此类案件法律政策适用争议之大、证明过程之难是重要原因。② 但是,盗窃燃气的违法行为却具有非常严重的社会危害性,它不仅侵占公共资源、败坏社会风气,还极易引发燃气事故、危害公共安全,行为人往往以低廉的违法成本就能够获取较高的不法利益,因此必须对此类违法行为进行积极的防范和有效的治理。

在此,本书认为不仅煤气、天然气属于盗窃罪以及其他财产犯罪的对象,除此以外的其他气体能源,只要具备了经济价值的属性,能够为人们所控制、管理和利用,同样也可以作为财产犯罪的对象来加以看待。具体理由除了上文中所论述的内容以外,笔者仍须强调两点:第一,气体能源是一种客观的、具体的物质,这种物质能够为人所感知,这种感知不仅仅包括五官的感受,也涵盖了利用现代科技手段获取的其他感受。因为人的五官所能察觉的物质范畴是有限的,这种有限性尤其表现在气态物质方面最为明显,但这并不能够说明气体就是非物质性的,随着科学技术手段的提高,气体不仅能够为人类所控制,同时也变成了在特定手段下能够感知、察觉的事物类型。与无形财产或者财产性利益相比较,气体能源的物质属性亦是非常明显的,自然不能归为一类或者相提并论。第二,气体能源具有显著的物理形态,如果认为有体物包括固体、液体和气体的话,就不应当将气体能源归入无体物的类别。但依据笔者的观点来看,有体物和无体物的区分并非以绝对的物理形态划分为标准,而是在以物理形态形成的不同基础之上,根据控制的难易程度作出的分类。与固体、液体相较而言,气体能源的控制难度相对较大,技术手段比较复杂,获取的方式有所不同,因此分别对待更加合理。气体能源是无体物的重要组成部分,这与该类能源已在现实生活中的广泛应用具有密切关系,司法解释中所认定的煤气和天然气两种类型则是其典型的代表。

---

① 2013年4月4日起施行的《最高人民法院最高人民检察院关于办理盗窃刑事案件适用法律若干问题的解释》中删除了有关盗窃罪对象的规定,只是在盗窃数额计算的条款中对盗窃电力、燃气等财物的行为如何计算盗窃数额进行了说明,但燃气是气体燃料的总称,应当包括煤气和天然气等。

② 田欢忠、肖晓、赖善明:《盗用燃气类违法犯罪的司法认定与应对》,载《西南石油大学学报(社会科学版)》2011年第2期。

（三）其他能源

能源是向自然界提供能量转化的物质，是人类活动的物质基础。从某种意义上说，人类社会的发展无法离开优质能源的出现和先进技术的使用。当今世界，能源的发展已经成为了全人类共同关心的话题，同时也是我国社会经济发展的重要问题。现代社会中能源包括的范围很广，但主要是指那些可以产生能量（热能、电能、光能、机械能等）或可做功的物质的总称，包括煤炭、原油、天然气、煤层气、水能、核能、风能、太阳能、地热能、生物质能等一次能源和电力、热力、成品油等二次能源，以及其他新能源和可再生能源。

在我国，尽管能源的种类繁多，储藏量也是非常丰富，但从国情的角度出发，能源短缺仍是我国经济发展的突出问题。"我国人均能源资源占有量仅为世界平均水平的一半。如果按现有开发力度，我国的石油、天然气和煤炭的可开采储量仅能维持 20 年、50 年、100 年。进口同样不能解决问题。目前，我国石油的对外依存度达到 50％以上，天然气的供需缺口则达到需求量的 24％。更何况，进口石油、天然气不是一个简单的国际贸易问题，而是与外交、政治、国防等问题交织在一起，不确定性越来越大，风险也越来越大。"①为了应对能源短缺的挑战，一方面我们要加快开发新能源和可再生能源，优化能源发展区域布局，积极开展能源国际合作，另一方面也必须重视能源立法在此过程中的积极作用。能源问题涉及国家和社会生活的许多领域，由能源工作而产生的社会关系是多方面的，往往是与其他社会关系交织在一起的。因而对于这些关系，除了要制定各种专门的能源法规进行调整外，还要由其他部门法规范对它进行调整。也就是说，在民法、刑法、行政法、环境法、经济法等其他部门法中应包含有一些能源法律规范。②

其中，刑事法律规制的内容主要是指以非法手段获取、使用能源的违法行为。行为人通过上述行为不仅有可能获取较高的经济利益，而且由于常常不需要支付相应的对价，从而在能源的使用方面无所顾忌，造成了非常严重的能源浪费现象。目前，相关刑事司法解释已经将电力、燃气等列为盗窃罪的犯罪对象，对于秘密窃取以及使用上述能源没有缴纳相应费用的违法行为可按该罪定罪处罚。但司法解释中并没有明确指出以相同手段针对其他种类的能源

---

① 王洋：《能源短缺是重要挑战》，载《中华工商时报》2011 年 1 月 7 日第 E18 版。
② 肖铁：《论加强能源立法》，载《法学评论》1986 年第 5 期。

实施违法行为能否构成犯罪的问题,其中"等"字的含义多少透露出的肯定倾向也是值得考虑。[①] 从字面含义来看,该解释并未列举完毕所有的可以成为"公私财物"的能源类型,如果说将盗用其他能源的严重违法行为按照盗窃罪处理恐有类推解释的嫌疑。这是无体物说之所以备受责难的根源所在。反之,如果恪守电力和燃气的两种能源范围规定,就会显得"等"字多此一举,更会造成实质相同的行为却要区别对待的结果。在此问题上,笔者持肯定的观点,也即无体物不仅包括电力和各种燃气,也包括其他种类的控制难度较大的能源类型。不过,对于这种控制难度较大的界限仍有必要申明的一点是,作为财产犯罪的对象必须是能够控制的"现实存在物",例如广播电视台发送的电波虽然也是一种能源,但不具有物理的管理可能性,不是财物;企业秘密具有非常高的财产价值,也同样因为不具有物理管理可能性而不能认为是财物。[②]由此引发的无体物范围扩大并非是一种类推解释,而是基于无体物概念的不确定特征做出的合理的扩大解释,只要具备同前两种在经济用途、控制难易、物理属性上相类似的能源类型,就可以被认定为刑法中的无体物。刑法中出现的"等"或者"其他"的概念并不少见,应当在何种意义上理解之前所列举的要素,必须遵循同类解释的规则。对此,不能简单从形式上得出结论,必须根据法条的法益保护目的以及犯罪之间的关系得出合理结论。[③]"法律解释的具体方法是多样的,但在基本的逻辑理路上,它所遵循的是法律的规定,他所要追问的是法律的原意,所以,多样的解释方法(哪怕是扩张解释和创造性补充)无非是向法律的原意更加靠近,即法律解释不能颠覆法律,而只能修补完善法律。"[④]无体物的范围之所以做出了扩大的解释,原因就在于此。至于司法实践中是否有可能发生此类违法行为则无须过问,只要具备了这种发生的可能性,这种扩大的解释就应当是必要的和可行的。

---

① 尽管新的盗窃罪司法解释只是在盗窃数额的部分就盗窃电力、燃气等财物的情形进行了表述,但其中"等"字的立法含义并没有改变,仍然具有同类的指向性。

② 刘明祥:《财产罪比较研究》,中国政法大学出版社 2001 年版,第 23 页。

③ 张明楷:《刑法分则的解释原理》(上),中国人民大学出版社 2011 年版,第 60 页。

④ 谢晖:《解释法律与法律解释》,载《法学研究》2000 年第 5 期。

▌第三节 无体物之刑法规制

▌一、能源犯罪的规制缺陷

在此,我们暂且将各种非法获取或者使用能源的严重违法行为称之为"能源犯罪",将其归为盗窃罪之一种。尽管司法解释已经明确将几种典型的无体物列为"公私财物",且根据扩大解释的方法这种结论也未尝不可,但在具体的司法实践中,涉及能源犯罪的诸多刑事立法问题依然严重制约着对此类行为的惩治和预防效用的发挥,很难收到预期的刑罚效果。

（一）司法解释造成的困扰

盗窃无体物的定罪依据主要来源于司法解释,而司法解释的效力显然要低于刑法,且就该《解释》①本身的内容来看,许多学者也是认为存在值得商榷之处。尽管单从《解释》所得出的结论来看,笔者是持肯定观点的,并不主张公私财物的立法本意仅限于有体物。但就司法解释本身的效力以及公私财物的体系解释问题来看,需要继续思考的内容依旧很多。

对于司法解释的诸多诟病一直存在于我国刑法学界,例如陈兴良教授就曾指出,"我国目前的司法解释,实际上是二次立法,具有司法法的性质,即司法机关创制的法,以对应于行政法。这种司法立法的情形与司法活动的客观规律是不相符合的,而且是与我国司法机关,尤其是法院行政化的体制一脉相承的。……我认为,应当限制立法性的司法解释,扩大个案性司法解释。"②现今,刑法学界主流的观点认为,我国刑事司法解释的实践既在贯彻刑事立法精神、打击犯罪、保护人民方面做出了巨大的贡献,也出现了不少广受指责的问题。……刑事司法解释的规范化和科学化,已经成为我国加强刑事法治建设进程中急需解决的一种重要问题。③ 也即,在短期内彻底废除刑事司法解释

---

① 尽管《最高人民法院关于审理盗窃案件具体应用法律若干问题的解释》（法释〔1998〕4号）已经废止,但新的盗窃罪司法解释也存在大致相同的内容,因此存在的问题也是一致的。

② 陈兴良:《司法解释功过之议》,载《法学》2003 年第 8 期。

③ 赵秉志:《刑法基本问题》,北京大学出版社 2010 年版,第 25 页。

的做法是不现实的,如何对其进行规范和完善才是现阶段司法解释问题的当务之急。就该《解释》而言,曾有学者质疑,"司法机关通过解释,认为电力是可管理之物,应当属于盗窃罪中的财物。而几乎在同一时期,德国以电力不是财物为由,判定盗用电力的行为不构成盗窃罪。当然,盗用电力总还是个不小的问题,德国人很快就修改刑法,将盗用电力的行为规定为盗窃罪。"[①]也就是说,为什么在他国必须通过立法完善才能解决的问题,我们却以简单的司法解释达到了相同的目的呢? 对此,本书并不如此认为。首先,我国刑法并未涉及具体的财物解释问题,也没有将公私财物视为有体物的立法传统。即便《物权法》将物的范围界定为动产和不动产,也不能完全以此为参照就当然地认为刑法中的物也只包括如上两种类型。更何况,我国刑法学界的多数学者在财产犯罪的对象问题上远未止步于无体物,同时也对不动产是否属于财产犯罪对象有过较大的争议,由此也可以看出刑法学界并未将刑民实体关系作为认定财物范畴的重要依据。其次,在无体物的问题上,刑法较为注重犯罪对象的经济属性,只要能够为行为人带来现实的经济利益,并且通过非法手段可以获取,至于在民事或者其他部门法律中的性质如何,根本不是犯罪人所要考虑的问题。"刑法作为公法,其主要目的是国家运用公权力惩治犯罪行为,以维护社会秩序,在对某一行为进行评判时,更注重于在主客观相统一的基础上以社会危害性为核心要素来进行实质评判,追求实质的合理性。"[②]这种实质合理性的界限乃是刑法规定,从无体物犯罪本身的性质来看,做出肯定的实质判断是正当的。最后,他国刑事立法和刑法学研究对于我国的借鉴意义是非常重大的,而这种意义发挥作用也有特定的界限,或者说应当作为很好的参考来加以运用。例如既然德日刑法已经明确规定了窃电犯罪,而我国也仅仅是在司法解释的层面上将电力等无体物视为财物,是否可以更进一步在立法上有所突破呢? 但如果说他国刑法并未认可电力的财物性质,我国刑法也应当视财物为有体物则有失妥当。因此,从刑法解释的角度看待无体物作为盗窃罪对象的这一结论,是基本合理的。

既然如此,该《解释》到底给我们造成了何种困扰呢? 笔者认为,这仍然要从体系解释的角度继续探讨这一问题。公私财物不仅仅是盗窃罪的对象,也

---

① 邓子滨:《中国实质刑法观批判》,法律出版社 2009 年版,第 15 页。
② 朱铁军:《刑民实体关系论》,上海人民出版社 2012 年版,第 176 页。

是抢劫罪、诈骗罪、敲诈勒索罪以及侵占罪等财产罪的对象,如果说盗窃罪当中的公私财物包括有体物和无体物,那么我们必须承认,抢劫、诈骗、侵占无体物的情形也可以成立相应罪名。"体系解释既是一种解释方法,也是非常重要的解释理由,只有进行体系解释……才能妥当处理各种犯罪构成要件之间的关系,使此罪与彼罪之间保持协调。"①尽管体系解释并不要求相同的词语必须指代相同的含义,但就财产犯罪一章中的"公私财物"而言,笔者认为没有必要也没有理由进行不同的理解。反对者可能认为,上述行为在司法实践中根本不可能发生,所以也没有讨论的必要,不管其他财产犯罪的公私财物是否包括无体物,也不影响这种解释的合理性。但这种观点只不过是一种归纳推理的结论,"属于以感性经验为主要依据的不完全归纳,究竟是真是假,还要借助其他的科学方法来证明,或者靠实践来最后证明"。② 既然如此,也就无法排除发生的可能性,以此作为没有研究意义的理由是不可靠的。从该司法解释的本意来看,主要应当是在强调盗窃罪的对象包括范围较广,尤其在无体物这一方面,如果没有在其他司法解释中予以明确,则无体物不应当属于其他财产犯罪的对象。事实上,有关于诈骗、抢劫等罪名的司法解释的确没有涉及关于无体物是否能够成立相应罪名的内容。此时,如果将无体物限于盗窃罪的对象范围,其结论也就值得斟酌了。司法解释的作用在于解释刑法,将刑法规定不甚明确之处加以明确化,但如果该司法解释与刑法规定产生了冲突,就很难说具有合理性以及法律效力了。这样一来,无体物本身属于财物的范畴,却因为《解释》的规定在不同的财产犯罪之间产生了隔阂,呈现出了不同的财物范围,显然是不合理的。反之,如果我们摆脱《解释》造成的困扰,无视盗窃无体物犯罪在刑法上的独立性,直接认定无体物本身不需要通过任何司法解释即可作为财产犯罪的对象,那么,紧接着也就产生了我们的第二个问题。

(二)行为方式的复杂特征

无体物说的主张者认为无体物是否是财物是一个问题,是否值得科处刑罚是另一个问题,但既然认为无体物是财物,对于夺取无体物的行为就没有理由不主张成立财产罪(如果达到相应数额)。日本多数刑法学者之所以将财物

---

① 张明楷:《刑法分则的解释原理》(上),中国人民大学出版社 2011 年版,第 54～55 页。
② 张锦厍编著:《实用逻辑教程》,中国人民大学出版社 2011 年版,第 205 页。

限定为有体物,实体上的理由即在于此。① 实际上,无体物是财物已经在刑法学界达成了一致的观点,只是对于以无体物为对象的违法行为是否可能构成所有的财产犯罪仍有一些不同意见,因为犯罪对象具有符合性并不意味着定罪问题就已经全部解决。受到无体物存在形式的特定影响,尤其在犯罪的客观方面,是否充足全部的犯罪构成要件仍然有待研究。

肯定论者认为,"就我国刑法而言,无论是有体物还是无体物,只要其具有经济价值,能够为人所控制,一旦被他人占有,能够给所有人造成财产损失,就应当纳入财产所有权的保护范围,这对于保护公私财产权利,是有利的。例如,用欺骗手段骗用他人的电力,数额较大的,应以诈骗罪论处。如果行为人用暴力、胁迫等方法迫使他人为自己当场提供电力使用,使对方遭受经济损失,未尝不可以抢劫罪论处。当然如果行为人以威胁方法,迫使他人同意行为人日常无偿使用其电力、煤气、天然气,给他人造成较大损失的,应以敲诈勒索罪论处。"②这种观点尽管对于保护无体物的财产权利具有积极意义,可是否真正符合刑法规定的财产犯罪的构成要件是值得探讨的。

我们仍以窃电的违法行为为例,现实中的窃电行为主要包括两种:第一种是盗窃电力的行为,行为人主要是在电表上下工夫,通过不计或者少计用电量,以达到非法占有电力的目的。反之,对于没有改变电表计量的只是故意拖欠电费的情形,应当按照合同违约的规定来处理,不符合窃电行为秘密性的特征。第二种是骗免电费的行为,行为人也是采取与窃电基本相同的方法,使得电力公司人员基于错误认识而免除了行为人的部分或者全部电费。两者最为重要的区别在于,窃电行为的非法占有目的产生于用电行为之前,自始至终不想缴纳或者少缴纳电费;骗免电费的行为则是在大量用电之后,行为人产生了不缴或者少缴电费的想法,才开始实施诈骗的行为。这一区别是否对定罪产生了决定性意义并不明确,但关于实践中的上述窃电行为如何定性却有较大的争议。就第一种窃电行为而言,有的学者就认为应当构成诈骗罪而不是盗窃罪,根据《电力供应与使用条例》第 31 条所描述的罪状进行分析,除第一项

---

① 童伟华:《财产罪基础理论研究——财产罪的法益及其展开》,法律出版社 2012 年版,第 79 页。

② 王作富主编:《刑法分则实务研究》(中),中国方正出版社 2007 年版,第 1055～1056 页。

应当认定为盗窃罪以外,其余行为方式都恰恰符合诈骗罪的构成特征。因为不管行为人的占有目的产生于何时,最终获取财产的手段都是通过隐瞒事实的手段得以实现,如果被害人没有陷入错误认识,行为人就无法完成特定的犯罪行为。① 反对者则认为,对于窃电行为,行为人正是通过秘密窃取的手段占有了电力,而非骗取。因为"不论使用方是否采取了非法的手段,在单位时间段内,其总是先向用电方供电的,这也是由供电方交付行为的先前性决定的,而并非陷入某种错误认识,并基于该种错误认识作出对财产的处分行为。因此就取得电力的行为方式而言,是行为人通过自己秘密窃取的方式,而非基于他人处分财产的行为"。② 窃电行为的基本特征在于,行为人自始至终存在非法占有目的,并且基于此目的在用电之前就对计量装置进行了损毁或者修改,从而达到了不缴或者少缴电费的目的。其中之所以存在争议的关键问题是,行为整体是以欺骗的手段进行秘密窃取的行为,从而在诈骗罪和盗窃罪之间产生了较大的争议。关于如何区分诈骗罪和盗窃罪,有的学者认为"被害人是否基于有瑕疵的同意交付财物是诈骗罪和盗窃罪相区别的根本标志"。③ 那么,上述窃电行为是否存在这一特征呢?笔者认为是存在的。这主要表现在被害人基于行为人改变用电计量装置的行为产生的错误认识,而部分或者全部免除了电费的内容恰与此相类似。而只要存在了这种同意交付财物的处分行为,就很难再认定行为人是秘密窃取的行为了,因为如果只有秘密窃取的行为,根本无法完成这一窃电犯罪的全部过程。但是,如果我们认为窃电行为构成诈骗罪的话,实际上区分窃电和骗免电费的理论和实践意义也就微乎其微了。

　　骗免电费的行为之所以不同于窃电,就是源于非法占有目的的产生时间不同。因此,在骗免电费的行为当中,行为人之前的用电行为并不具有非法性,只是在产生大量电费之后,才着手实施具体的危害行为,也即影响用电计量装置的一些行为,通过使被害人陷入错误认识,而免除缴纳电费的合同义务。对此,学者们在承认免除电费缴纳义务是一种财产性利益的同时,也主张

---

① 李昕雅:《"窃电"行为构成诈骗罪之分析研究》,载《商品储运与养护》2008 年第 8 期。
② 王玉珏:《"窃电"犯罪行为的特性研究》,载《犯罪研究》2008 年第 2 期。
③ 陈兴良、周光权:《刑法学的现代展开》,中国人民大学出版社 2006 年版,第 643 页。

此类行为如果达到一定数额,就应当按照诈骗罪处罚。[①] 对此,笔者想要说明两点问题:第一,包括诈骗罪在内的大部分财产犯罪并没有规定财产性利益可以作为其对象,这是根据刑法条文得出的解释结论,本书第三章已经做过详细说明,在此不再赘述;第二,如果对于骗免电费的行为不能严格依照诈骗罪来定罪处罚,那是否可以按照盗窃罪来认定呢? 答案也是否定的。行为人在起初的使用电力过程中,并没有非法占有的目的,也就是不具备犯罪的主观要件,根据主客观相一致的原则,不能认为非法占有目的产生之前的用电行为具有危害性。有的学者认为,骗免电费和一般的窃电行为不同,行为人为了不缴或者少缴电费,事先采用不法手段,使电表停止运行的,所窃取的是电力本身,而不是财产性利益。但在骗免电费的场合,行为人事先没有窃电的意图,而是正常使用电力。事后骗取的也不是电力,而是电费的财产请求权这一财产性利益。二者不能混淆。[②] 这也是较多学者的观点。这种观点正好指出了骗免电费的行为性质,依本书的观点来看,这种行为只能按照诈骗利益罪进行惩处,而不能作为普通的诈骗罪进行处理。可是在刑事立法对此做出明确修改之前,我们只能将骗免电费的行为按照民法中的合同违约进行处罚,不宜动用刑罚措施。如果我们先入为主地认为,窃电行为就是盗窃行为,可以成立盗窃罪,明显是将此问题加以简单化处理的错误做法。至少从实践中发生的大量窃电行为来看,到底认定为何罪更为妥当还是有疑问的。

无体物是一种特殊的财产类型,以电力、燃气为代表的无体物,往往具有不能储存的特殊性质,发、输、配、供、用往往在较短的时间内同时完成。而财产犯罪大多为取得型犯罪,既遂的判断标准多依赖于财物的现实转移,否则,行为人很难说实际控制了某项财物。在此问题上,有体物和无体物存在较大的区别,这种区别不仅导致了类似于抢劫、抢夺、敲诈勒索无体物的情形很少发生,也对客观方面的获取方式产生了一定的影响,从而使得传统的盗窃或者是诈骗犯罪都或多或少地存在着不适应性的问题。尽管按照盗窃罪处理司法实践中发生的大多数窃电行为已成惯例,可这并不表示理论研究应当就此止

---

① 李昕雅:《"窃电"行为构成诈骗罪之分析研究》,载《商品储运与养护》2008 年第 8 期;王玉珏:《"窃电"犯罪行为的特性研究》,载《犯罪研究》2008 年第 2 期;戴有举:《诈骗罪若干实务问题》,载《中国刑事法杂志》2006 年第 4 期。

② 张明楷:《诈骗罪与金融诈骗罪研究》,清华大学出版社 2007 年版,第 40～41 页。

步,反观国外的一些有关非法使用能源犯罪的刑法规定,我们的刑事立法在此方面的不足可以说是非常明显的。

二、能源犯罪的基本思路

(一)国外相关立法规定的分析

能源犯罪的肇始以窃电行为的产生为立足点,因此,多数国家在涉及能源犯罪的问题上,都以规定了将电力作为犯罪对象的财产犯罪为标志。基于电力是否属于财物的争议,在将电力作为财产罪对象的立法选择上,各国刑法基本采取了较为一致的完善进路。

目前,很多国家的刑法典在财产犯罪部分仍然没有涉及电力犯罪或者能源犯罪的具体规定。① 根据现有的资料分析,存在以电力为对象的财产罪规定或者能源犯罪的国家刑法典,主要表现为以下几种立法例:第一,将电力视为财物,通过扩大财物的范畴设定新的窃电罪。最为典型的国家就是日本。日本刑法在侵犯财产罪中设专条规定"关于构成本章之罪,电源和财物同样对待"。韩国刑法甚至在"盗窃与强盗罪"一章中规定:"本章之罪中,可以控制的动力,视为财物。"而且这一条可以适用于其他有关的侵犯财产罪。② 除此以外,与此相类似的国家还有丹麦③、巴西、波兰、德国等。第二,视窃电行为视为特殊的盗窃罪。例如瑞典刑法典第八章盗窃、抢劫和其他盗窃罪中就规定了非法转移电能罪的罪名。④ 在这里尽管没有明确使用窃电罪的罪名,但由于规定在盗窃、抢劫罪的章节中,实际上仍然是一种特殊的盗窃罪。墨西哥刑法将无合法权利也未获得依法有处分权的人同意的情况下,夺取他人动产的,

---

① 就笔者所查阅的资料来看,至少以下国家的刑法典中,并没有关于这些方面的内容,具体包括菲律宾、希腊、埃及、克罗地亚、阿尔巴尼亚、马其顿共和国、罗马尼亚、葡萄牙、捷克、塞尔维亚、斯洛文尼亚、黑山、俄罗斯、芬兰、新加坡、挪威、保加利亚、蒙古、马耳他、尼日利亚、荷兰等。

② 范小霞、余松龄:《私有财产刑法保护的比较研究》,载《湖南公安高等专科学校学报》2005 年第 3 期。

③ 财物扩大的范围不止于电力,任何生产、储存或利用可用于照明、供热、供电、动力或者用于其他任何具有经济价值目的之能量,都视为有形物。参见《丹麦刑法典与丹麦刑事执行法》,谢望原译,北京大学出版社 2005 年版,第 70 页。

④ 《瑞典刑法典》,陈琴译,北京大学出版社 2005 年版,第 13 页。

按照夺取罪处理。其第 368 条第二项规定,对电能、磁能、电磁能或者任何流体或者任何传输设施予以使用或者夺取的,按照该罪追究刑事责任。[①] 而土耳其刑法则将"对能源以非法方式使用的"行为规定为加重盗窃罪。[②] 最后一种形式在最大的范围上对无体物能源进行了刑法保护。例如瑞士 1996 年刑法典第 142 条所规定的非法盗用能源罪,其对象既包括电力,也包括电力以外的其他能源。[③] 意大利刑法典第 624 条第 3 款亦规定:"在刑事法律的意义上,电能和其他具有经济价值的能源也被视为动产。"[④]除此以外,尽管并未指明是针对能源的犯罪行为,但笔者认为下述国家的刑事立法相关规定亦可以适用于实践中经常发生的窃电行为。例如斯洛伐克刑法第 226 条规定的不当获利罪,其主要内容为:"意图在未获得授权的情况下以不付款获取商品、服务、信息或者获取现金,以对设计用于自动售货、兑换现金、提取货币或者有偿提供运行、服务、信息、其他交易的计算机硬件或者软件、自动机器或者类似装置或者设备进行未获授权的介入的手段,为自己或第三人获利而损害他人财产,并因此对他人的财产造成数额较大的损失的,处 2 年以下监禁。"[⑤]

从已有的电力犯罪分析,一方面,对窃电行为进行明确规定的各国刑法多是承认了电力的财物性质,即使电力本身不是财物,但由于针对电力的财产犯罪在实践中屡有发生,将其作为一种特殊的财物来看待,也不失为一种立法上的选择。不过,在立法中也有一些国家并没有将范围仅限于电力方面,而是扩张至各种能源,例如波兰、丹麦、韩国、西班牙等。当然,"仅限于电力"的规定有助于明确构成要件的具体范围,而扩张至各种能源的做法则更有利于发挥刑法保护的全面性,各有利弊。另一方面,在罪名的选择上,窃电行为被认定为盗窃罪也表现了出人意料的一致性。不管实践中非法获取电力表现为何种手段,多数国家仍然是将以电力为犯罪对象的违法行为作为一种特殊的盗窃罪进行处罚,而没有选择其他罪名。唯一不同的是西班牙,该国刑法典将非法使用能源的行为规定为特殊的欺诈罪,但又在行为方式的表述上选择了"盗

① 《墨西哥刑法典》,陈志军译,中国人民公安大学出版社 2010 年版,第 175 页。
② 《土耳其刑法典》,陈志军译,中国人民公安大学出版社 2009 年版,第 67 页。
③ 《瑞士联邦刑法典》,徐久生译,中国法制出版社 1999 年版,第 52 页。
④ 《意大利刑法典》,黄风译,中国政法大学出版社 1998 年版,第 184 页。
⑤ 《斯洛伐克刑法典》,陈志军译,中国人民公安大学出版社 2011 年版,第 131 页。

用"的说法,亦是立场不明显。上文所说的斯洛伐克刑法中规定的不当获利罪,此罪更接近于诈骗罪,但又并不明确针对能源犯罪。墨西哥刑法中并没有区分盗窃罪和抢劫罪,而是将无被害人同意的取财行为统一规定为夺取罪,将以电力等各种无体物为对象的行为也纳入其中。更为特别的是,加拿大刑事法典的第 326 条规定:"以欺诈、恶意或者没有权利而实施下列行为,构成盗窃罪:(a)提取、消费或者使用电力、燃气,或者造成浪费或者转移……",也即是说,将欺诈使用电力、燃气的违法行为也按照盗窃罪处罚。

上述国家有关电力或者能源犯罪的刑法规定,对于如何完善我国的财产犯罪部分大有裨益,尤其是明确无体物在刑法中的特殊财产地位提供了各种各样的立法进路,但同时也在如何选择上制造了一些麻烦。例如,到底是只规定电力犯罪还是一步到位地解决非法使用能源的违法问题,在行为方式上是该选择盗窃还是诈骗抑或规定新的罪名等等,仍然需要我们进一步斟酌。

(二)盗用能源罪的立法选择

能源犯罪在主观方面仍是主要以获取经济利益为目的,在客观方面采取非法手段免除应当缴纳的费用而无偿使用各种能源,其中最为突出的表现是窃电犯罪,实践中对此类行为则多以盗窃罪定罪处罚。即便司法解释明确了盗窃罪的对象包括各种无体物,但从这一犯罪行为的社会危害性来看,将其直接纳入刑法的调整范围,通过明确的刑事立法消除理论上的各种争议,已经成为了迫在眉睫的问题。不过,如何在财产犯罪中对此加以完善,仍然需要我们做出如下三方面的选择:

选择之一,是特殊的盗窃罪还是特殊的诈骗罪?对于电力或者无体物而言,通过非法手段获取往往交错使用盗窃和诈骗的手段,从而也就造成了认定上的困难。上文中已就此问题的争议进行了简要的论述,此处不予重复。这种司法认定或者说理论研究中产生的困惑多半与立法上的规定不清有着紧密的关系,立法修订的缘由也来于此。笔者认为,基于对以下几方面理由的分析,选择特殊的盗窃罪作为能源犯罪的刑事立法趋向更为合理:第一,对于窃电行为而言,尽管掺杂了诈骗的行为要素,但从获取经济利益途径的角度分析,按照盗窃罪处理更为妥当。行为人在非法占有目的产生以后,开始采取非法手段更改用电计量装置,之后通过使用电力以及其他种类的能源而获取经济利益,当被害人进行能源使用费用的计算时,由于陷入了错误认识而部分或者全部免除了行为人应当缴纳的费用,从而完全达到了行为人的预期目的。

但是,这一犯罪行为是否应当截止于最后免除费用的阶段是有疑问的。笔者认为,当行为人采取非法手段开始大量使用电力等能源之时,犯罪行为已经完成,也即构成既遂,即便最后被相关工作人员发现了违法使用的情形,由于无体物已经被行为人占为己有,也不宜按照未遂处理。如果从这个角度分析,行为人的行为按照盗窃罪处理更为妥当。"对于采取欺骗方法窃取公私财物的案件,关键是看行为人使用欺骗方法是否意在使对方陷入认识错误,进而对财产做出处分,将之'自愿'地交付给行为人。"①但就窃电行为而言,行为人在获取无体物之时,尽管使用了欺骗手段,被害人却并非因为欺骗手段陷入错误认识而交付的财物,因为在此种类型的合同中,往往是以先使用后付费作为基本流程的,并不存在基于错误认识的处分财产。所以,对于此类窃电行为还是以盗窃罪处理最为妥当。第二,如果刑事立法增设了诈骗利益罪的规定以后,骗免电费的行为完全可以适用于这种特殊的诈骗罪。窃电行为窃取的是电力等无体物,非法占有目的产生于行为之初,而骗免电费的行为不以电力等无体物作为犯罪对象,其目的在于部分或者全部免除应当缴纳的各种使用费,所以骗取的是财产性利益。为了更好地区分窃电行为和骗免电费之间的不同,也应当将窃电行为按照盗窃罪处理。第三,从我国以往的司法实践对此类行为的认定来看,多是以盗窃罪定罪量刑,人们也已习惯地使用窃电的概念,没有必要进行更改。与此同时,这一概念也得到了多数国家刑事立法的认可,上文中已经指出,将窃电行为作为特殊的盗窃罪处罚基本成为了主流的观点。即使没有明确作出这一规定的国家,也在司法实践中认可了这种做法,例如法国等。因此,笔者认为将窃电行为视为一种特殊的盗窃罪进行立法完善更具合理性。

选择之二,是仅适用于电力还是扩张至其他能源?在上文中,有的国家仅仅规定了窃电犯罪,对于非法使用其他能源的情形则没有做出明确规定,而有的国家并没有进行这种限制,将犯罪对象扩张至其他种类的能源,最大限度上拓展了该项立法的意义。前者的优点在于贯彻了罪刑法定原则的明确性要求,而后者恰恰存在着违背这一要求的嫌疑。现在通说的观点认为,应当在有体性说的基础之上,对于刑法需要特别保护的无体物,由法律作出明确的列

---

① 张志勇:《诈骗罪研究》,中国检察出版社 2007 年版,第 171 页。

举,从而将其纳入作为财产罪对象的财物范畴。① 这种观点兼顾了无体物刑法保护的需求和罪刑法定原则对刑法条文明确性的限制。基于罪刑法定原则的基本精神,刑法条文应当符合明确性的要求。它是这样一种基本要求:规定犯罪的法律条文必须清楚明确,使人能确切了解违法行为的内容,准确地确定犯罪行为与非犯罪行为的范围,以保障该规范没有明文规定的行为不会成为该规范适用的对象。② 那么,是否在刑法条文中使用了"其他"或者"等"的概念就违背了这一要求呢? 显然不是。且不说相关司法解释在阐述盗窃无体物的对象时已经使用了"等"的概念,就刑法本身而言,具体条文中含有"其他"或者"等"也是不可避免的。"在刑法总计 452 条的条文中(不含章、节标题及附件),使用'其他'的地方有 270 处,使用'等'的地方有 36 处,二者累计有 306 处,涉及 166 个法条,占条文总数的 39.06%,这两个词使用频度(两个词的使用总数与条文数之比,下同)达到了 0.72,即每 10 条条文中,要出现'其他'或'等'超过 7 次。"③尽管我们不能认为出现的次数多或者频率高就是合理的,而至少在现阶段的立法水平上,不同程度地使用这些词语仍是难以避免的。刑法的明确性并不是绝对的,追求绝对明确的立法是不现实也是不科学的,在此前提下,我们只需做到相对的明确性也即符合了罪刑法定原则。更有学者认为,刑法中的"其他"用语体现了以简驭繁的立法技术,具有周延性与相关性的双重品格。其周延性使静态的刑法规范具有了较强的灵活性与适应性而有助于维护刑法的安定性,其相关性保证了刑法规范内容的特定性与明确性而有利于实现刑法的合目的性。其相关性、周延性分别与现代罪刑法定原则的人权保障、社会保护双重机能相顺应,而且与现代法治国的双重性格并行不悖。④ 基于此,笔者主张应当将这一特殊盗窃罪的犯罪对象扩张至所有的能源,只不过,在解释的过程中我们必须注意,这种能源并不是通俗意义上所理解的能源概念,而是基于特定目的对其做出的限缩性解释。首先,我们必须列举非常典型的能源种类,主

---

① 赵秉志主编:《刑法分则要论》,中国法制出版社 2010 年版,第 371 页;刘明祥:《财产罪比较研究》,中国政法大学出版社 2001 年版,第 24 页。

② [意]杜里奥·帕多瓦尼:《意大利刑法学原理》,陈忠林译评,中国人民大学出版社 2004 年版,第 27~28 页。

③ 张庆旭:《刑法中"其他"及"等"略考》,载《中国刑事法杂志》2001 年第 2 期。

④ 王耀忠:《我国刑法中"其他"用语之探究》,载《法律科学(西北政法大学学报)》2009 年第 3 期。

要还是以《解释》中规定的"电力、煤气、天然气"为主，就目前此类违法行为所涉及的能源种类来看，也主要是以上述几类作为犯罪对象；其次，在解释"其他能源"的时候，必须以上述三种适例的共同特征作为重要的解释依据，严格按照体系解释所要求的同类解释规则进行解读，而不能将其与现实社会中的所有能源完全对应起来，本罪中所指的仍然是那些难以控制的无体物，也只有此类财产方需要刑事立法加以特殊处理；最后，对于不属于无体物的能源种类，本书主张还是以普通的盗窃罪论处更为适宜。以石油为例，尽管它也属于能源的范畴，但行为人如果以其作为犯罪对象实施盗窃行为，并不存在任何实践或者理论上的认定争议，就整体的行为过程而言，完全等同于盗窃各种有体物或者说动产的情形，根本不具有特殊性，自然也没必要加以立法上的特殊处理。总之，上文中所确立的无体物概念是确保盗用能源罪在犯罪对象上保持明确性的藩篱，也是将其与普通盗窃罪加以区分的重要标志。

选择之三，是否应当增设单位犯罪的内容？单位窃电不仅在我国各地时有发生，而且盗窃的数额较大，危害也更为严重。[①] 但是，由于刑法规定的盗窃罪仅限于个人犯罪，是否可以将单位窃电的行为按照盗窃罪处理一直存有争议。根据 2002 年 8 月 13 日《最高人民检察院关于单位有关人员组织实施盗窃行为如何适用法律问题的批复》的规定，"单位有关人员为谋取单位利益组织实施盗窃行为，情节严重的，应依照刑法第 264 条的规定以盗窃罪追究直接责任人员的刑事责任。"尽管这一批复使得单位窃电的行为获得了定罪上的有效依据，消除了司法实践当中对此问题的不同认识，且很好地遵守了罪刑法定的基本原则。只不过，这一司法解释仍然只是权宜之计，并没有真正从根本上解决这一问题。首先，在明知是单位犯罪的情况下，我们不得不只处罚个人就有罚不当罪的嫌疑。在此种情况下，尽管行为人做出了窃电的具体决定，但这种决定不是个人行为，而是集体决定或者是以集体利益为目标的个人决定，也就是说，犯罪决意并不产生于个人，且犯罪行为也往往不是由个人实施，法律后果却只由行为人承担自然不甚合理。其次，行为人从犯罪行为中并未获利或者只是间接获利，直接获利的应当是单位或者其他组织，而后者恰恰没有受到刑事处罚，此时，这种刑罚的动用就可以说是无效的，很难起到惩治以及

---

① 参见刁桂琼，张惠成：《"单位窃电"照样追究刑事责任》，载《农电管理》2003 年第 3 期。

预防的效果。最后,就窃电案件而言,单位窃电的现象远比个人窃电更为严重。据苏北某市供电部门的统计,近年来法人窃电案件约占每年窃电案件的30%左右,而窃电数量约占年窃电总量的65%。如果我们仅仅规定了以自然人为主体的盗用能源罪,反而漏掉了危害更为严重、性质更加恶劣的单位窃电行为,其立法修订的意义也就大打折扣了。2013年4月4日起施行的新的盗窃罪司法解释依然延续了上述批复的基本精神,主张将单位实施的盗窃犯罪按照自然人犯罪追究"组织者、指使者、直接实施者"的刑事责任,并不可取。笔者认为应当以盗用能源罪的立法修订作为契机,将单位非法使用各种能源的违法行为也纳入该罪的调整范围,以求更为全面地保护公私财产权利以及正常的能源供求秩序。

综上所述,本书认为应当在我国刑法第264条规定之后增加一条,作为该条之一,其内容为:"以非法方式使用电力、燃气以及其他能源的,按照前款规定处罚。单位犯前款罪的,对单位判处罚金,并对其直接负责的主管人员和其他直接责任人员依照前款的规定处罚。"其中"非法方式"的解释可以参照有关电力法律法规的相关规定,而对单位判处的罚金数额则需要制定相关的司法解释加以认定。

最后,需要说明的一点是,盗用能源罪与其他财产罪在犯罪对象上的关系问题,即无体物在此种立法体系下还是不是其他财产罪的对象。笔者认为,应当采取肯定的结论。本书在特殊财产的刑事立法修订问题上,所持的基本原则是"特殊对象特殊对待"。不管是虚拟财产、财产性利益也好,还是无体物以及后文所要讲到的不动产也罢,只要其特殊的存在形态已经影响到了刑法具体规范在相应犯罪行为上的"不适应性",就应当予以特殊化处理,而不是通过"实质解释""管理可能性"等观点进行"权宜"式的处理。具体到无体物的问题,尽管该类型财产可以被解释为财物,但解释之后并没有真正解决盗用无体物的犯罪问题,依然存在许多犯罪构成上的质疑。既然如此,立法修订也就成为了必要的选择。这种修订是针对无体物的犯罪行为做出的,但并不是一种选择性、排除性的处理方式:对于实践中经常出现针对无体物的违法行为类型,将其作入罪化处理;而对于在现实中不可能或者不经常发生的行为方式,我们也不能完全否定无体物属于该类犯罪的对象。只是涉及具体的问题时,必须综合考虑违法行为与犯罪构成的符合性,不能以追求实质公平为理由而动摇罪刑法定原则的根本地位。

第五章　不动产的刑法保护路径

第一节　不动产犯罪的争议评析

一、不动产犯罪的现状分析

（一）刑法中的不动产范围

本书所称的不动产犯罪，是指以不动产作为犯罪对象、以获取非法经济利益作为犯罪目的的严重违法行为。① 现行刑法规范当中并无直接使用"不动产"概念的条文，只不过在《刑法》第 92 条解释"财产"概念一词时涉及了"房屋"的内容，因此，对刑法中的不动产进行定义需要借助于其他法律尤其是民事立法的相关规定进行理解。我国《物权法》第 2 条规定："本法所称物，包括不动产和动产。"民法学界一般认为，不动产是指土地及其定着物，定着物是指尚未与土地分离的地上物，主要是指建筑物，从建筑学的角度来看，建筑物又可分为房屋和构筑物，后者是指道路、桥梁、地下隧道、人造广场等，另外，植物与土地分离之前仍属于不动产。② 这种观点亦有立法上的依据，例如我国《担保法》第 92 条规定："本法所称不动产指土地以及房屋、林木等地上定着物。"

---

① 这种称谓并不当然地认同所有侵犯不动产财产权的行为都可能构成犯罪，只是出于论述便捷的考虑，对其中具有争议的严重违法行为做统一的表述。

② 参见胡长清：《中国民法总论》，中国政法大学出版社 1997 年版，第 163 页。

我国刑法理论研究中涉及的不动产概念大多参照了民法的相关规定以及理论学说，[①]并无太大的突破，只是在范围上更加彰显了不可移动性的特征。例如通说的观点认为，"与不动产可以分离，同时又不丧失原物价值的附着物，如房屋上的瓦、门、窗，土地上生长的零星树木、庄稼等，仍可成为盗窃罪的对象，数额较大的，也应构成盗窃罪。"[②]这一理解与相关司法解释的规定相一致，2000年11月17日最高人民法院《关于审理破坏森林资源刑事案件具体应用法律若干问题的解释》第9条规定："偷砍他人房前屋后、自留地种植的零星树木，数额较大，依照刑法第二百六十四条的规定，以盗窃罪定罪处罚。"这里不仅明确了此类行为并不需要按照盗伐林木罪进行处罚，也肯定了未与土地分离的树木在成为财产犯罪对象的问题上并无立法障碍。因为尽管树木本身不能自行移动，但如果借助人力与土地分离之后，在特定情况下，其财产价值不仅没有消失，反而可以说是得到了真正体现。因此，严格地讲，刑法中的不动产范围要小于民法，更多情况下是指土地和房屋两种类型。尽管从维护法的统一性角度考虑，应当将民法中的不动产与刑法中的不动产尽量保持较高的一致性，但作为一种需要刑法特别对待的财产类型，必须考虑其立法本身的特定需要，如果不必作为特别情况进行考虑，则按照动产犯罪的一般原理处理更为妥当。此外还需要明确的一点是，由于土地资源的国有化性质以及难以侵占的特征，从当代社会频发的侵夺不动产的行为性质上来看，以房屋为主导的不动产类型才是犯罪的核心对象，其中深层次的社会原因亦是值得探究。

（二）诱发犯罪的社会原因

我国于上世纪末启动了住房体制改革的进程，经历了探索和试点、分批推进到全面深化、住房货币化和建立保障制度等阶段，至今已经过去了30多年，在取得巨大成绩的同时，也有许多尚未健全完善之处。1994年7月，国务院下发了《关于深化城镇住房制度改革的决定》，确定房改的根本目标是：建立与社会主义市场经济体制相适应的新的城镇住房制度，实现住房商品化、社会化；加快住房建设，改善居住条件，满足城镇居民不断增长的住房需求。之后，国务院在1998年7月3日又下发了《关于进一步深化住房体制改革加快住房

[①] 参见高铭暄、马克昌主编：《刑法学》，北京大学出版社、高等教育出版社2011年第5版，第505页；周光权：《刑法各论讲义》，清华大学出版社2003年版，第89页。

[②] 刘宪权主编：《中国刑法理论前沿问题研究》，人民出版社2005年版，第595页。

建设的通知》,宣布从同年下半年开始全面停止住房实物分配,实行住房分配货币化,首次提出建立和完善以经济适用住房为主的多层次城镇住房供应体系。近十多年来,是我国住房事业发展速度最快的阶段。据统计,从 1998 年到 2008 年,至少有 35％ 的城镇住宅家庭解决了住房更新换代的消费需求。在城镇人口不断增长的情况下,仍然实现了人均每年增加 1 平方米的发展速度。[1] 根据建设部公布的数据显示,我国城市居民住房自有率已接近 82％。在国外,城市居民拥有产权房比率最高的是美国,为 68％,英国为 56％,欧洲等其他国家为 30％ 至 50％。我国作为一个发展中国家,仅用几年时间,城市居民住房自有率达到世界第一。[2] "居者有其屋"的文化取向决定了中国人买房居住的生活传统,从而使得住房建设和住房消费很快地演变为新的消费热点,真正成为了我国近十几年来国民经济增长的关键产业。尽管如此,我们必须认识到的一点是,房地产市场的蓬勃发展与相对较高的房价具有紧密关系,高房价不仅造成了部分中低收入的社会群体"望房兴叹",由此引发的各种社会问题亦是受到了广泛关注。

相对较高的房价直接产生的结果就是,住宅消费的支出在我国任何城市都成为了普通群众日常生活中的头等大事,对于大部分人来说,住房很有可能是其一生中购买的最大额消费品。房屋作为典型的不动产大多具有较高的经济价值,同时作为"衣食住行"的一部分又是人们须臾不可离开的生活必需品,这些特征都决定了此种类型的财产必然受到权利主体的高度重视和积极保护。现实生活中,因为继承、离婚、买卖等法律行为引发的房屋纠纷比比皆是,由于案件的争议标的额较大,各方当事人往往是互不相让,这些案件不仅成为了各地司法机关民事调解的难题,而且即便经过终审判决执行起来也是存在着相当大的难度。更有甚者,严重的房屋纠纷还有可能导致其他的违法犯罪行为,给社会稳定和群众生活带来更大的危害。具体到本书所讲的不动产犯罪,也是与当代社会不动产市场的迅猛发展具有紧密的联系的。有的学者认为,"随着国家经济社会的发展,公民物质生活水平不断提高,公民所拥有的不动产也日益增多。实际生活中,侵犯公民不动产财产权的现象时有发生,如公

---

① 秦虹:《房改十年,十年辉煌》,载《城市开发》2008 年第 20 期。

② 那拉:《中国居民住房自有率达已近 82％ 达世界第一》,http://www.sznews.com/zhuanti/content/2006—06/13/content_151188.htm,下载日期:2014 年 3 月 20 日。

然强占、损坏所有权人或使用权人的房屋；抢劫、抢夺、盗窃、毁灭他人房产证书；等等。这一系列现象不仅严重损害了公民的合法财产权，也引发了许多社会矛盾。"①还有的学者认为，"实践中，已经出现或可能出现的严重侵犯不动产所有权的行为主要有：以暴力、胁迫手段在无争议的他人宅基地上强行建筑房屋；公然强占所有权人或使用权人的房屋、土地甚至采取暴力、胁迫、勒索手段逼其交出产权证书；强行阻碍他人出入其住宅或干扰他人行使其不动产的各项权能；采用隐瞒真相、虚构事实的手段骗取所有权人或使用权人的房屋、土地或产权证书；骗住宾馆或旅店而不交费；盗取、抢劫、抢夺和毁灭他人不动产证书；故意毁灭、损坏或污损他人享有所有权或使用权的房屋、土地等。"②仔细分析这些违法犯罪行为产生的原因，无外乎基于如下两方面的因素：一方面，住房体制改革以后，行为人可以通过各种非法手段取得房屋的产权登记，从而将其作为商品在市场上买卖流转，从而获取高额的经济利益，如果仅仅将其作为财产犯罪来看待，可以说具备了非常充足的犯罪动机。另一方面，即便行为人无法取得合法的房屋产权登记，仅仅是以其他行为方式暂时或者长期的居住并加以利用，基于使用费用的免除也可以从中获取较高的经济利益，同时也使被害人有可能受到严重的经济损失。因此，以不动产作为行为对象的违法犯罪逐渐成为严重扰乱社会秩序的重大隐患，直接威胁着普通群众的日常生活安宁以及重大的私人财产权利。

"现代财产法理论也认为，住宅不仅是普通的不动产，还是生存财产和人格财产。所谓生存财产，是为维持所有人最低限度的生存所必要的财产。所谓人格财产，指与人格紧密相连、其灭失造成的痛苦无法通过替代物补救的财产（如金钱之类）。住宅作为家庭成员私生活的根据地，无疑应当归属于上述两种财产，因此应该享受远高于对一般不动产的保护。"③当然，尽管针对不动产的违法犯罪行为多以房屋为主要对象，但也并不排除此类行为亦有针对土地实施的情形，例如秘密移动界碑的违法行为等等。只不过，土地相比于房屋来说，其管理程序更为复杂，行为人很难通过非法手段真正取得土地的使用权，而且，土地的使用很难在短期内实现经济利益，造成了司法实践中专门以

---

① 张翔：《论公民合法财产权的刑法保护》，载《湖南社会科学》2011 年第 3 期。
② 夏勇、柳立子：《论加强对不动产所有权的刑法保护》，载《法商研究》2001 年第 3 期。
③ 张群：《浅析住宅权》，载《中国社会科学院院报》2007 年 12 月 27 日第 003 版。

土地作为行为对象的犯罪并不多见。即便存在违规使用土地的严重行为,也更多地应当从规范政府职能部门的角度去加强各项立法规制,而非针对个人的完善财产犯罪的方面。但是,为了避免挂一漏万,笔者并无意在刑法的不动产概念中排除土地的财产类型,只是再次说明司法实践中的此类行为的发展现状而已。

二、财物是否包括不动产

不动产犯罪是一种特殊的财产犯罪,其特殊性在于不动产具有不可移动以及难以隐匿之特性,这种特性导致了以其为对象的违法行为是否能够发生财产的取得或者转移成为了问题。基于此,学者们就刑法中的财物是否应当包括不动产产生了争议。

(一)学界的争议及理由

1. 否定说。以往的否定说认为,不动产不宜作为财产犯罪的对象,也即财物的范围应当仅限于动产。尽管这种否定往往是就单个罪名做出的,但有些学者的立场却是基于财产罪整体的性质进行的论证,因此也适用于其他犯罪就不动产问题的说明。笔者所总结的具体理由主要包括如下几点:第一,处分权是所有权能的核心,不动产作为物来说,决定了其处分权能和所有人不可分离,侵占不动产的行为不可能对所有权的核心——处分权造成侵害,因而其行为的社会危害性尚不足以达到应受刑事处罚的程度,不能构成犯罪。第二,我国刑事立法并未明确规定财产罪的对象包括动产和不动产,直接认为不动产属于财物或者财产犯罪的对象缺乏有效的法律依据。第三,我国民法对不动产的所有权关系及变更规定了严格的法律程序,未经法定程序,并不能排除不动产所有权人的控制。第四,社会大众的一般价值观念很难认同抢劫、盗窃不动产行为的成立,刑法的解释应当考虑这一国民的预测可能性。最后,土地、房屋这样的不动产即使被他人以违法手段暂时地占为己有,行为人也可以通过民事、行政等其他救济手段恢复权利,客观上并不存在刑事手段介入的必要性。① 否定说以现实为基础,注重不动产犯罪在构成要件上的全面契合性,考虑到了刑民关系之协调、社会大众的预测可能性、刑事手段介入的必要性等因素,主张谨慎对待侵犯不动产行为的入罪问题,具有一定的合理性。但是,侵犯不动产所有权人的违法行为是现实存在的,其社会危害性也是愈来愈严重,全面否定的观点尤其在财产权利的刑法保护方面是否还能够立稳脚跟,也是值得怀疑。

2. 肯定说。肯定说的学者大多是基于近些年来侵占国家、集体和私人所有的不动产案件的增多,行为的社会危害性越来越严重等原因开始主张将诸多财产犯罪的对象扩大至不动产的范围。其主要理由恰好与否定说的立场相对应:首先,既然我国刑法没有规定财产犯罪的对象仅限于动产,那么,就可以证明财物的范围不仅仅包括动产,亦包括不动产,这恰恰是基于立法规定做出的合理解释。其次,通过违法行为不论是取得不动产还是动产,都不可能实际获取该项财产包括处分权在内的全部所有权能,即便权利人发现自己的不动产被窃占通过法律手段恢复了自己的权利,这对行为人窃占行为性质并无影响,并不能因此得出窃占不动产与秘密窃取动产之间有本质区别,因为动产被秘密窃取后,权利人同样也有可能恢复权利。再次,社会变迁带来的人们在价值观念上的转变,已经不再成为妨碍不动产入罪的重要理由,既然人们有可能接受侵犯无体物、虚拟财产、财产性利益等对象的违法行为成立财产犯罪,亦有可能接受不动产的盗窃、抢劫、侵占等行为成立犯罪。最后,对于以不动产为对象的违法行为,往往获利巨大,同时也给被害人造成了极为严重的经济损失,相比较而言,如果对于轻微的财产犯罪都要判处刑罚,则以不动产为目标

---

① 郑丰:《不动产不能成为抢劫、盗窃的对象》,载《人民司法》1992 年第 6 期;陈宁:《不动产盗窃行为入罪问题之研究》,载《政法学刊》2009 年第 3 期;吴加明:《不动产盗窃之否定与程序意义被害人之提倡——就龚某盗卖房屋案对杨兴培教授商榷的回应》,载《犯罪研究》2013 年第 1 期;米恒、莫英杰:《抢劫罪对象的再思考》,载《湖北成人教育学院学报》2008 年第 5 期;张国轩:《抢劫罪的定罪与量刑》(修订版),人民法院出版社 2008 年版,第 129～131 页。

的违法行为更不应该仅仅通过民事手段解决。① 肯定说应当是基于社会现实的变化和需要逐渐产生、发展起来的,如今已经成为较为有力的观点,不仅仅是诈骗、敲诈勒索不动产等行为得到多数学者的认可,而且侵占、抢劫、盗窃不动产的行为亦是有越来越多的人支持。肯定说从实质上理解构成要件的客观行为方式,注重财产权利的保护和现实问题的解决,具有一定的积极意义,只是在具体问题和观点的论证上稍显牵强,就此本书将在下文中作详细探讨,此处不再赘述。

其实,大多数学者并未在此问题上持全面肯定或者彻底否定的观点,而是认为尽管不动产属于财产罪的对象毋庸置疑,但由于不动产作为财产的特殊属性,导致了某些特定犯罪并不可能成立。即便如此,学者们还是在哪些犯罪能够以不动产作为对象的问题上存在着不同的结论。例如有的学者认为,通过变更登记或者威胁讹诈的方式,可以成立诈欺罪或者恐吓罪,同样道理亦可成立侵占罪,而毁损财物罪更是不争之论,而盗窃不动产的行为不符合秘密性的特征,抢劫不动产则不可能发生财产的转移,因此两罪很难以不动产为对象成立犯罪。② 而有的学者认为,受到侵犯财产罪行为性质、特征的限制,如抢劫、抢夺、挪用资金、挪用特定款物的对象便只能是动产,而不包括不动产。③ 还有的学者认为,诈骗罪、侵占罪、敲诈勒索罪、故意毁坏财物罪、破坏生产经营罪的对象既可以是动产,也可以是不动产;抢夺罪、聚众哄抢罪、挪用资金罪的对象只能是动产;至于能否盗窃、抢劫不动产,则存疑问。④ 只不过,根据罪刑法定原则的基本精神,只要存在疑问也就意味着抢劫和盗窃不动产的违法行为是不能够成立相应罪名的。对于上述结论,笔者认为基本上延续了肯定说的观点,对于实践中发生的特定侵占不动产的违法行为主张按照财产犯罪处理,只不过对于那些争议较大、发生的情形较少的案例,仍然采取了比较谨慎的态度以否定的立场加以对待。

---

① 董玉庭:《盗窃罪特殊对象问题研究》,载《长春理工大学学报(社会科学版)》2003 年第 1 期;李萍:《论抢劫罪之行为对象》,载《贵州工业大学学报(社会科学版)》2002 年第 3 期;王礼仁编著:《盗窃罪的定罪与量刑》(修订版),人民法院出版社 2008 年版,第 115~121 页;王耀世:《论侵占罪的犯罪客体及犯罪对象》,载《中国青年政治学院学报》2004 年第 2 期。

② 刘明祥:《财产罪比较研究》,中国政法大学出版社 2001 年版,第 25~26 页。

③ 赵秉志主编:《刑法分则要论》,中国法制出版社 2010 年版,第 372 页。

④ 张明楷:《刑法学》,法律出版社 2007 年第 3 版,第 705 页。

(二)代表性观点分析

在不动产犯罪理论研究的过程中,产生了诸多具有独到见地的代表性观点,在很大程度拓展了本问题的理论视野,提供了不同视角的研究进路,使我们对此问题有了更为全面和深入的认识。但是,其中也不乏值得商榷之处,至少在笔者看来,许多观点仍有进一步思考的必要。

第一种观点认为,学界不应当将研究的眼光局限于不动产这种特殊的有体物,更应当看到通过非法手段窃占他人房屋或土地是一种损害所有权人收益权的行为,违法行为虽然不能发生转移住宅产权的效果,但在事实上会丧失占有期间的住宅收益权,而住宅收益权是一种财产性利益,它可以成为抢劫、盗窃的对象,这样,窃住或者强占他人住宅的行为也就能够作为抢劫、盗窃罪处理。① 这种观点与日本学界在侵占不动产问题上的多数说极为相似,由于该国刑法对窃取不动产的行为有明确规定,就诈骗罪、恐吓罪、侵占罪而言,一般认为都可以不动产为对象,存在争议最大的则是抢劫罪。多数说主张将不动产的占有理解为一种财产性利益,使用暴力、胁迫等手段侵占他人不动产的行为,可以按照利益抢劫罪的规定进行处罚(日本刑法第 236 条)。②

关于财产性利益与不动产之间的区分问题,在本书第三章第三节已有论述。在此,笔者仍须做进一步的说明:第一,关于财产性利益和不动产的性质之间的分别是非常明显的,行为人到底是以不动产为对象实施违法行为还是针对财产性利益进行也比较容易区分,所以,不应该将两种行为混为一谈。针对动产的犯罪行为也是基于存在于动产之上的各种权益而实施的,但我们不会认为是利益抢劫或者利益盗窃的行为,而不动产在此方面与动产具有相同的本质,也不宜将针对不动产的违法犯罪行为看成是利益犯罪。第二,本书将财产性利益界定为一种类似于债权的财产权益,如果这种界定得到认可的话,我们也可以认为在侵犯不动产的行为定性问题上,存在着基于物权的保护和基于债权的保护两种路径。在民法理论中,同一标的物上物权与债权并存时,物权有优先于债权的效力,这是因为物权是直接支配物的权利,而债权的实现则要依靠债务人的行为,不能对物进行直接支配。③ 同理,如果对不动产既可

---

① 王骏:《抢劫、盗窃利益行为探究》,载《中国刑事法杂志》2009 年第 12 期。

② 山口厚:《盗窃罪研究》,王昭武译,载《东方法学》2011 年第 6 期。

③ 魏振瀛主编:《民法》,北京大学出版社、高等教育出版社 2007 年第 3 版,第 213 页。

以加以物权的保护,也可以通过债权进行保护时,物权保护的观念更应得到优先适用,前者的保护方式以及保护范围都更为全面。这也是目前我国刑法中一直缺乏债权保护内容的原因之一,因为对债权的保护往往借助于民事法律规定即可,并无动用刑罚之充足必要性。第三,笔者仍须申明的一点是,利益抢劫、利益盗窃是否成立犯罪仍有疑问,即便是上文中的诈骗利益罪得到立法上的认可,是否能够适用于骗住房屋的行为也有疑问。上述观点舍近求远,完全没有认识到以不动产作为犯罪对象的违法行为的特殊性,不宜提倡。

第二种观点认为,对于非法取得不动产的行为,并不是不动产能否成为财产罪对象的问题,而是这种行为能不能被评价为盗窃、抢劫的问题。① 笔者认为,这一观点已经非常接近问题的根本了。基于对具体犯罪以不动产作为对象的违法行为的分析,不仅仅是夺取型的盗窃和抢劫很难适用于实践中的违法行为评价,就连学界认可程度较高的侵占罪也存在一些合理的怀疑。就此来看,财物是否包括不动产的问题只是表象,因为没有学者否认不动产属于财物,只是基于特定财产犯罪的行为特征,往往会对财物提出一些特殊的要求,例如是否可移动、是否能够当场占有等等,如果不能满足上述要求,就必须对财物做出限制性的解释,这是合理的。因此,有的学者主张的"那些将不动产排除出抢劫罪犯罪对象的观点是对抢劫罪犯罪对象所作的违背罪刑法定原则的限制解释"②的观点过于草率,只要这种"排除"具有充足的立法依据和理论基础,依然是符合罪刑法定原则的。只不过,行为能不能被评价为盗窃或者抢劫与不动产能否成为财产罪对象两个问题依然是具有紧密关系的,前者对后者起到了决定性的作用,之所以该类行为不能被评价为盗窃或者抢劫,还是因为不动产的特殊性质引发的行为变化所致。多数学者在论证财物是否包括不动产的问题时,并没有对不动产的财物性质进行过多说明,主要还是集中于行为性质的评价以及客观构成要件的符合性这一方面,如果行为不能被评价为抢劫、盗窃,其直接的结论也就是不动产不是抢劫罪、盗窃罪的犯罪对象。由此,表面上的行为性质争议依然回归到了特殊财产类型的属性问题。

---

① 张明楷:《刑法学》,法律出版社 2007 年第 3 版,第 705 页。
② 王谆:《不动产理应成为抢劫罪的犯罪对象》,载《理论观察》2010 年第 3 期。

（三）本书的立场

1. 财物包括不动产

在此问题上，刑法学界基本持一致的观点，即财物当然地包括不动产。正如上文所言，这种解释结论并不考虑诸多财产犯罪的行为特征对特定财产类型造成的影响，只是单纯地从字面含义的角度出发来界定这一问题。依照本书的分类标准对刑法中的财产进行区分，财物是与财产性利益相对的概念，其本身应当首先被划分为有体物和无体物。其次，有体物根据存在形态的不同又可分为动产与不动产。前者是以可移动的形态存在的，后者则不可移动，或者移动以后就会严重损害其价值，同时，也就不能再称其为不动产了。

笔者认为，不动产之所以可以被解释为财物的原因无非与无体物作为财物的原因一致，也是可以从经济价值性和客观物质性两方面加以论证。只不过，这两种特征是显而易见的，也基本上没有产生太多的争议，因此并无必要重复论证。此处需要再次说明的问题是，在不动产作为财物的解释问题上，是否应当坚持同一性的标准？也即是否所有财产犯罪的对象都包括有不动产的内容？有的学者认为，"同样是'财物'概念，在不同的具体罪名中是否必须作相同的解释呢？如果机械地坚持形式逻辑的解释原则，在同一法典中出现的同一概念似乎应该作同一解释。但法律的生命在于经验而不在于逻辑，法律的解释也不仅仅只有形式逻辑的原则。不同语言环境下对同一概念可以做不同的理解，甚至是完全不同的理解，只要这种解释符合解释原理、解释的结论符合目的。"[①]这种观点也是造成了目前在具体犯罪是否可以不动产为对象存在较大争议的主要根源。笔者当然并不认同机械地坚持形式逻辑的解释原则，但关键的问题是，我们也不能完全依照目的解释的方法来得出结论。"由于美国的法学家近百年来一直忙着反形式主义法学的著述，因而关于法律推理的研究，其重点遂移向了实质推理。形式逻辑在法学中的应用反而成为被不断批评的靶子。"但是"形式逻辑的论证与推演能满足人们对法律安定性的需求，而非形式逻辑的论证与推演则可以满足人们对公平正义的追求以及克服形式逻辑的机械性，二者的适度结合则可能使司法者既注意司法判决的法

---

① 董玉庭：《论刑法中财物概念之解释——以诈骗罪为视角》，载《当代法学》2012 年第 6 期。

律效果,又可能注意到社会效果,这对构建以法治为基础的和谐社会有积极的意义"。① 就刑法分则第五章规定的"财物"一词如何解释的问题来说,到底是否应该遵循同一性的解释仍有分歧,不仅是不动产的对象存在着不同的结论,上文中的无体物也有多种观点和意见。但笔者依然认为,"财物"概念应当在财产犯罪的章节当中进行同一的解释,如果侵占罪的对象包括不动产,那么盗窃罪以及抢劫罪的对象也就包括不动产,立法目的以及立法初衷并未将不动产排除在特定财产罪的对象之外,我们更无理由准确地区分哪些犯罪可以不动产为对象,哪些犯罪不可以。因此,在此问题上贯彻形式逻辑的解释原则可能更为妥当一些。"形式逻辑学中的同一律,要求在同一思维过程中,概念、判断必须保持同一,不能任意变换。"②财产犯罪一章并不存在"不同的语言环境",即使罪名不同,也只是行为手段上的差异而已,如果没有对客体做出特定的限制(例如资金、特定款物等),就不能说诈骗的"财物"和抢劫的"财物"有什么不同。而且,将不动产解释为财物也完全符合立法目的以及立法初衷,作为现代社会非常重要且价值较大的财产类型,不动产受到财产犯罪的刑法保护是毋庸置疑的,反而将其排除在外其目的何在却不甚明了。因此,如果就刑法中的财物是否包括不动产的问题来讲,答案应当是肯定的,需要深入研究的问题在于,我们到底该通过何种途径从刑事立法的意义上保护不动产,处理司法实践当中发生的各种严重侵犯不动产财产权的疑难案件。

2. 侵夺不动产的行为是否成立财产罪

对此问题,现在通说的观点认为,根据特定罪名的具体犯罪构成分析,有的财产犯罪可以适用于不动产的侵夺行为,有的则不能以不动产为对象。至于区分的界限仍不是非常明确,在个别罪名的结论上还有较大的分歧。不过,现在总体的趋势依旧是朝着扩大犯罪圈,尽可能全面地保护财产所有权的方向发展,基本上以"财物"为对象的所有财产犯罪都有学者支持其可以适用侵夺不动产的行为。

笔者并不赞同个别以简单归纳方式得出结论的观点,诸如盗窃不可能以不动产为对象、抢劫不能针对不动产实施等等③。正如有的学者所言,"任何

---

① 陈金钊:《法律思维的逻辑基础》,载《北京行政学院学报》2005 年第 4 期。
② 龚培华:《刑法法条关系研究》,上海交通大学出版社 2011 年版,第 24 页。
③ 陈忠林主编:《刑法分论》,高等教育出版社 2007 年版,第 189~201 页。

一种具有科学性的理论结论和实践结果不应存在于纯粹的思辨之中,而应存在于不断进行的实践中并接受实践的检验。"①尽管夺取不动产的违法行为之前很少发生,并不足以引起立法部门的足够重视,但并不代表这种行为将来也不可能发生,这种归纳得出的结论可能有利于我们较为清晰地排除个案的刑法规范适用性,实际上却是一种武断的臆测。"在大陆法系,法律被视为一般的规则,司法的主要源渊是制定法,法治主要是把制定法所设计的秩序落实到现实社会中。所以归纳推理虽然在司法中能够应用,但一般不是指在法源中发现法律,而是创建法律的过程。"②也即是说,如果刑法中的财产犯罪真的不应适用于不动产的侵夺行为,这一结论应当尽快转化为立法规定,以期对司法实践产生更为明确的指导意义,而不能直接作为立法的延伸含义加以推广适用。所以,笔者认为,只要侵夺不动产的行为能够适用于财产犯罪的具体犯罪构成,即便现实社会中较少发生类似的犯罪事实,也不应当否定它的刑法适用性。

由此,侵夺不动产违法行为是否在特定条件构成财产罪唯一的判断标准依然是犯罪构成。其中需要特别考察的构成要件除了犯罪对象以外,应当是犯罪的客观方面。依本书的观点,前者只要具体条文规定的是以"财物"作为犯罪对象,我们就不应当对其做出限制性的解释,认为财物的范围仅限于动产,而是动产与不动产之和;后者则主要分析侵夺不动产的违法行为特征是否与特定罪名所要求的具有定罪意义的行为方式完全符合,如果结论是肯定的,自然可以成立相应的财产犯罪,反之,则应当寻求其他处理方式。

笔者通过对诸多学者论述侵夺不动产的违法行为定罪问题的肯定与否定理由可知,关于刑法中的"占有"如何理解将直接影响特定的侵夺行为是否可以构成具体财产犯罪:如果说行为人能够通过盗窃、抢劫、诈骗、侵占等手段在事实上以及法律上实现对不动产的占有,那么肯定论的观点就在很大程度上具有合理性,很难被驳倒;反之,如果针对不动产的违法行为不足以被评价为刑法意义上的"占有",也就满足不了财产犯罪在客观方面上的定罪条件,该类行为自然难以被评价为相应的财产犯罪。对于后者,将其认定为财产罪的对

---

① 杨兴培:《龚某盗卖其父房产一案之我见——兼谈不动产可以成为盗窃罪之对象》,载《政治与法律》2012年第3期。

② 陈金钊:《法律思维的逻辑基础》,载《北京行政学院学报》2005年第4期。

象不包括不动产有一定的道理,因为这种行为方式的不符性是由不动产的存在特征所决定的,但更为准确的表述还是客观方面的构成要件差异。与之相关的问题是,刑法意义上的占有是否要求具备对第三人的处分地位。"民法上的'处分',一般都是从所有权的一项权能开始说起的。在大陆法系下,所有权是物权最重要的一项法律权利,其内容极为广泛,对于所有权的行使方式也可以说是多种多样的,但理论上一般我们把所有权概括为四项权能:占有,使用,收益和处分。其中处分权能是最重要也是最能反映所有权本质的一项权能。"①原则上占有权与处分权都属于所有权的权能之一,本无互相包括之关系,占有的实现不以具有处分权为必要,处分权的实施也未必事实上占有权利对象,自然不应当将处分权能纳入占有的含义当中。实际上,这里需要探讨的问题又回归到了财产罪的保护法益上,也即"本权说"与"占有说"之间的争议,关于这一问题的讨论过于复杂,目前亦是尚无定论。在此,笔者仅就自己的立场做一简单表述。"我国刑法是严格区分侵犯财产所有权整体与侵犯财产的占有、使用、收益权这两种不同情况的,对于后者,刑法规定为犯罪的要么要求特殊的主体身份(例如挪用公款或者挪用资金罪),要么是针对特殊的对象(例如金融机构贷款),而对于一般的侵犯财产的占有、使用、收益权的行为例如盗用行为不作为犯罪论处。很显然占有说与我国的这一立法体例完全冲突。"②也即,财产犯罪的保护法益应当包括处分权能,对于不以侵犯处分权能或者不可能侵犯处分权能的侵财违法行为,不宜考虑适用财产犯罪。侵夺不动产的违法行为恰恰难以满足这项要求,所以在定罪问题上还是有待斟酌。那么,对于以违法手段获取了不动产的登记进而取得全部所有权能的行为是否可按财产犯罪处理呢?笔者认为,这种情况仍须进一步考虑上述情形所采取的违法手段与具体罪名在客观方面的一致性,具体分析将在本章第二节详细展开。

总之,笔者认为尽管刑法中的财物概念当然地包含了不动产的对象内容,可在具体罪名的行为方式上并未针对侵夺不动产的行为做出具有针对性的规制。这种立法上的缺陷造成了不动产的刑法保护需求与财产犯罪在特殊对象上的疏漏之间的紧张关系,由此造成了不动产犯罪的刑法困境。

---

① 肖立梅:《无权处分制度研究》,山东大学出版社 2009 年版,第 5 页。
② 肖松平:《我国财产犯罪的保护法益之辨析》,载《衡阳师范学院学报》2010 年第 4 期。

第二节　不动产犯罪的刑法困境

一、从典型案例看行为类型

　　本书认为,如果抽象地看待侵夺不动产违法行为的定罪问题,多数人必然会从实质合理性的角度得出肯定的结论。因为不动产作为重要的财产类型,不仅应当得到民事法律的有效保护,更是刑事立法必须加以严格保护的对象之一。但是,这种思维方式是一种不顾具体现实的主观臆断,并没有根据司法实践中发生的案件性质来合理地看待财产犯罪的适用性问题,其结论是靠不住的。所以,笔者试图从一些具有代表性的案例中抽象出针对不动产所实施的严重违法行为的各种类型,以此为对象充分考虑个罪构成要件的契合性问题。

　　(一)强占他人不动产的行为

　　案例一:王某在 2007 年 3 月份与房屋所有人李某签订了一份房地产买卖合同,欲购买后者所有的某小区房产一处,同年 4 月办理了过户手续。合同约定李某应当在 5 月将房屋交付给王某,王某按照约定结清了房款及相关费用。王某于合同约定的交房日期到达系争房屋后,突然发现居住在隔壁的李某某(李某之父),由于不满其子将房屋卖与他人,加之长期的父子间家庭矛盾,于是擅自撬开了系争房屋的防盗门之后,与患病的妻子一起入住其中。王某通过长时间地与李某、李某某交涉,均没有结果。李某某拒绝搬出该房屋。经过查证,系争房屋的原产权所有人为李某一人,与王某之间的房屋买卖合同及各项手续真实、有效。至 6 月,李某某妻子在该屋内病逝。李某某在王某的反复交涉下,不仅没有迁出该房屋,还在其中架设灵堂,日夜祭拜。王某无奈之下只得起诉李某某,要求其迁出系争房屋,赔偿占用期间的房屋使用费等直接损失并赔偿精神损失费人民币 6000 元。①

　　案例二:某甲属于刑满释放人员,在当地刁蛮成性,恶习不改,经常无故骚

---

　　① 黄丽勤:《恶意侵占他人房屋如何处理——兼议增设侵夺不动产罪的必要性》,载《新疆大学学报(哲学·人文社会科学版)》2008 年第 5 期。

扰四邻。某日,窜至邻居某乙的家中,对其大打出手,强迫对方交出自有的空闲房屋一套,并逼迫在转让房屋的合同和已经付款的收据上签字,某乙因为惧怕某甲的淫威,遂按照其要求签字。次日,某甲便持相关的合同以及收据去房屋主管部门办理了相关的过户手续。①

案例一和案例二属于同一种类型,也即利用暴力、威胁手段或者其他类似方法强占他人不动产的行为,只不过以强占的结果为标准还可以作如下区分:案例一中,行为人的强占行为属于一种事实上的占有,尽管没有通过非法手段取得房屋的产权,但却在事实上占据和使用房屋,并迫使被害人在获得房屋的合法所有权之后无法行使该项权利。案例二中,行为人利用暴力手段直接迫使被害人在未支付任何对价的情况下将房屋的产权进行了转让,并于次日办理了过户手续进而在法律上实现了对不动产的占有。不管行为人此时是否在事实上控制房屋,但却已经拥有了法律上的处分权利,也即拥有了不动产的所有权。当然,还有的行为人利用上述手段既在事实上占据着房屋等不动产,排除了被害人的占有权、使用权和收益权,还强迫被害人通过签订房屋转让协议之类的合同文件进而取得房屋的处分权利,这也是侵占他人不动产的最为严重、恶劣的行为类型。

(二)将他人不动产转卖的行为

案例三:由于赌博输钱龚某欠下了巨额外债,后来和丁某共同商议变卖父亲房产来偿还赌债。首先,龚某从家中拿出了户口本去申领父亲的身份证。然后,通过向有关房产部分进行挂失登记,重新领取到了房产证。龚某化妆成其父亲,持身份证和房产证到公证机关委托丁某售卖房屋,并骗得了委托公证文书。后来,经过中介公司介绍,丁某凭借龚某的房屋产权证、其父的身份证,与王某签订了购房合同。同时,他还持龚父的身份证到建设银行开户,以此账户收取了王某的43万余元购房款。最后,丁某将相关房产过户至王某名下。②

案例四:甲欲出售其私有房产,找乙帮忙,后者是一家房屋中介公司(手续完备)的负责人。甲乙双方签订了房屋中介合同,合同成立后,乙借口需要甲

① 夏勇、柳亚子:《论加强对不动产所有权的刑法保护》,载《法商研究》2001年第3期。
② 吴加明:《合同诈骗罪与表见代理之共存及其释论——起盗卖房屋案引发的刑民冲突及释论》,载《政治与法律》2011年第11期。

的有效证件(身份证、房产证、户口簿等)去办理登记手续,甲信以为真,将上述证件交由乙去复印。乙借此机会将原件进行仿真刻板,然后把赝品交还于甲。数日后,甲发现自己的房子已经卖给了丙,对方不仅没有向其支付购房款项,而且要求甲限期腾房。后经公安机关查明,在此期间,乙冒充房屋的真正主人与丙签订了房屋买卖合同,并且完成了房产的全部过户登记手续,然后携款潜逃。①

案例三和案例四又属于另外一种类型,即将他人房屋非法转让给第三人进而从中获取巨额经济利益的行为。在此类情形当中,行为人并未企图实际占有并利用房屋,也没有采取公然的暴力或者威胁手段,而是以房屋作为买卖对象,将不具有合法产权的他人房屋转卖或者转租于第三人,从而获取相应的价款或租金等财物。尽管从行为性质的危害性来看,后一种行为要明显小于前一种行为,但由于后者具备了秘密性的特征,往往更为容易实现,因此在实践中发生的概率也更高一些,这与盗窃比抢劫的案件在数量上要多是一个道理,所以也引起了刑法学界的关注和探讨。

当然,侵夺不动产的行为并非仅仅限于上述两种类型,只不过从发生数量上来看,它们居于主要地位,既在实践中属于经常发生的具有代表性的案件,也是刑法学界主要研究和争议的对象。反之,对于秘密居住他人房屋的行为、秘密移动界碑的行为等等,尽管也在客观上侵犯了他人的不动产财产权利,但一方面是发生的现实案例毕竟较少,尚未引起足够的重视;另一方面,对于此类行为也不一定就要通过刑事手段才能解决,在很多相应的情况下其严重的社会危害性也是谈不上的。所以,本书只就上述两种主要的侵夺不动产的行为类型进行刑法意义上的分析,首先需要解决的问题就是财产犯罪到底在以上情形下是否能够完全适用。

二、财产犯罪的适用性剖析

按道理说,如果不动产属于财物,就应当是所有财产犯罪的对象,也即不必再一一详述具体罪名是否可以不动产作为行为客体,但争议最多的又恰恰在具体犯罪的对象问题上,尤其是侵占罪、抢劫罪以及盗窃罪更为如此。笔者

---

① 张颖杰:《略论不动产窃盗》,载《甘肃政法成人教育学院学报》2005 年第 3 期。

拟从实践中发生的侵夺不动产的行为类型来分析具体财产犯罪的适用性,以期更为全面地认识这一问题。

(一)排斥不动产为对象的罪名

1. 抢劫罪。现实社会中,对于利用暴力、威胁手段抢占他人房屋,将他人赶出不动产的违法行为时有发生,对此有的学者主张不宜按照抢劫罪论处,其理由主要是根据抢劫罪的性质来看,不动产难以满足"当场占有"的要求,行为人不可能当场夺取,只能强行占用,但这种占用只能说是获取了财产上的利益。① 也有的学者认为,从抢劫罪的特征考虑,抢劫罪的对象仅限于动产,对于强行霸占他人不动产的行为,可以分别情况做出不同处理:对于利用暴力、胁迫方法霸占他人住宅的,可以按非法侵入住宅罪处理;为了霸占他人不动产而使用暴力方法,致人伤害的,定故意伤害罪,故意杀人的,定故意杀人罪;毁坏他人房屋、土地之上的农作物的,可以定毁坏财物罪或破坏生产经营罪;综合评价其手段行为和结果,尚不构成犯罪的,只能做一般违法行为处理,采取行政手段或者民事手段进行救济。② 但主张成立抢劫罪的学者认为,抢劫罪的劫取并不等同于"拿走"或者"转移",而是强调的行为人对财物的非法"占有",这种占有即是一种事实上的掌握和控制,而抢劫手段针对不动产完全可以达到上述效果,因此也可以认为行为人此时已经劫取了财物。③ 还有的学者认为,尽管不动产不能成为抢劫罪的对象,但使用胁迫、暴力压制不动产所有人、占有人的反抗,转移登记办理过户手续,从而取得不动产处分可能性的,可以认为成立抢劫罪,但与很多学者所主张的直接针对不动产实施的侵夺可以成立抢劫罪的观点不同。④

强占不动产的行为成立抢劫罪的否定说主张,对抢劫罪的"当场占有"要件进行形式的、严格的解释,由于不动产的占有制度并不同于动产,需要进行登记才能生效,仅仅具有事实上的占有或者支配,很难在法律上产生效力,尤

---

① 关振海:《不动产可以成为抢劫罪对象》,载《检察日报》2008 年 4 月 29 日第 3 版;袁健:《浅议抢劫罪中公私财物范围的界定》,载《科技信息》2009 年第 9 期;李欣磊:《抢劫罪对象问题三论》,载《天津市政法管理干部学院学报》2003 年第 3 期。

② 王作富主编:《刑法分则实务研究》(中),中国方正出版社 2006 年版,第 1057 页。

③ 李亮:《对不动产能否成为抢劫罪对象的探析》,载《河北法学》2001 年第 2 期。

④ 陈兴良、周光权:《刑法学的现代展开》,中国人民大学出版社 2006 年版,第 579 页。

其行为人难以处分不动产，因此，这种意义上的占有不可能"当场"实现，也就是不可能既遂，如此犯罪也就不能成立。至于是否能够作为非法侵入住宅罪、毁坏财物罪以及破坏生产经营罪则另当别论。肯定说则认为，当场占有只要具备了事实上的掌握和控制即可，不管不动产实际的所有人是谁，由于被害人此时已经丧失了使用权、收益权、占有权等权能，其财产所有权也受到了损害，完全可以按照财产犯罪对其进行处罚，不必考虑是否容易恢复、处分权能尚未丧失等因素，即可成立抢劫罪。相互比较，肯定说的观点更有利于全面保护公私财物的财产所有权，否定说固守了罪刑法定原则的解释思路，维护了构成要件的封闭性和类型性。两者之间到底该如何取舍，其中最为关键的因素在于，我们应当如何理解刑法中的"占有"？有的学者认为，"对不动产的占有，也以有事实上的支配为要件，对不动产应居于对第三人事实上的处分地位"，也即"除了事实上的管理外，是否对不动产还居于可对第三人事实上的处分地位，有此地位者应当认为其占有不动产……反之，如果仅在事实上管理不动产，但不具有处分权能者，则不能视为不动产的占有人"。[①] 基于这种理解，该学者自然是支持否定说的观点，但他同时指出类似于案例二中的情形，也即如果行为人已经利用暴力、胁迫手段获得了不动产的处分权，就可以按照抢劫罪定罪量刑。因为此时行为人已经具备了"对第三人事实上的处分地位"，实现了"当场占有"的抢劫罪成立要件。

　　笔者尽管赞同抢劫罪的财物包括不动产，但并不支持侵夺不动产的行为构成抢劫罪。为了将抢劫罪与其他财产犯罪区分开，必须对其进行特定的限制，也即形成不同于其他犯罪的构成要件，这是刑法分则任一罪名之所以被独立规定的根本原因。那么，如何认识抢劫罪与其他财产犯罪的不同呢？显然，从法益、对象、主观要件以及犯罪主体上区分是非常困难的。也就是说，抢劫罪的根本特征在于其犯罪的客观方面。以案例二为例，行为人采用的是暴力方法，在行为方式上是符合的，但笔者认为，如果说此种情形下是"当场占有"显然有些不妥。首先，我们先看仅成立法律上占有的情形，且不说案例二中是"次日"才完成房产过户登记手续，就是行为人在被害人签字完毕以后立即去相关部门办理了相关手续，这种"当场性"也基本上已经被中断了，又怎么可以

---

　　① 周光权、李志强：《刑法上的财产占有概念》，载《法律科学（西北政法大学学报）》2003年第2期。

被评价为劫取呢？因此，针对不动产的侵夺行为成立法律意义上的"当场占有"的可能性非常小，基本没有特别考虑的必要性。其次，我们再看仅存在"事实上占有"的情形。如果行为人仅仅是事实上控制和支配不动产，排除了所有人的占有，但并未将房屋登记过户，对于持肯定论的学者多主张也是可以成立抢劫罪的。但笔者认为，这种情形下一方面并没有真正侵犯房屋的所有权尤其是处分权，另一方面，对于侵夺不动产的行为若想按照财产犯罪处理，必须要具有侵夺动产行为的相当性。如果说动产被他人抢劫既遂以后，行为人很难追回，基本上彻底切断了与原物之间的联系，但不动产的"抢劫"却并非如此，不仅被害人与不动产之间尚有合法的所有关系，而且这种关系决定了被害人可以随时通过其他救济手段恢复对不动产的占有，因此，这种事实上的占有被评价为抢劫罪的当场劫取并不妥当。笔者认为，由于敲诈勒索罪并不要求行为人当场占有财产，因此更加符合案例二当中的情形，可以按照该罪对其进行定罪量刑。

2. 盗窃罪。传统刑法理论对不动产的窃盗行为持否定态度在很大程度上源于此种情形的盗窃罪的非典型性，反之，当盗卖他人不动产的违法行为发生以后，理论学界自然也开始反思这种否定态度的合理性问题。有的学者认为，既然我们无法排除窃盗不动产行为发生的可能性，将不动产作为盗窃罪的对象，还是比较合适的。[①] 这种观点有先入为主的嫌疑，即先认可具体行为属于盗窃不动产，再考虑将不动产纳入盗窃罪的对象范围，肯定的理由并不充分。有的学者从刑法解释的合理性、客观要件的契合性以及法律程序的必要性三个方面对不动产盗窃罪的成立进行了说明。[②] 现在，仍有反对者认为，盗窃罪的对象必须具有可移动性，对于倒卖不动产的行为实际上属于非所有权人处理所有权，买卖关系是无效的，应当按照民法规定处理该类纠纷，不能定盗窃罪。[③] 更有学者从客观的社会实践、严格解释的空间以及刑法的谦抑性等角度论证了不动产的窃盗行为不宜作为盗窃罪处理的观点，主张"不动产盗

---

① 马培贵、赵萍：《析我国盗窃罪的对象》，载《甘肃政法学院学报》1995 年第 2 期。

② 董玉庭：《盗窃罪特殊对象问题研究》，载《长春理工大学学报(社会科学版)》2003 年第 1 期。

③ 王兰高、王娟：《对盗窃罪若干立法问题的思考》，载《河南公安高等专科学校学报》2008 年第 2 期。

窃罪实质上是无法成立的,亦即盗窃罪的对象只限于动产"。[①]

以案例三和案例四的具体情形来看,不动产的窃盗行为往往会伴随采取伪造证件、冒充所有权人等方式完成客体的法律移转手续。尽管这一过程确实具备了秘密性的特征,也表现为对不动产的事实上以及法律上的占有或者控制,但构成要件所要求的秘密窃取行为变成了法律手续的变更,这两种行为之间是否具有同质性,是否可以认为只要所有权的关系发生了转移,盗窃罪就能够成立还是需要再行斟酌。笔者想要提醒的是,没有"取得行为"的盗窃罪是否还是刑事立法意义上真正的盗窃罪?该罪惩罚的危害行为在于"无权取得他人财物",而不是利用欺骗的手段办理登记过户手续或者进行买卖的行为。同样需要指明,盗窃不动产的行为必须具有与盗窃动产行为相同的危害性才能定罪处罚,这种危害性不仅仅体现在盗窃数额上,更体现在盗窃既遂的可能性方面。我们之所以着力打击以动产为目标的各种盗窃犯罪,就是因为其秘密性致使被害人防不胜防,严重影响了人们正常的生活秩序和健康的社会经济秩序。反之,对于盗窃不动产的行为长久以来被立法所忽略,也是因为即便盗窃行为得以完成,被害人也可以通过多种合法途径挽回损失,其产生的消极影响并不严重。再者,我们仔细审视案例三和案例四的具体案情就会发现,按照诈骗罪对行为人进行定罪量刑也无不妥。案例三尽管被骗的对象并非房屋的所有人,但基于通说的观点,被骗对象亦可以是处于财产处分地位的第三人,这并不影响诈骗罪的成立。[②] 而案例四的行为对象并非是不动产,不动产仅仅是作为诈骗的手段内容被加以使用的,行为人不以骗取不动产为最终目的,而是以骗取货币等财物为目标。因此,对于案例三、四可依诈骗罪进行处罚,并不涉及盗窃不动产的争议问题。

反之,如果说行为人只是秘密居住他人房屋,并未通过法律程序实际取得所有权或者说处分权,那么,是否需要对此种情况下的行为人动之以刑罚措施也是一个问题。一方面,仅为秘密居住没有实施买卖行为或者办理登记过户手续等,就很难证明在主观上具有非法占有的目的;另一方面,秘密居住实际获得了一种财产性利益,只需向被害人支付合理的房租并进行一定的补偿即可,实无必要作为犯罪处理。如果行为人拒绝搬出房屋,甚至采取暴力、威胁

---

① 张颖杰:《略论不动产窃盗》,载《甘肃政法成人教育学院学报》2005 年第 3 期。

② 张明楷:《刑法学》,法律出版社 2007 年第 3 版,第 737 页。

手段进行抗拒,那么就不是盗窃罪的行为模式了,也不符合秘密性的基本特征,因此,也无考虑适用盗窃罪的余地。

3. 侵占罪。本罪的对象包括代为保管的他人财物以及他人的遗忘物、埋藏物,都是不在他人占有之下的他人财物。很多学者认为,侵占罪的对象既包括动产,也包括不动产。[①] 其基本理由在于,由于该罪成立不以移动或者转移侵占对象为必要,行为人只是将本来合法持有的他人财物变为非法占有,对于将房屋等不动产委托他人照管却被非法占据的情形应当属于一种侵占行为。

但是,这里存在的相同障碍是,侵占罪之"占有"与夺取罪之"占有"具有相同的含义,如果说在此犯罪构成中能够将替人看管住宅的行为解释为"占有"他人不动产,很有可能对抢劫罪与盗窃罪的占有也产生了实质性的影响,从而对夺取罪成立不动产犯罪起到了助力作用。我们不能认为遗忘物或者埋藏物包括不动产,所以也只能在"代为保管的他人财物"的范围内找寻不动产的存在位置,即便在"代为保管"的解释问题上不必过于计较"保管"的含义,暂且认为不动产也可以成为保管的对象,那么是否就能够认为代为保管的不动产也属于一种事实上的或者法律上的占有呢?对于动产而言,一经行为人占有,被害人不通过法律救济手段很难恢复原状,行为人可以隐藏甚至变卖动产来拒绝归还原物。但不动产并不同于此种情形,因为即便行为人拒绝归还,被害人还是可以采取多种途径重新实现不动产的占有。我们分两种情况具体分析:第一种是行为人占据不动产,利用暴力、威胁手段阻止被害人居住或者进入的情形,但这种情形与抢劫不动产的行为就有些相似了,其主要手段不是拒不归还,而是暴力或者威胁,按照侵占罪处理并不妥当。第二种情形是行为人虽未占据不动产,但将不动产以欺骗手段卖与他人,致使被害人难以实现所有权。但这种情形也不是典型的侵占行为,应当着重考察他的诈骗行为。如果说行为人只是拒绝归还住宅的钥匙、门卡等代为保管的物品,就更难以阻止被害人重新占有房屋等不动产。侵占动产是将合法持有转为非法占有,这种占有的违法性体现在被害人难以恢复和行使财产权利,而侵占不动产要么不能达到

---

① 于志刚等:《刑法各论》,高等教育出版社 2012 年版,第 425 页;陈晓辉:《刍议侵占罪之对象》,载《宿州教育学院学报》2007 年第 1 期;王耀世:《论侵占罪的犯罪客体及对象》,载《中国青年政治学院学报》2004 年第 2 期;张永红、蒋九久:《论侵占罪中"代为保管"的对象》,载《黑龙江政法管理干部学院学报》2007 年第 5 期。

这一效果,要么必须通过附加其他手段才能得逞,从而得出的结论也是前者不能按照犯罪论处,后者即便构成犯罪,也并非成立侵占罪。总之,看似侵占不动产的行为与侵占罪非常契合,实际上却并非如此,具体分析各种情形,皆与侵占动产的行为模式差别较大,因此,笔者并不认为侵占不动产的违法行为存在构成侵占罪的可能性。肯定论的立足点过于抽象地理解了"侵占"的立法含义,没有具体分析实践中侵占不动产的行为与侵占罪的行为方式符合性,是一种不合理的思维方式。

除此以外,在第五章以"财物"为对象的财产罪当中,由于其具体的行为方式导致该罪名不能适用于现实当中发生的侵夺不动产行为的罪名还包括抢夺罪、聚众哄抢罪、职务侵占罪等。具体理由与上文中所述基本一致,且本身支持抢夺罪、聚众哄抢罪、职务侵占罪成立以不动产为对象的学者也比较少见,所以本书不再一一详述。

(二)包含不动产对象的罪名

在排除了抢劫罪、盗窃罪、抢夺罪、侵占罪、职务侵占罪、聚众哄抢罪等可以不动产为对象的罪名以后,本章剩余的以"财物"为对象的罪名为诈骗罪、敲诈勒索罪以及故意毁坏财物罪。笔者认为,这三个罪名包含了以不动产为对象的犯罪情形。对于实践中发生的侵夺不动产的严重违法行为,可以视具体情况按照相应的罪名进行定罪处罚。

我们首先分析诈骗罪和敲诈勒索罪之所以可以不动产为对象的具体理由:第一,诈骗罪和敲诈勒索罪与夺取型犯罪最大的不同点在于,行为人通过欺诈或者恐吓行为导致被害人陷入了错误认识或者恐惧的心理状态,基于上述认识错误或者恐惧心理,被害人主动向行为人交付了财物,而不是类似于盗窃或者抢劫那种以行为人主动取得财物为必要的类型。这种主动的交付以处分行为的实施为充足要件,至于财物是否可以移动并不影响这种处分行为,反之,不动产的特殊性质对取得行为却产生了实质性的影响。当然,这里的处分行为必须是法律意义上的处分行为,也即行为人必须完全获取了不动产的合法所有权,而不是仅具有事实上的管理和使用权利,否则将视具体情况按照未遂或者无罪处理。第二,如果被害人基于法律上的合法权利处分不动产之后,诈骗以及敲诈勒索不动产的行为基本上与诈骗或者敲诈勒索动产的行为具有了相当性。从行为方式上来说,行为人获取财物的手段并未脱离该罪犯罪构成所要求的客观行为方式,要么是基于欺诈,要么是源于恐吓,不像抢劫或者盗窃不动产的情形那般,往往要借助于其他的相关行为才能完成侵夺不动产的结果,从而导致了处罚重心的移转,丧失了构成要件符合性。从损害结果上来说,交付动产与交付不动产具有相同的危害性,对被害人造成的经济损失并无区别,行为人不仅可以实际占有和使用不动产,也可以行使法律上的处分权。尽管我们也可以认为被害人可以通过其他途径恢复对于财产的占有权利,但这并不能改变之前的行为性质,亦不能以此为理由否定侵夺不动产的行为所造成的损害结果。否则,动产作为赃物被追回以后不也就成为了改变先前犯罪行为性质的理由了吗? 第三,我国刑法学界对于敲诈勒索罪以及诈骗罪包括不动产的观点基本上持相同的态度,[①]很少有学者提出反对意见,这也在一定程度上说明了将不动产纳入两罪的合理性。且这种观点也得到了国外刑法立法和理论的认可,[②]更进一步证实了上述观点。因此,笔者认为对于上文中的案例二可按敲诈勒索罪处罚,而案例三和案例四应当构成诈骗罪。

就故意毁坏财物罪而言,本书认为该罪也当然地包括了以不动产为对象的情形。该罪是指故意毁坏公私财物,数额较大或者有其他严重情节的行为。关于毁坏的理解,在刑法理论上存在着较大的争议,主要包括效用侵害说(一般的效用侵害说和本来的用法侵害说)、有形侵害说、物质的毁损说三种观点。[③] 但是无论持上述任何一种观点对毁坏进行理解,都不妨碍不动产作为毁坏财物罪的对象。就房屋本身而言,它既有可能因为遭受到有形的侵害而失去原来的效用,也有可能作为物质被整体或者部分的破坏。那么,我们是否可以将案例一的情形作为毁坏财物罪处理呢? 之所以产生这种观点的原因在于,行为人李某某不仅霸占被害人的房屋拒不归还,而且其妻子也病逝于该房屋之内。从现实的角度出发,这种结果必然导致该房屋的经济价值大大降低,尽管房屋并没有受到有形的、物质性的损害。对此,有的学者主张一般的效用侵害说,即毁坏不限于从物理上变更或者消灭财物的形体,而是包括丧失或者减少财物的效用的一切行为,自然也涵盖了因为心理上、感情上的缘故而导致财物的丧失或者减少等情况。[④] 不过,也有学者认为,"使他人财物永久地失

① 陈咏梅:《敲诈勒索罪行为对象研究》,载《天中学刊》2009 年第 6 期。
② 张明楷:《外国刑法纲要》,清华大学出版社 2007 年第 2 版,第 530 页。
③ 刘明祥:《财产罪比较研究》,中国政法大学出版社 2001 年版,第 419~421 页。
④ 张明楷:《刑法学》,法律出版社 2007 年第 3 版,第 750 页。

去其效用,是就客观事实而言的,不能以财物所有者或者一般人的认识为依据。例如,在他人餐具中投入粪尿、将人的尸体拖入到他人住宅中停放,虽然所有者认为餐具已不能再继续使用,住宅已不能再继续住人,但这并不符合科学规律,因此,不能认为行为人的行为对餐具、住宅构成了毁损。"①笔者支持后一种观点。原因在于,对于毁坏的理解尽管不能过于狭隘,但也不宜失之宽泛。按照结果损害说,对财物的损坏达到使所有人或者占有人无法使用的程度即可。具体包括三种情形:第一种是物质性损毁。例如砸毁他人汽车,烧毁他人衣服等。第二种是功能性损毁。例如毁坏电脑硬盘使其不能恢复的行为等。第三种是抛弃,其结果使被害人丧失对财物的占有或所有,从而无法继续使用该物,也是一种毁坏。② 如果继续扩大到类似于心理上或者感情上的无法继续使用的情形,则会导致毁坏的标准变得无从把握,至于对这种主观上的"不能继续使用"的判断,尤其涉及财产损失数额的掌握更是难以认定。所以,笔者并不同意将案例一的情形按照毁坏财物罪定罪处罚。

三、非财产犯罪的规制范围

基于以上论述,只有案例一的行为在财产犯罪中无法找到可以准确适用的罪名,但是,以此为代表的利用强制手段侵夺他人不动产的违法行为却在司法实践中时有发生,其危害性并不亚于其他类型的侵犯不动产所有权的情形。由此,如果违法行为达到足够严重的程度,是否有可能适用相应的非财产犯罪也是应当考虑的问题。

(一)非法侵入住宅罪

非法侵入住宅罪属于侵犯人身权利、民主权利一章当中的罪名,主要是指未经允许非法进入他人住宅或经要求退出无故拒不退出的行为。从案例一所描述的具体情形来看,在行为方式以及犯罪情节等方面都符合该罪的基本要求,似乎可以成立本罪。但是,如果论及非法侵入住宅罪所保护的法益,则与本案的侵害客体稍有不同。关于本罪的保护法益在我国刑法学界一直存有争议,代表性的观点有以下三种:第一种观点是安宁说,具体是指个人利益中的居住平稳或者安宁。因为从我国的司法现状来看,被认定为非法侵入住宅罪

---

① 刘明祥:《财产罪比较研究》,中国政法大学出版社 2001 年版,第 425 页。
② 罗猛、王波峰:《故意毁坏财物罪疑难问题研究》,载《中国刑事法杂志》2011 年第 6 期。

的行为,都是严重妨害了住宅成员的平稳与安宁的行为。① 第二种观点是居住安全权利。非法侵入住宅的行为虽然不直接对公民的人身自由权利造成侵害,但住宅居住安全权利,直接关系到公民的人身安全和生活安宁,因而保障公民住宅不受侵犯,是保护公民人身自由权利的一个重要方面。② 第三种观点认为,"我国刑法将其作为侵犯公民人身权利、民主权利罪的犯罪,而不是扰乱社会秩序或侵犯财产犯罪的……立法意图并非是仅仅保护住宅本身,而是保护与之密不可分的住宅使用人的人身和财产安全。"③尽管上述观点在法益的具体内容上存在着一定的差异,但基于我国刑法对非法侵入住宅罪性质的定位,大多将其与居住其中的使用人或者所有人相联系,也即并非以占有或者单纯地损害住宅为目的,而是严重影响了受到住宅保护的人身自由权利。如果没有侵犯该种法益,仅仅是以占有财产为目的,则往往不应当构成此罪。但从案例一的具体情况来看,被害人并没有在房屋中居住,就其人身自由而言,并没有因为行为人李某某的侵入受到严重的影响,只是干扰了它对住宅享有的合法使用权。因此,从这一点来看,对行为人按照非法侵入住宅罪处理仍是有疑问的。

那么,假设被害人已经在房屋中居住,行为人利用非法手段进入其住宅是否可依非法进入住宅罪处理呢? 笔者认为,只要根据具体情形已经严重地侵害到了被害人的人身自由以及住宅安全等法益时,就可以按照该罪定罪处罚,例如在被害人家中拒不退出,严重干扰了房屋主人的正常生活秩序,甚至利用暴力、威胁手段抢占房屋,将被害人赶出住所的行为等等。只不过,这种处罚所针对的仍然是比较轻微的犯罪行为,因为从刑罚的设置上来看,本罪的最高刑也只是三年以下有期徒刑。而且,"在司法实践中,非法侵入他人住宅的往往是其他犯罪的手段行为,如闯入他人住宅进行盗窃、抢劫、行凶等犯罪活动。这种情况下属于牵连犯(亦有认为是吸收犯的观点),应择一重罪处罚。"④尤其在与抢劫罪发生牵连的情况下,基本上没有了该罪的适用余地。也就是说,

---

① 张明楷:《刑法学》,法律出版社 2007 年第 3 版,第 677 页。

② 王作富主编:《刑法分则实务研究》(中),中国方正出版社 2006 年版,第 967 页。

③ 郝如建:《非法侵入住宅罪构成要件探析》,载《扬州大学学报(人文社会科学版)》2007 年第 1 期。

④ 高铭暄、马克昌主编:《刑法学》,北京大学出版社、高等教育出版社 2011 年第 5 版,第 483 页。

该罪的社会危害性是远远低于抢劫罪的,哪怕行为人抢劫的财物数额并不多甚至没有抢劫到任何物品,一经定罪,即有可能被判处三年以上刑罚。与此不相称的是,如果行为人以暴力、威胁等相似手段、以侵占他人不动产为主观目的,去实施强占房屋等住宅的违法行为,却只能依非法侵入住宅罪判处三年以下的刑罚,明显有违罪刑相适应的刑法基本原则。可是,通过上文的分析可知,笔者对于此种情况下构成抢劫罪是持否定观点的。由于不动产的特殊性质,决定了抢劫不动产的行为不能与抢劫动产的行为融合在同一个构成要件当中,然而,由于该类行为的违法主体多以侵占不动产为目的,其行为的性质类似于财产犯罪,如果按照非法侵入住宅罪处理往往很难做到罚当其罪。所以,必须寻找更为有效的刑法规制路径对于该类侵占不动产的违法行为做出适当的处理。

(二)寻衅滋事罪

寻衅滋事罪是指寻衅滋事、破坏社会秩序的行为。本罪是从 79《刑法》第160 条规定的流氓罪当中分离出来的一个罪名,《刑法修正案(八)》对本罪做了修改,增加了对于“恐吓”他人以及纠集多人多次实施严重破坏社会秩序行为的规定。[①] 本罪的客观方面主要有四种表现形式:(1)随意殴打他人,情节恶劣的;(2)追逐、拦截、辱骂、恐吓他人,情节恶劣的;(3)强拿硬要或者任意损毁、占用公私财物,情节严重的;(4)在公共场所起哄闹事,造成公共场所秩序严重混乱的。其中,关于第三种行为方式是否可以适用于案例一的情形,更进一步说,对于非法占用他人不动产的行为是否都可以成立寻衅滋事罪值得研究。

侵夺不动产的行为之所以与寻衅滋事罪发生牵连,主要原因在于“占用公私财物”的有关规定。尽管从“强拿硬要”的角度来讲,似乎“公私财物”的范围限制于动产比较合适,但从“任意损毁、占用”的说法来看,财物包括不动产的类型也未尝不可,至少我们认为这种情况下排除不动产的适用是没有依据的。那么,是否案例一的情形可以被认定为寻衅滋事罪呢?从构成要件的诸方面来讲,并不存在太大的障碍,但我们必须还要注意分析寻衅滋事罪的保护法益是否与侵占他人不动产的行为相适应。通说的观点认为,本罪侵犯的客体是

---

① 高铭暄、马克昌主编:《刑法学》,北京大学出版社、高等教育出版社 2011 年第 5 版,第542 页。

社会公共秩序,但这种观点并没有从根本上揭示出寻衅滋事罪与其他妨害社会管理秩序罪在保护法益上的不同之处,且社会公共秩序的说法太过笼统,作为个罪的法益有些不妥。对此,有的学者提出,寻衅滋事罪的保护法益应当是指"不特定人或者多数人在公共场所从事自由活动的安全与顺利"。[①] 这种观点至少在明确性上比通说的观点更进了一步,尤其突出了寻衅滋事罪针对的是不特定或者多数对象的重要特征,是比较符合这一罪名的基本属性的。对于寻衅滋事罪的前三种行为方式来说,如果行为人针对的是特定的个人或其财产,在情节恶劣或者严重的情况之下,就应当构成刑法分则第四章或者第五章规定的罪名,而非寻衅滋事罪。从这一特点出发,我们反观案例一的具体情形,即便李某某的行为可以被评价为"占用公私财物",但这种危害行为具有非常明确的指向性,并非针对的是不特定人或者多数人,根本谈不上"任意",而是一种目的性非常清楚,仅以其子所出卖的不动产作为实施违法行为的对象。这样一来,尽管他的危害行为也侵犯到了被害人的财物使用权,但却并未因此形成对社会公共秩序的损害,违法行为的影响范围仍旧被限定在个人法益的范围之内,并未触及社会法益。同时,对于侵犯他人不动产财产权利的违法行为,多与此种情形相类似,很少存在具备"任意性"特征的情形,多是目标明确、意图清晰的侵占行为,将其认定为寻衅滋事罪并不合理。

总而言之,对于利用暴力、威胁等手段侵占他人不动产的违法行为,尽管具备了严重的社会危害性,但却无法寻找到合理、合法的刑法规制措施,不管是财产犯罪也好,还是非财产犯罪也罢,总与具体的犯罪构成要件存在龃龉。在遵守罪刑法定原则的框架之下,从现有的刑法分则具体罪名的结构来看,是无法做到罚当其罪的。我们必须认识到,侵占他人不动产的违法行为更类似于财产犯罪,与非财产犯罪在法益上是相互抵触的,但它又不是传统的财产犯罪,从本书贯彻的"特殊财产特殊对待"的基本原则来看,针对不动产的刑法保护做出立法完善依然是最佳路径。

---

① 张明楷:《寻衅滋事罪探究(上篇)》,载《政治与法律》2008 年第 1 期。

第三节　不动产犯罪的立法构想

一、国内外相关立法概述

早在古代罗马法时期,对不动产的立法保护就比保护动产的规定更为周密。① 这种严密主要体现在民事法律方面,而对于不动产的刑法保护则一直以来并未受到重视。时至今日,在财产犯罪对象多元化的趋势之下,侵占不动产的违法行为可谓是愈演愈烈。由此,各个国家和地区在刑法方面开始重视对不动产财产权的严格保护,进而在刑事立法方面做出了相应调整。

（一）亚洲国家及地区

日本刑法中的侵夺不动产罪,从其立法过程以及规定模式来看,都是不动产犯罪刑法保护的一个典型代表。该国刑法第 235 条之二规定了侵夺不动产罪,该罪是 1960 年刑法部分修改时与境界损坏罪一同增设的罪名。在此之前,对于盗窃罪中的不动产是否属于财物争论颇多,但持肯定观点的学者仅占少数。通说和判例的态度认为,"窃取"的对象应当伴有占有的场所移动,不动产（土地,建筑物）难以满足这一要求,且侵夺行为通过民事诉讼程序比较容易就能恢复,并无动用刑罚达到一般预防目的的必要。但是,至 20 世纪 40 年代以后,由于二战造成的社会混乱,不法占有事件屡屡发生,民事诉讼程序也变得相对乏力,受害恢复愈加困难。为了有效应对这一局面,1960 年（昭和 35 年）新增了不动产侵夺罪,明确将不动产列入了刑法的保护对象。其中的不动产,根据民法规定界定为土地以及建筑物等定着物。按照本罪的立法原意,其确立是为了处罚那种并不伴有不动产的场所性移动的不法占据行为而设立的。行为方式主要是侵夺,这是指排除他人的占有而为自己或者第三者设定占有的行为。不动产侵夺罪是特殊的盗窃罪,在获得对不动产的占有之时即构成既遂,其后只是违法状态持续的状态犯。② 但是,使用暴行、胁迫侵夺不

---

① 周枏:《罗马法提要》,北京大学出版社 2008 年版,第 53 页。

② ［日］西田典之:《日本刑法各论》,刘明祥等译,武汉大学出版社 2005 年版,第 112～114 页。

动产,如使用胁迫手段将借房人从出借的房子中赶走的行为,不成立本罪而成立抢劫财产性利益罪。因为根据新增加的刑法第 235 条之 2 的规定,不动产不是刑法第 235 条以及第 236 条第 1 款的对象。① 同时,日本刑法学界认为,"与窃取相比较,应该认为侵夺是取得对不动产的现实支配,所以,对他人未登记的不动产,随意以自己的名义进行了虚伪的保存登记,或者伪造有关文书,对他人的不动产进行虚伪的所有权转移登记,在登记簿上假装成该不动产的真正所有人等,只是取得了法律上的占有,成立文书伪造罪等另当别论,但是不构成本罪(不动产侵夺罪)"。②

在亚洲其他国家的刑法典中,韩国刑法典没有明文表述"不动产"的概念,但侵犯财产罪的有关条款中体现了这一犯罪对象。例如第 367 条破坏公益建筑物罪和第 370 条侵犯境界罪都清楚地表明了犯罪对象是不动产。③ 新加坡刑法典规定的侵犯财产罪也主要是以动产为对象,具体包括盗窃罪、侵占罪等,对于非法侵入他人住宅以及非法进入或到达他人财产的行为按照非法侵入罪处理,不过本罪亦属于侵犯财产罪。④ 菲律宾刑法典规定的侵占罪专以不动产为对象,主要是指针对人身使用暴力、恐吓为手段占有他人的任何不动产的情形。⑤ 除此以外,俄罗斯联邦刑法典第 21 章所规定的侵犯所有权的犯罪之第 158 条规定了盗窃罪,即秘密侵占(窃取)他人财产的行为。尽管法条中没有直接说明该罪的侵占对象是否包括不动产,但俄罗斯联邦总检察院编写的《俄罗斯联邦刑法典释义》却解释说:该罪侵占的标的物可以是动产和不动产,并援用《俄罗斯联邦民法典》第 130 条之规定指出:不动产涵盖土地、地下矿床和所有牢固地吸附在土地上的物,即一经移动便使其用途受到损害的物体,包括种植物、建筑物、构筑物,还有航空器、海洋船舶、内河航运船舶和其他类似财产。别墅、独院住宅、城市的单元房、畜牧场的经营用房等也是不

---

① [日]大谷实:《刑法各论》(新版第 2 版),黎宏译,中国人民大学出版社 2008 年版,第 200 页。
② [日]大塚仁:《刑法概说各论》,冯军译,中国人民大学出版社 2003 年版,第 206 页。
③ 《韩国刑法典及单行刑法》,[韩]金永哲译,中国人民大学出版社 1996 年版,第 58 页。
④ 《新加坡刑法》,刘涛、柯良栋译,北京大学出版社 2011 年版,第 86~106 页。
⑤ 《菲律宾刑法典》,陈志军译,中国人民公安大学出版社 2007 年版,第 111 页。

动产。①

我国台湾地区的"刑法"也区分了动产和不动产的犯罪对象,就盗窃罪而言,第 320 条第 2 款规定,意图为自己或者第三人不法之利益,而窃占他人之不动产者,构成窃占罪,属于盗窃罪之一种。该罪的行为客体是指他人的不动产,依照相应"民法"之规定,乃指"土地及其定着物"。客观上的行为方式以窃占为主,系指违背他人的意思,擅自占据他人的不动产,而侵害他人对该不动产的所有权,包括使用、收益与处分的权利。所谓他人并不以所有人为限,也包括占有人在内。至于占据的具体方式是否为被害人所知觉,在所不问。窃占的手段也没有特定的限制,例如私自盗卖他人、擅自搬入他人房屋居住等,还有的学者在更广义上主张,例如辟建高尔夫球场扩延至公有土地,建屋侵及他人土地,在他人墙上悬挂大幅广告物,长期占用他人车位拒不退还,在属于住户公用的公寓顶楼搭建房舍,甚至将鞋柜摆放于楼梯、走道等公共空间上的行为都成立侵占不动产罪。② 但租赁契约期满,承租人拒不交还房屋的行为,则不能构成本罪。行为人完成窃占行为之后,即告既遂,继续占用的行为属于犯罪状态的延续。在主观方面,行为人必须具有窃占的故意,且意图为自己或者第三人取得不法利益,方可构成本罪。至于行为人不法获利的企图是否实现,并不影响本罪的既遂。对于窃占不动产的行为并不要求办理登记,只要存在事实上的占据或者获利行为即可。③ 尽管窃占罪只是将不动产纳入了盗窃罪的对象范围,而其他夺取罪是否可以不动产为对象却仍有争议。台湾学者陈朴生教授就认为,窃盗、抢夺、强盗等夺取罪重在排除他人对其物之支配。其行为之本质,在于移转其物之支配,并不以移转其物或变动其物之处所为必需。称物,本包括动产与不动产。虽其犯罪动机并不相同,而其客体之为财物则无二致。④ 但这种观点似与立法规定不相符合。

我国澳门地区刑法典第 204 条将抢劫行为的财物对象规定为动产。同时,又在侵犯财产罪当中规定了"侵占不动产"(澳门刑法典第 209 条)的违法

---

① 俄罗斯联邦总检察院编:《俄罗斯联邦刑法典释义》(下册),黄道秀译,中国政法大学出版社 2000 年版,第 397~400 页。

② 林东茂:《刑法综览》,中国人民大学出版社 2009 年修订第 5 版,第 290 页。

③ 林山田:《刑法各罪论》(上册),北京大学出版社 2012 年修订第 5 版,第 233~238 页。

④ 陈朴生:《谈财产犯罪之保护法益》,载《刑事法杂志》(台湾)第 29 卷第 4 期。

行为。①

(二)欧美及其他国家

在欧洲国家的许多刑法典中,明确区分了动产与不动产的犯罪对象,如果该罪规定了以动产作为客体,则表明以类似方法侵犯不动产的行为不构成本罪。其中,第一类只是限定了财产犯罪的对象为动产,并无针对不动产的财产犯罪规定。例如希腊刑法典规定的盗窃、侵占、抢劫罪的对象仅限于动产,并无不动产的具体规定;②德国刑法典第 242 条规定,盗窃是意图盗窃他人动产,非法占为己有或使第三人占有的行为③。与此相类似的国家还有波兰、克罗地亚、斯洛文尼亚、西班牙等。第二类国家虽然将部分财产犯罪的对象设定为动产,但也同时规定了相应的不动产犯罪,例如意大利刑法典第 628 条将抢劫罪规定为:"为使自己或其他人获取不正当利益,采用对人身的暴力或威胁,使他人的动产脱离持有人的控制,将其据为己有",同时单独规定了"以暴力干扰对不动产的占有"(意大利刑法典第 634 条)的违法行为;土耳其刑法典第 141 条规定的盗窃罪是,出于为本人或者第三人获利的目的,未经所有人同意将其动产从原放置地拿走的行为,又在第 154 条规定了侵越不动产分界线罪,其内容为"任何人全部或者部分地占有归公共机构或者自然人所有的不动产,或者拓宽、篡改、毁坏这些不动产的边界线,或者使合法当事人在某种程度上不能利用不动产的,除 6 个月以上 3 年以下监禁,并处 1000 日以下罚金"。④与此相类似的国家还有葡萄牙、塞尔维亚以及南美洲的巴西等国家。第三种则没有明确区分财物的类型,但却直接在侵犯财产罪当中规定了针对房屋等不动产的犯罪行为。具有代表性的国家是西班牙,该国刑法典第 245 条规定,对他人使用暴力或者胁迫,占据他人不动产或者不动产所有权,尚未构成其他人身伤害或者物品损害的,除其暴力行为应予刑罚外,视其犯罪手段和造成危害的,处 6 至 18 个月罚金。未经授权亦违背所有人意志占据他人不作为住所的不动产、住房、建筑或在以上建筑内居住的,处 3 至 6 个月罚金。第 246 条规定,以改动界标等各种方式,侵占价值 50000 比塞塔以上土地等不动产的,

① 杨春洗、张小虎:《抢劫罪剖析》,载《浙江社会科学》2003 年第 1 期。
② 《希腊刑法典》,陈志军译,中国人民公安大学出版社 2010 年版,第 142～146 页。
③ 《德国刑法典》,徐久生等译,中国法制出版社 2000 年版,第 174 页。
④ 《土耳其刑法典》,陈志军译,中国人民公安大学出版社 2009 年版,第 72 页。

不论该不动产属私人或者公共所有的,处 3 至 18 个月罚金。① 除此以外还有捷克,该国刑法典第 208 条规定了非法妨碍住宅、公寓或者非居住建筑的权利罪,其主要行为方式是非法占有或者使用他人的住宅、公寓或者非居住建筑以及非法妨碍权利使用住宅、公寓或者非居住建筑。②

在英美法系国家,《美国模范刑法典》第 223·2 条第 2 项规定:"以图自己或者无正当权利之第三人之利益目的,不法移转他人之不动产或不动产之权利者,即犯窃取罪。"③英国的《盗窃罪法》规定,盗窃罪的对象不仅包括动产和不动产,还包括诉讼标的和其他无形财产。④ 加拿大刑事法典第 9 章侵犯财产权的犯罪规定了"破门进入某场所"的"强行侵入"罪,这里的"场所"既包括车辆、船只和飞机等动产,也包括"住宅"和"住宅以外的建筑物"等不动产。在第 11 章"关于财产的故意行为和违禁行为"第 428 条明文规定:本章中的"财产",是指不动产或动产。具体罪名有损毁罪、纵火罪、擅自移动天然栅栏罪、房客损毁建筑物罪、损害界线罪、损害国际疆界标志罪等。⑤

埃及刑法典在危害个人的重罪与轻罪一编当中,除了规定传统的夺取罪、侵占罪、诈骗罪以及背信罪以外,还在该编第十四章侵犯他人财产罪之中详细规定了各种类型的不动产犯罪条文。具体包括第 369 条所规定的"出于以武力妨碍他人占有或者在其中实施犯罪的目的,进入被他人占有的不动产,或者虽然以合法方式进入但却出于上述犯罪目的滞留其中的",第 370 条规定的"出于以武力妨碍他人占有或者在其中实施犯罪的目的,进入有人居住的房屋及其附属部分、准备用于居住的房屋及其附属部分、有人居住的船舶、用于保管处于他人占有之下的财产的场所,或者虽然以合法方式进入但却出于上述犯罪目的滞留其中的",以及第 372 条 A 规定的"对农业用地、闲置用地或者归国家、公法人、慈善团体、公营公司、法律规定将其财产视为公共财产的其他任何机构所有的土地、以耕作、在其中种树、在其上构建设施、以任何方式予以

---

① 《西班牙刑法典》,潘灯译,中国政法大学出版社 2004 年版,第 93 页。

② 《捷克刑法典》,陈志军译,中国人民公安大学出版社 2011 年版,第 120 页。

③ 董玉庭:《盗窃罪研究》,中国检察出版社 2002 年版,第 226 页。

④ [英]J.C. 史密斯、B. 霍根:《英国刑法》,李贵方等译,法律出版社 2000 年版,第 577 页。

⑤ 《加拿大刑事法典》,罗文波等译,北京大学出版社 2008 年版,第 225～253 页。

占有或者用以牟利的手段,实施侵夺行为的"等。① 尽管该章以侵犯他人财产罪为章名,实际上却是针对不动产犯罪做出的具体规定,主要是针对土地、房屋等财产进行的比较全面的刑法保护。

二、不动产保护的刑法完善

(一)侵占不动产罪的立法必要性

从上文中的论述可知,尽管诸多国家和地区对不动产刑法保护的路径选择上有些差异,但对于侵占他人不动产的违法行为应当加以严惩的立法态度是较为一致的。由于受到资料有限以及篇幅的限制,笔者并无法更多地列举规定不动产犯罪的国家,但从现有的这些国家的刑法规定来看,仍然可以推论出对不动产进行刑法保护是世界刑事立法的主流趋势。对于直接规定不动产犯罪的国家不仅包括大陆法系,也包括英美各国,不仅存在于经济发达国家,也有的是相对比较落后的国家。除此以外,很多国家将财产犯罪的对象直接规定为"财物"或者"财产",在刑法解释上也倾向于内含不动产的财产类型。② 至于不动产的范围,一方面是根据相关民法中的规定进行说明,另一方面也采取了极为广泛的内涵界定,不仅包括土地、房屋、地界、住宅、田宅、建筑物等比较常见的不动产,有的还指明作为公共建筑物的桥梁、堤坝、公路、铁路、戏院、教室、博物馆、军火库、造船厂等也属不动产的具体范围。在不动产侵占的手段方面,有的国家将其设定为特殊的盗窃罪,有的国家注重惩罚以暴力干扰不动产财产权利的行为,更多国家则是对非法占有他人不动产或者妨碍他人行使对不动产权利的行为做出了全面的规定。"总之,各个国家和地区对于不动产的刑法保护是比较全面的,而且具有了世界范围层面上的广泛性,这本身就反映了国家以刑罚手段遏制各种严重侵犯不动产所有权之行为的客观必要性。由此看来,我国刑法在这方面的缺陷就十分突出了。"③

对于否定不动产可以成为财产罪对象的理由当中,有一种非常具有代表性的观点认为,对于获取不动产的行为较为容易得到恢复,即便被害人暂时性

---

① 《埃及刑法典》,陈志军译,中国人民公安大学出版社 2011 年版,第 140～142 页。

② 尽管我国刑法规定的财产犯罪也是以财物作为对象,内含了不动产的类型,但根据罪刑法定原则以及犯罪构成理论来看,许多犯罪仍是不能针对现实中发生的侵占不动产的违法行为加以运用,这一问题上文中已有说明,此不赘述。

③ 夏勇、柳立子:《论加强对不动产所有权的刑法保护》,载《法商研究》2001 年第 3 期。

地脱离了对不动产的占有,但只要通过民事、行政救济手段就能够重新获取合法的财产所有权,也即行为人很难达成长久地占有目的,由此导致侵夺不动产的社会危害性远低于针对动产的犯罪行为,可不必作为犯罪处理。① 否定的观点则认为,侵夺行为本身已经给被害人造成了财产上的损失,至于事后是否容易恢复并不影响行为的性质。② 对此争议,笔者较为赞同后一种观点,除了上述理由以外,还须强调如下三点:首先,即便从是否容易恢复的角度审视,也不能说侵夺不动产的行为远低于针对动产犯罪的社会危害性,不动产不仅数额巨大,而且有可能导致被害人无家可归、流离失所等情形,间接引发的后果亦是非常严重。事实上,长久以来对侵夺不动产行为的刑事立法忽视,并非源于违法行为的轻微性,因为它本身就不具有这种特性,而主要是罕见性导致的,当后一特征在现代社会逐渐消失以后,其立法必要性也就自然而然地凸显出来。其次,是否容易恢复只是相对的结论,如果行为人采取暴力、威胁手段抗拒被害人主张权利,也很难说该类行为造成的后果都容易恢复。况且,对于事实明确、案件清楚的侵占行为,被害人还要通过异常烦琐的诉讼程序以及其他程序进行权利救济,往往是费时费力、事倍功半,更谈不上容易恢复了。最后,侵夺不动产行为的明显性确实阻碍着大多数的该类情形无法彻底实现,但是,如果将其作为否定入罪的理由却不甚充分。这一特征提醒我们的是,哪些违法行为不需要通过刑事手段加以干涉,而哪些行为类型已经在民事、行政领域无法得到有效救济了。近年来侵占国家、集体和私人所有的不动产的情况越来越严重,只有民事手段调整显然不够,应该把不动产纳入刑法的保护范围,对侵占不动产情节严重的行为予以刑事制裁。但是,这个还是通过立法增设新的罪名解决为妥,③区别不同的违法行为类型,选择正确的入罪路径,对其中最为严重的侵夺不动产的行为施以刑事制裁,是解决这一问题的基本方案。

最后需要说明的一点是,无可否认,刑法分则第五章的侵犯财产罪当中的大多数罪名并不是针对侵夺不动产的违法行为设立的,在立法初始,立法者主要考虑的应当是针对动产的抢劫、盗窃、诈骗等等犯罪行为,并未就不动产的

---

① 米恒、莫英杰:《抢劫罪对象的再思考》,载《湖北成人教育学院学报》2008 年第 5 期。

② 沈志民:《抢劫罪研究》,吉林大学法学院刑法学 2004 年博士论文。

③ 赵秉志主编:《侵犯财产罪疑难问题司法对策》,吉林人民出版社 2000 年版,第 144 页。

非法侵夺做过多的考虑,否则,当今刑法学界也不会陷入立法与现实相背离的理论纠结当中。有的学者认为,侵犯不动产的违法行为是否能够构成财产犯罪,与具体罪名的行为方式具有密切关系,夺取型侵财犯罪的对象仅能为动产,如盗窃、抢劫、抢夺、聚众哄抢等等,但交付型、侵占型、毁损型的财产罪名则既可以是动产,也可以是不动产。① 可从上文中笔者的分析来看,除了特定的诈骗罪、敲诈勒索罪以及故意毁坏财物罪可以勉强将不动产纳入到该罪的对象范围之内,其他罪名都不具有这种包容性。尤其就案例一这种最为严重的侵占他人不动产拒不归还的行为来看,的确很难适用相应的财产犯罪甚或其他非财产犯罪,由此形成的立法漏洞过于明显。笔者认为,要想破除这种纠结,最为根本的出路并非是通过"攀缘附会"将不动产紧靠在动产犯罪的框架之上,形成了畸形的犯罪构成,而是要从修订立法的角度出发,规定更为直接适用于侵夺不动产违法行为的罪名。曾有持肯定说的学者认为解决这一问题有两种途径,一是通过司法解释把盗窃罪对象明确解释为包括动产和不动产;二是通过立法对窃占不动产行为单独设立罪名予以规制,例如日本刑法典在"窃盗罪"的条文下增设了"不动产侵夺罪"的罪名。② 但笔者认为司法解释的路径显然不妥,不动产犯罪的侵夺行为是一类特殊的违法行为,与以往的抢劫、盗窃等夺取罪具有较大差异,强行将其纳入盗窃罪的对象范围,不仅有可能对司法实践中如何理解盗窃罪的行为方式产生更多困惑,也不利于从根本上贯彻刑法规定的罪刑法定原则,即便作为一种权宜之计也是不可取的。因此,借鉴相关国家的立法规定对我国刑法做出完善性补充才是最为合理的选择。

(二)侵占不动产罪的条文设定

关于本罪的犯罪构成,在主观方面以及主体上与其他的财产犯罪并无区别,也是以故意为罪过,以自然人为主体,需要着重说明的是犯罪客体以及犯罪的客观方面如何选择的问题。

就犯罪客体来说,笔者一直主张多数财产犯罪的犯罪客体应当是财产所有权,而非占有权以及其他的权利类型。但涉及不动产犯罪的客体设定,就应

---

① 朱建华主编:《刑法分论》,法律出版社 2011 年版,第 248 页。
② 董玉庭:《盗窃罪特殊对象问题研究》,载《长春理工大学学报(社会科学版)》2003 年第 1 期。

当特别指出,该类犯罪最大的特征在于并不要求犯罪行为侵害到犯罪对象的全部所有权内容,也即更加重视事实上的对财物构成的侵害结果。只要行为人通过危害行为严重妨碍到了被害人对合法的不动产行使占有、使用、收益或者处分之任何一项或者几项权能,都可以说是符合了不动产财产犯罪的客体特征。

就本罪的客观方面来说,从上文中多数国家的立法例分析,其中主张侵害不动产的犯罪行为构成特殊的盗窃罪的国家占据多数,其次是类似于抢劫的暴力干扰行为。在规定了窃占不动产的国家当中,有的国家将以暴力劫取不动产的行为按照抢劫利益罪来处理,例如日本等。同时,从上文中所列举的经典案例来看,实践中发生的侵害不动产财产权利的案件也主要存在窃取和劫取[1]两种手段行为。那么,到底我国的不动产犯罪是应该作为特殊的盗窃罪来认定还是应当按照抢劫罪处理呢? 有的学者主张,鉴于不动产与动产相比,确实有其特殊性,且犯罪数额难以确定,或者是犯罪数额一概达到数额巨大或者特别巨大,因此应当对窃占不动产的行为在盗窃罪中增设一款予以单独规定。同样,对抢劫不动产的行为由刑法作出专门的规定较为妥当。[2] 笔者并不赞同这种观点,从立法尝试性的角度来看,是否需要同时规定抢劫不动产以及盗窃不动产的条款也是存有疑问的。在此问题上,本书主张选择劫取行为作为不动产犯罪的首要行为方式进行刑法规制最为妥当,也即应当将不动产犯罪规定为特殊的抢劫罪。理由如下:

第一,盗窃不动产的行为并不符合秘密性的特征,行为人窃占不动产的行为非常容易被发现,同时也很难取得。在秘密窃占不动产的过程中,行为人要么必须伴随骗取的行为,这样一来就很容易和诈骗罪区分不开,而且在行为方式上更倾向于诈骗罪的客观方面;要么在被害人发现之时,就只能以暴力、威胁或其他类似方法拒绝退还,此时的"盗窃"行为也就演变为了抢劫行为。所以,窃取这种行为方式针对不动产来说,是难以达成非法占有目的的。如果行为人在此过程中,既未采取诈骗的手段,在被害人发现之后,也没有抗拒归还,从此角度来看,实无刑法介入的必要。

---

① 当然,事实上是否完全符合盗窃罪和抢劫罪所规定的行为方式还有疑问,这里只是说在形式上非常相似。

② 王玉珏:《刑法中的财产性质及财产控制关系研究》,法律出版社 2009 年版,第121 页。

第二，从行为方式上来看，盗窃不动产的行为其严重危害性低于劫取不动产的行为，如果将其作入罪化处理，抢劫不动产的行为自然也应当入罪。同时，从行为的普遍性上来看，以暴力、威胁或者其他类似方法干扰被害人行使对不动产财产权的违法行为也较为常见，更加具备犯罪化的理由。

第三，从上文中所列举的典型案例来看，就目前的财产犯罪适用性分析，对于比较严重的侵害不动产的违法行为只有案例一的情形尚无特别贴切的罪名进行规制，而这一案例所代表的恰恰就是以暴力、威胁等方法侵占他人房屋、住宅等不动产的类型。因此，将侵占不动产的违法行为规定为特殊的抢劫罪乃是当今刑事立法就不动产保护完善的当务之急。

据此，笔者认为应当在我国刑法第363条之后增加一款，其主要内容为："以上述方法非法占据他人不动产的，处三年以上十年以下有期徒刑。"侵占不动产的暴力方法既可以针对人实施，也可以物为对象，例如以撬坏门窗的方式进入等等也是暴力之一种；威胁的内容必须是当场实施，否则将与敲诈勒索罪产生混淆，难以界分清楚；其他方法必须与暴力、威胁手段相类似，例如将被害人麻醉之后带离房屋的行为等等。侵占不动产罪的"占据"主要强调的是事实上的控制，并不仅仅限于对不动产的完全支配，即使部分地占据了被害人的不动产，妨碍其行使财产权利，也可以认定为既遂。如果行为人利用暴力、威胁等手段迫使被害人与其签署了转让协议，并去登记机关办理了相应手续，也可以认定为侵占不动产罪，只不过这种情形必须还要满足当场性的要求，在现实生活中是比较少见的。反之，如果其间间隔的时间过久，中断了当场性的特征，按照敲诈勒索罪处理则更为妥当。行为人只是强迫被害人签署了转让协议，并没有在事实上占据不动产，则不宜按照本罪处理。

关于本罪的法定刑设定，主要是基于两方面的考虑：一方面是不动产的数额较大，行为人一旦占据，将会给被害人造成比较严重的损失，但是具体的犯罪数额却不能完全以不动产本身的经济价值进行衡量，毕竟多数的非法占有情况并不同于真正意义上的所有。如果均以不动产的价值进行计算，可能都已超过了数额巨大的标准，也就没有十年以下有期徒刑的适用余地了，显然与本罪的犯罪情节是不相适应的。另一方面，不动产即使被劫取成功以后，其恢复相对于动产来说也是比较便捷的，单纯从犯罪危害性的角度来看，又可以说没有给被害人造成太大的损失，如果起点刑就是十年以上的话，未免过于严厉。所以，只选择三年以上十年以下的有期徒刑作为该罪的法定刑是较为合理的。至于在法定刑幅度内如何具体确定合适的宣告刑,则应当主要考虑以下因素:不动产的具体经济价值大小、行为人占据时间的长短、行为人占据手段的恶劣程度、给被害人造成的生活影响大小以及是否因此带来其他严重后果等等。

结语

对于特殊财产类型问题的关注起始于 2011 年发生在河南的"天价过路费"案,其中所涉及的财产性利益的认定问题引发了笔者的极大兴趣。此后,关于虚拟财产的刑法保护问题、不动产犯罪的问题以及盗窃电力行为的认定等等都因为涉及财产犯罪对象而融合为一个问题,逐一进入了笔者的研究视野,尤其关于上述若干特殊财产类型之间的内在联系更是思考的重点和难点。尽管在本书的第一章就对特殊财产的各项基本问题进行了尝试性的探讨,但行文至此,才感觉到就这一问题而言需要研究和探索的方面远远不止于上述内容,更不敢奢谈为其画上一个圆满的句号,准确地说,这只是一个开始罢了。

就特殊财产类型的争议问题而言,本书主要说明了无形财产(主要是虚拟财产)、财产性利益、无体物、不动产这四个问题,以各种特殊财产类型的研究概述为起点,以其准确的内涵界定为核心,最后落脚到如何在刑事立法上完善或者突出该类财产的保护问题。但除此以外,还有关于人体及其器官的问题,赃物以及违禁品的问题,客观经济价值与主观经济价值差别较大的财物的问题等等,都是争议已久且结论尚未非常明确的研究领域。笔者限于篇幅的要求,更考虑到自身的研究能力和水平,有可能在这些问题上表现得更加捉襟见肘,最终舍弃了"求全"的想法。但是,如果从宏观层面上来分析特殊财产在刑法中的体系性地位,则主要还是以上述四种类型更具代表性。尽管国内刑法学界对于该类问题的重要性认识不一,尤其在近些年来,研究的热度更是有减无增,但忽视或者简单化处理的结果绝对不是正确选择,它只能够使现有的问题积重难返,其中的一些研究方法和结论更是有可能在整体上动摇我们一贯予以坚持的某些基本原则。

财产的发展是伴随着社会进步同时进行的,这两者之间的关系可谓是相辅相成。而就本书的基本观点来看,在这种进步的过程中,财产的发展并非是本质的改变,而是在形式上的渐趋多元化。之所以会呈现出这种样态,其中既有人类社会物质需求的促进力,也是现代科技和经济发展的重要表现形式。在很大程度上我们可以这样认为,"财产代表了我们所处世界的显著特色"①。对于这种趋势的正确认识,有助于我们在此发展过程之中准确地总结规律,掌握未来的新变化和新知识。同时,这一规律的认识和掌握,对于立法工作产生的积极意义也是不言而喻的。

由此必须谈到的一点是,本书对刑事立法的完善工作提出了诸多建议和要求,甚至有过于严苛之嫌,但这种态度并非是偏激的甚或说是错误的。刑法的稳定性和保守性自然是其"优秀品质",但如何发挥这种品质必须考虑所面对的问题的性质。在现代社会急剧变化的转型时期,一味强调上述品质而忽略了实用性和适应性的一面,也是应当警惕的理论及实践倾向。由于受到本书研究的内容所限,笔者自然更多地考虑的是如何对刑法进行修正的问题,而较少谈及固守刑法稳定性的方面,这是无可厚非的。当然,这并不表明其中的观点就是正确的。事实上,我国近些年来的刑法修订亦是非常频繁,甚至受到了一些学者的批评。② 但笔者总以为,只要是科学合理的刑事立法完善就应当加以提倡,因为问题并不在于我国刑法是否应当如此频繁的修订,而在于我们修订的前期准备工作是否充分合理,修订的结果是否如人所愿。正确的理论研究不应当是刑法公布实施之后,如何将具体条文解释得"天衣无缝",更不是对其大加指责,而是在立法规定与社会现实不相适应之初,就为如何调整现有立法做好充分的理论准备工作。因为我们能够改变的不是社会,而只能改变我们的法律。因此,本书的诸多修改建议并不是直接指向立法,而是从抛砖引玉的角度将这一问题的重要性和盘托出,以期引起学界的更多关注和重视。

财产犯罪是一个古老的话题,当这一传统犯罪类型与现代社会的特殊财产相结合以后,之于刑法理论研究自然就产生了一个崭新的命题。"财产法是一个开放的权利体系。法律的真实生命不是逻辑,而是它所要调整的社会现实。虽然大多数现实中的具体财产权利可以逻辑地归入固有的传统权利体系

---

① [美]史蒂芬·芒泽:《财产理论》,彭诚信译,北京大学出版社 2006 年版,第 1 页。
② 刘艳红:《我国应当停止犯罪化的刑事立法》,载《法学》2011 年第 11 期。

中,但仍有许多新型财产关系在其中无法找到相应的位置。"①当然,财产犯罪的刑法规定也是财产法的重要组成部分。只是囿于刑法本身的局限性,使得立法不可能紧跟时代变迁从容应对,事实上往往成了比较薄弱的环节,这种遗憾在任何国家的任何时期都在所难免。我们在承认刑法的保守性是一种"美德"的同时,也必须清醒地认识到由此而来的滞后性却是"美中不足"。更进一步讲,如果我们已经明确地意识到了问题的严重性,且可以寻求合理有效的解决办法,则应当积极地应对社会现实带来的许多难题,使得刑法规范在不失本来面目的同时又真正意义上接近实质公平。

---

① 马俊驹、梅夏英:《财产权制度的历史评析和现实思考》,载《中国社会科学》1999 年第 1 期。

主要参考文献

专著类

1. 张明楷:《诈骗罪与金融诈骗罪研究》,清华大学出版社 2006 年版。

2. 刘明祥:《财产罪比较研究》,中国政法大学出版社 2001 年版。

3. 童伟华:《财产罪基础理论研究——财产罪的法益及其展开》,法律出版社 2012 年版。

4. 王礼仁编:《盗窃罪的定罪与量刑》,人民法院出版社 2008 年版。

5. 张国轩:《抢劫罪的定罪与量刑》,人民法院出版社 2008 年版。

6. 皮勇主编:《侵犯知识产权罪案疑难问题研究》,武汉大学出版社 2011 年版。

7. 丁天球:《侵犯财产罪重点疑点难点问题判解研究》,人民法院出版社 2005 年版。

8. 于志刚主编:《网络空间中虚拟财产的刑法保护》,中国人民公安大学出版社 2009 年版。

9. 魏海:《盗窃罪研究——以司法扩张为视角》,中国政法大学出版社 2012 年版。

10. 赵宇霆:《无形财产权理论研究》,法律出版社 2011 年版。

11. 王玉珏:《刑法中的财产性质及财产控制关系研究》,法律出版社 2009 年版。

12. 董玉庭:《盗窃罪研究》,中国检察出版社 2002 年版。

13. 程萍:《财产所有权的保护与限制》,中国人民公安大学出版社 2006 年版。

14. 陆小华:《信息财产权——民法视角中新财富保护模式》,法律出版社

2009 年版。

15. 刘少军、王一轲:《货币财产(权)论》,中国政法大学出版社 2009 年版。

16. 陈灿平:《刑民实体法关系初探》,法律出版社 2009 年版。

17. 刘惠荣:《虚拟财产法律保护体系的构建》,法律出版社 2008 年版。

18. 秦新承:《支付方式的演进对诈骗犯罪的影响研究》,上海社会科学院出版社 2012 年版。

19. 陈兴良、周光权:《刑法学的现代展开》,中国人民大学出版社 2006 年版。

20. 张志勇:《诈骗罪研究》,中国检察出版社 2007 年版。

21. 张明楷:《刑法分则的解释原理》,中国人民大学出版社 2011 年版。

22. 高巍:《盗窃罪基本问题研究》,中国人民公安大学出版社 2011 年版。

23. 顾军主编:《侵财犯罪的理论与司法实践》,法律出版社 2008 年版。

24. 陈志军:《侵犯财产罪——立案追诉标准与司法认定实务》,中国人民公安大学出版社 2010 年版。

25. 吴汉东:《无形财产权基本问题研究》,中国人民大学出版社 2013 年版。

26. 李希慧等编著:《刑法解释专题整理》,中国人民公安出版社 2011 年版。

27. 邓子滨:《中国实质刑法观批判》,法律出版社 2009 年版。

28. 徐岱:《刑法解释学基础理论建构》,法律出版社 2010 年版。

29. 熊选国、任卫华主编:《刑法罪名适用指南——侵犯财产罪》,中国人民公安大学出版社 2007 年版。

30. 王作富主编:《刑法分则实务研究》,中国方正出版社 2007 年版。

31. 陈兴良主编:《刑法各论的一般理论》,中国人民大学出版社 2007 年版。

32. 赵秉志主编:《刑法解释研究》,北京大学出版社 2007 年版。

33. 陈兴良:《走向规范的刑法学》,法律出版社 2008 年版。

34. 陈兴良:《罪刑法定主义》,中国法制出版社 2010 年版。

35. 林旭霞:《虚拟财产权研究》,法律出版社 2010 年版。

36. 柏浪涛:《侵犯知识产权罪研究》,知识产权出版社 2011 年版。

37. 王晨:《诈骗犯罪研究》,人民法院出版社 2003 年版。

38. 刘志伟:《侵占犯罪的理论与司法适用》,中国检察出版社 2000 年版。

39. 逄锦温等主编:《侵占犯罪的定罪与量刑》,人民法院出版社 2002 年版。

40. 郑成思:《知识产权论》,法律出版社 1999 年版。

41. 李晓辉:《信息权利研究》,知识产权出版社 2006 年版。

42. 刘云生:《中国不动产法研究》,法律出版社 2012 年版。

43. 曹红冰：《不动产物权制度的理论和法律适用》，湘潭大学出版社 2012 年版。

44. 崔建远主编：《自然资源物权法律制度研究》，法律出版社 2012 年版。

45. 但未丽编著：《抢劫罪专题整理》，中国人民公安大学出版社 2007 年版。

46. 沈志民：《抢劫罪论》，吉林人民出版社 2005 年版。

47. 闫二鹏：《侵犯个人法益犯罪研究》，中国人民公安大学出版社 2009 年版。

48. 赵秉志主编：《侵犯财产罪疑难问题司法对策》，吉林人民出版社 2000 年版。

49. 樊延桢：《财产（权）》，中国人民公安大学出版社 1999 年版。

50. 周旋：《我国刑法侵犯财产罪之财产概念研究》，上海三联书店 2013 年版。

51. 王志祥主编：《〈刑法修正案（八）〉解读与评析》，中国人民公安大学出版社 2012 年版。

52. 肖中华主编：《侵犯财产罪办案一本通》，中国长安出版社 2007 年版。

53. 吴汉东、胡开忠：《无形财产权法律制度研究》，法律出版社 2001 年版。

54. 徐振华：《犯罪对象研究》，广西人民出版社 2006 年版。

55. 陈立主编：《财产、经济犯罪专论》，厦门大学出版社 2004 年版。

56. 刘琳主编：《新能源》，东北大学出版社 2009 年版。

57. 周枏：《罗马法提要》，北京大学出版社 2008 年版。

58. 龚培华：《刑法法条关系研究》，上海交通大学出版社 2011 年版。

59. 何帆：《刑民交叉案件审理的基本思路》，中国法制出版社 2007 年版。

60. 李永军：《民事权利体系研究》，中国政法大学出版社 2007 年版。

61. 赵秉志主编：《〈刑法修正案（八）〉的理解与适用》，中国法制出版社 2011 年版。

62. 李国如：《罪刑法定原则视野中的刑法解释》，中国方正出版社 2002 年版。

63. 姜力维编著：《违约用电和窃电查处与防治》，中国电力出版社 2011 年版。

64. 周俊强：《知识产权的基本理念与前沿问题》，安徽人民出版社 2006 年版。

65. 尹田：《物权法理论评析与思考》，中国人民大学出版社 2008 年第 2 版。

66. 吴汉东主编:《中国知识产权制度评价与立法建议》,知识产权出版社2008年版。

67. 赵秉志主编:《侵犯财产罪研究》,中国法制出版社1998年版。

68. 关涛:《我国不动产法律问题专论》,人民法院出版社2004年版。

69. 肖丽梅:《无权处分制度研究》,山东大学出版社2009年版。

70. 赵秉志:《侵犯财产罪》,中国人民公安大学出版社1999年版。

71. 金凯主编:《侵犯财产罪新论》,知识产权出版社1988年版。

72. 张红昌:《财产罪中的占有研究》,中国人民公安大学出版社2013年版。

73. 高富平:《信息财产:数字内容产业的法律基础》,法律出版社2009年版。

74. 沙君俊:《合同诈骗罪研究》,人民法院出版社2004年版。

75. 张剑虹:《中国能源法律体系研究》,知识产权出版社2012年版。

76. 王飞跃:《侵犯财产罪专题研究》,中南大学出版社2010年版。

77. 周珺:《财产中心主义之反思与民法体系之构想》,中国政法大学出版社2013年版。

78. 郭建:《中国财产法史稿》,中国政法大学出版社2004年版。

79. 李富民主编:《财产权的公私法保护》,中国言实出版社2008年版。

80. 丁友勤:《盗窃罪疑难争议问题研究》,吉林大学出版社2008年版。

81. 王明锁:《中国民商法体系哲学研究》,中国政法大学出版社2011年版。

82. 许颖辉:《备受争议的知识产权》,世界知识出版社2010年版。

84. 梅夏英:《财产权构造的基础分析》,人民法院出版社2002年版。

85. 褚剑鸿:《刑法分则释论》,台湾商务印书馆1995年版。

86. 王泽鉴:《民法物权》,北京大学出版社2010年版。

87. 王泽鉴:《债法原理》,北京大学出版社2009年版。

88. 林东茂:《刑法综览》,中国人民大学出版社2009年版。

89. 林山田:《刑法各罪论》(上下册),北京大学出版社2012年版。

90. 黄荣坚:《刑法问题与利益思考》,中国人民大学出版社2009年版。

91. 林钰熊:《刑事法理论与实践》,中国人民大学出版社2008年版。

92. 陈兴良、陈子平《两岸刑法案例比较研究》,北京大学出版社2010年版。

93. [日]我妻荣:《债权在近代法中的优越地位》,王书江译,中国大百科全书出版社1999年版。

94. [日]佐伯仁志、道垣内弘人:《刑法与民法的对话》,于改之,张小宁译,北京大学出版社2012年版。

95. [日]大谷实:《刑法各论》,黎宏译,中国人民大学出版社 2008 年版。

96. [日]大塚仁:《刑法概说(各论)(第三版)》,冯军译,中国人民大学出版社 2003 年版。

97. [日]西田典之:《日本刑法总论》,刘明祥、王昭武译,中国人民大学出版社 2007 年版。

98. [韩]吴昌植编译:《韩国侵犯财产罪判例》,清华大学出版社 2004 年版。

99. [德]安塞尔姆·里特尔·冯·费尔巴哈:《德国刑法教科书》,徐久生译,中国方正出版社 2010 年版。

100. [德]汉斯·海因里希·叶赛克、托马斯·魏根特:《德国刑法教科书(总论)》,徐久生译,中国法制出版社 2001 年版。

101. [美]斯蒂芬·芒泽:《财产理论》,彭诚信译,北京大学出版社 2006 年版。

102. [美]罗杰·H. 伯恩哈特、安·M. 伯克哈特:《不动产》,钟书峰译,法律出版社 2005 年版。

103. [美]尼葛洛庞帝:《数字化生存》,胡泳等译,海南出版社 1997 年版。

104. [意]杜里奥·帕多瓦尼:《意大利刑法学原理》,陈忠林译评,中国人民大学出版社 2004 年版。

105. [英]彼得·甘西:《反思财产:从古代到革命时代》,陈高华译,北京大学出版社 2011 年版。

106. [美]路易斯·谢利:《犯罪与现代化》,何秉松译,群众出版社 1986 年版。

107. [英]F. H. 劳森、B. 拉登:《财产法》,施天涛等译,中国大百科全书出版社 1998 年第 2 版。

论文类

1. 叶俊南:《犯罪对象研究》,载《法学研究》1996 年第 6 期。

2. 张明楷:《财产性利益是诈骗罪的对象》,载《法律科学》2005 年第 3 期。

3. 赵秉志、阴建峰:《侵犯虚拟财产的刑法规制研究》,载《法律科学》2008 年第 4 期。

4. 林旭霞:《虚拟财产解析——以虚拟有形财产为主要研究对象》,载《东南学术》2006 年第 6 期。

5. 刘明祥:《论侵犯财产罪的对象》,载《法律科学》1999 年第 6 期。

6. 许富仁、庄啸:《传统犯罪对象理论面临的挑战——虚拟犯罪对象》,载《河北法学》2007 年第 2 期。

7. 张国轩：《经济犯罪、商业犯罪、财产犯罪的罪刑关系研究》，载《政治与法律》2003 年第 2 期。

8. 冯晓青：《财产、财产权与知识产权探微》，载《郑州大学学报（哲学社会科学版）》2007 年第 2 期。

9. 吕炳斌：《财产权的一种新解读》，载《华东理工大学学报》2008 年第 2 期。

10. 潘玉森：《财产犯罪客体和犯罪对象之理论冲突与协调》，载《黑龙江省政法管理干部学院学报》2007 年第 4 期。

11. 唐世月：《评刑法对公私财产之解释》，载《法学评论》2003 年第 5 期。

12. 李锡海、张勇志：《现代化与财产犯罪》，载《法学杂志》，2009 年第 12 期。

13. 陈开琦：《犯罪对象的二元结构论》，载《法学评论》2009 年第 6 期。

14. 薛瑞麟、李宝忠：《犯罪对象概念分析——以利益为分析视角》，载《社会科学家》2009 年第 9 期。

15. 姜金良、杜国伟：《论行为对象的理论建构——以犯罪对象的误用为切入点》，载《安徽大学法学评论》2012 年第 1 辑。

16. 武良军：《论借据能否作为财产犯罪的对象》，载《政治与法律》2011 年第 2 期。

17. 董玉庭：《论刑法中财物概念之解释——以诈骗罪为视角》，载《当代法学》2012 年第 6 期。

18. 郑泽善：《网络虚拟财产的刑法保护》，载《甘肃政法学院学报》2012 年第 5 期。

19. 张红昌：《欠条的刑法评价》，载《海南大学学报（人文社会科学版）》2013 第 1 期。

20. 陈旭琴：《论网络虚拟财产的法律属性》，载《浙江学刊》2004 年第 5 期。

21. 叶慧娟：《网络虚拟财产的刑法定位》，载《东方法学》2008 年第 3 期。

22. 张明楷：《侵犯财产罪的疑难问题》，载《华东刑事司法评论》2004 年第 1 期。

23. 南明法、郭宏伟：《以借据为侵害对象的犯罪行为定性研究》，载《中国刑事法杂志》2003 年第 4 期。

24. 王骏：《抢劫、盗窃利益行为探究》，载《中国刑事法杂志》2009 年第 12 期。

25. 肖松平：《刑法第 265 条探究——兼论我国财产犯罪的犯罪对象》，载《政治与法律》2007 年第 5 期。

26. 王俊平、高明献：《关于抢劫罪对象的再思考》，载《河南大学学报（社会科学版）》2001 年第 2 期。

27. 周光权、李志强：《刑法上的财产占有概念》，载《法律科学（西北政法大学学报）》2003 年第 2 期。

28. 刘少军：《法财产基本类型与本质属性》，载《政法论坛（中国政法大学学报）》2006 年第 1 期。

29. 林旭霞：《论网络游戏中虚拟财产权利的法律属性》，载《中国法学》2005 年第 2 期。

30. 王卫国：《现代财产法的理论建构》，载《中国社会科学》2012 年第 1 期。

31. 温军：《有偿服务能否成为诈骗犯罪对象》，载《中国审判》2008 年第 8 期。

32. 李亮：《对不动产能否成为抢劫罪对象的探析》，载《河北法学》2001 年第 2 期。

33. 王谆：《不动产理应成为抢劫罪的犯罪对象》，载《理论观察》2010 年第 3 期。

34. 陈宁：《不动产盗窃行为入罪问题之研究》，载《政法学刊》2009 年第 3 期。

35. 马俊驹、梅夏英：《无形财产的理论和立法问题》，载《中国法学》2001 年第 2 期。

36. 于志刚：《论网络游戏中虚拟财产的法律性质及其刑法保护》，载《政法论坛》2003 年第 6 期。

37. 刘守芬、孙晓芳：《论网络犯罪》，载《北京大学学报（哲学社会科学版）》，2001 年第 3 期。

38. 马文秀、梁晓林：《我国计算机网络犯罪及其防治对策》，载《河北法学》2003 年第 4 期。

39. 赵秉志、于志刚：《计算机犯罪及其立法和理论之回应》，载《中国法学》2001 年第 1 期。

40. 田宏杰：《论我国知识产权的刑事法律保护》，载《中国法学》2003 年第 3 期。

41. 高平：《物的基本区分与物权法的结构》，载《政法论丛》2011 年第 4 期。

42. 周光权：《侵占罪疑难问题研究》，载《法学研究》2002 年第 3 期。

43. 逄锦温：《侵占罪犯罪对象之探讨》，载《法律适用》2002 年第 6 期。

44. 孙明先：《加大我国刑法对于债权保护力度的思考》，载《同济大学学报（社会科学版）》2001 年第 6 期。

45. 刘华、陈乃蔚:《关于完善财产犯罪立法的构想与论证》,载《社会科学》1997 年第 1 期。

45. 马俊驹,梅夏英:《财产权制度的历史评析和现实思考》,载《中国社会科学》1999 年第 1 期。

47. 吴汉东:《论财产权体系——兼论民法典中的"财产权总则"》,载《中国法学》2005 年第 2 期。

48. 侯国云:《论网络虚拟财产刑事保护的不当性——让虚拟财产永远待在虚拟世界》,载《中国人民公安大学学报(社会科学版)》2008 年第 3 期。

49. 李国强:《时代变迁与物权客体的重新界定》,载《北京师范大学学报(社会科学版)》2011 年第 1 期。

50. 赵星、陈清浦:《抢劫罪行为对象若干问题研究》,载《政法论丛》2002 年第 4 期。

51. 张红昌:《抢劫罪中的财产性利益探究》,载《中国刑事法杂志》2012 年第 7 期。

52. 陈兴良:《故意毁坏财物行为之定性研究——以朱建勇案和孙静案为线索的分析》,载《国家检察官学院学报》2009 年第 1 期。

53. 杨福忠等:《"天价过路费"——聚焦"时建峰诈骗案"》,载《中国检察官》2011 年第 2 期。

54. 胡东飞:《刑法中类推适用与扩大解释的界限》,载《社会科学》2009 年第 6 期。

55. 杨永志:《惩治窃电有关刑事法律问题研究》,载《河北法学》2004 年第 1 期。

56. 刘春田:《知识财产权解析》,载《中国社会科学》2003 年第 4 期。

57. 陈屹立:《收入差距、经济增长与中国的财产犯罪——1978—2005 年的实证研究》,载《法制与社会发展》2007 年第 5 期。

58. 吴汉东:《无形财产权若干理论问题》,载《法学研究》1997 年第 4 期。

59. 温世扬:《财产支配权论要》,载《中国法学》2005 年第 3 期。

60. 文海林:《刑法分则结构及其理论基础》,载《法学研究》1996 年第 4 期。

61. 邓佑文、李长江:《"虚拟财产"的物权保护》,载《社会科学家》2004 年第 2 期。

62. 林艳琴:《对民法"物"的再认识》,载《学术交流》2003 年第 1 期。

63. 杨建斌:《论无体物权与知识产权的关系》,载《求是学刊》2006 年第 6 期。

64. 柴晓宇、贾娅玲:《试论网络虚拟财产的法律性质》,载《社会科学家》2005年第2期。

65. 米铁男:《刑法视角下的网络数字化财产问题研究》,载《东方法学》2012年第5期。

67. 闫夏育、李占国:《有体物与无体物分类质疑》,载《河南公安高等专科学校学报》2008年第6期。

68. 童伟华:《论盗窃罪的对象》,载《东南大学学报(哲学社会科学版)》2009年第4期。

69. 罗猛、王波峰:《故意毁坏财物罪疑难问题研究》,载《中国刑事法杂志》2011年第6期。

70. 张翔:《论公民合法财产权的刑法保护》,载《湖南社会科学》2011年第3期。

72. [日]山口厚:《盗窃罪研究》,王昭武译,载《东方法学》2011年第6期。

73. 安文录、陈洪兵:《论盗窃特殊对象的认定和处理》,载《山西省政法管理干部学院学报》2003年第3期。

74. 李庆海:《论债权物权化趋势》,载《当代法学》2005年第4期。

75. 李希慧:《抢劫罪的对象、标准及转化问题研究》,载《人民检察》2007年第18期。

76. 蒙晓阳:《物的概念价值——由物的历史演进归结》,载《安徽大学学报》2006年第5期。

77. 龚明明:《物权与债权相互融合之趋势探析》,载《知识经济》2008年第6期。

78. 胡东飞:《刑法中类推适用与扩大解释的界限》,载《社会科学》2009年第6期。

79. 蒙娜:《拒不支付劳动报酬罪若干问题研究》,载《中国刑事法杂志》2013年第3期。

80. 谢天长:《拒不支付劳动报酬罪法律适用问题研究》,载《中国刑事法杂志》2011年第11期。

81. 王晓明、张长营:《几种常见的窃电方式及查处方法探究》,载《中国电力教育》2013年第5期。

82. 田宏杰、王然:《中外知识产权刑法保护趋向比较研究》,载《国家行政学院学报》2012年第6期。

83. 周鸣：《几种财产性利益认定数额的分析》，载《法制博览》2012年第8期。

84. 吴汉东：《罗马法的"无体物"理论与知识产权制度的学理基础》，载《江西社会科学》2005年第7期。

85. 胡开忠：《无形财产形态的历史演变及启示》，载《云南大学学报（法学版）》2003年第1期。

86. 刘军霞：《首例虚拟财产纠纷案引发的法律思考——兼论虚拟财产的保护》，载《河北法学》2004年第11期。

87. 杨立新、王中合：《论网络虚拟财产的物权属性及其基本规则》，载《国家检察官学院学报》2004年第6期。

88. 姬文清、王方顺：《采用破坏性手段盗窃正在使用的油气设备中油气行为的定性》，载《人民司法》2009年22期。

89. 王利明：《物权概念的再探讨》，载《浙江社会科学》2002年第2期。

90. 刘湘廉：《新中国六十年知识产权刑法立法发展与评价》，载《广西民族大学学报（哲学社会科学版）》2010年第3期。

91. 刘科、高雪梅：《刑法谦抑视野下的侵犯知识产权犯罪》，载《法学杂志》2011年第1期。

92. 王耀忠：《我国刑法中"其他"用语之探究》，载《法律科学（西北政法大学学报）》2009年第3期。

93. 王玉珏：《"窃电"犯罪行为的特性研究》，载《犯罪研究》2008年第2期。

94. 戴有举：《诈骗罪若干实务问题》，载《中国刑事法杂志》2006年第4期。

95. 李萍：《论抢劫罪的行为对象》，载《贵州工业大学学报（社会科学版）》2002年第3期。

96. 刘宪权、李振林：《"天价过路费"案定性分析》，载《法学》2011年第3期。

97. 陈洪兵：《刑法分则中注意规定与法律拟制的区分》，载《南京农业大学学报（社会科学版）》2010年第3期。

98. 张红昌：《论可罚的使用盗窃》，载《中国刑事法杂志》2009年第5期。

99. 付立庆：《论刑法介入财产权保护时的考量要点》，载《中国法学》2011年第6期。

100. 杜邈、商浩文：《拒不支付劳动报酬罪的司法认定》，载《法学杂志》2011年第10期。

101. 杨兴培：《龚某盗卖其父房产一案之我见——兼谈不动产可以成为盗窃罪之对象》，载《政治与法律》2012年第3期。

102. 陈志军:《论刑法扩张解释的根据与限度》,载《政治与法律》2005 年第 6 期。

103. 张明楷:《实质解释论的再提倡》,载《中国法学》2010 年第 4 期。

104. 黄丽勤:《恶意侵占他人房屋如何处理——兼议增设侵夺不动产罪的必要性》,载《新疆大学学报(哲学人文社会科学版)》2008 年第 5 期。

105. 刁桂琼、张惠成:《"单位窃电"照样追究刑事责任》,载《农电管理》2003 年第 3 期。

106. 马培贵、赵萍:《析我国盗窃罪的对象》,载《甘肃政法学院学报》1995 年第 2 期。

107. 田欢忠、肖晓、赖善明:《盗用燃气类违法犯罪的司法认定与应对》,载《西南石油大学学报(社会科学版)》2011 年第 2 期。

108. 宁红丽:《私法中"物"的概念的扩张》,载《北方法学》2007 年第 3 期。

109. 郑胜利、袁泳:《从知识产权到信息产权——知识经济时代财产性信息的保护》,载《知识产权》1999 年第 4 期。

110. 李贵红:《从"无形"到"有形"——无形财产的有形保护》,载《玉溪师范学院学报》2003 年第 6 期。

111. 曾芬芬、曾芳芳:《论盗窃借条、欠条行为的刑法性质——兼论其他涉债权凭证行为的性质》,载《江西公安专科学校学报》2010 年第 6 期。

112. 白芳:《论刑法中的财产性利益》,载《山西煤炭管理干部学院学报》2009 年第 4 期。

113. 董玉庭:《盗窃罪特殊对象问题研究》,载《长春理工大学学报(社会科学版)》2003 年第 1 期。

114. 沈新艺、李政辉:《无形财产之基本法律问题》,载《彭城职业大学学报》2002 年第 1 期。

115. 侯国云:《再论虚拟财产刑事保护的不当性——与王志祥博士商榷》,载《北方法学》2012 年第 2 期。

116. 郝如建:《非法侵入住宅罪构成要件探析》,载《扬州大学学报(人文社会科学版)》2007 年第 1 期。

117. 刘清华、韦丽婧:《财产型犯罪中财物的界定》,载《广西警官高等专科学校学报》2006 年第 3 期。

118. 肖松平:《我国财产犯罪的保护法益之辨析》,载《衡阳师范学院学报》2010 年第 4 期。

119. 王耀世:《论侵占罪的犯罪客体及对象》,载《中国青年政治学院学报》2004 年第 2 期。

120. 陈咏梅:《敲诈勒索罪行为对象研究》,载《天中学刊》2009 年第 6 期。

121. 米恒、莫英杰:《抢劫罪对象的再思考》,载《湖北成人教育学院学报》2008 年第 5 期。

122. 王海鹏、凡冬梅:《抢劫罪特殊对象研究》,载《河南司法警官职业学院学报》2010 年第 1 期。

123. 祝丽波:《试析侵占罪的犯罪对象》,载《武汉公安干部学院学报》2008 年第 2 期。

报纸类

1. 白龙:《"抽象财产"有了具体保护》,载《人民日报》2012 年 4 月 25 日第 18 版。

2. 荆龙:《"虚拟财产"面对现实考量》,载《人民法院报》2004 年 1 月 15 日第 5 版。

3. 郑成思:《信息、信息产权及其与知识产权的关系》,载《中国知识产权报》2003 年 11 月 4 日。

4. 林中明,赵月林:《刑法如何维护网络虚拟财产——上海研讨网络虚拟财产刑事司法保护》,载《检察日报》2008 年 4 月 29 日第 3 版。

5. 关振海:《不动产可以成为抢劫罪对象》,载《检察日报》2008 年 4 月 29 日第 3 版。

6. 张凯:《气体能源将在未来能源结构中扮演主角》,载《中国矿业报》2010 年 11 月 4 日第 B01 版。

7. 王洋:《能源短缺是重要挑战》,载《中华工商时报》2011 年 1 月 7 日第 E18 版。

8. 王晓雁:《叩问法律空门:虚拟财产如何保障》,载《法制日报》2007 年 1 月 16 日第 4 版。

9. 徐日丹:《北京:侵犯知识产权犯罪呈六特点》,载《检察日报》2013 年 4 月 20 日第 1 版。

10. 金鑫:《盗窃虚拟财产的两个问题》,载《检察日报》2009 年 11 月 13 日第 3 版。

11. 齐爱民:《以完备的立法推进个人信息保护》,载《中国社会科学报》2012

年 4 月 2 日第 A07 版。

12. 徐策:《认清房地产市场的问题与趋势》,载《上海证券报》2011 年 11 月 21 日第 9 版。

13. 张群:《浅析住宅权》,载《中国社会科学院院报》2007 年 12 月 27 日第 3 版。

国外刑法典

1.《德国刑法典》,徐久生等译,中国法制出版社 2000 年版。

2.《日本刑法典》,张明楷译,法律出版社 2006 年版。

3.《瑞士联邦刑法典》,徐久生译,中国法制出版社 1999 年版。

4.《意大利刑法典》,黄风译,中国政法大学出版社 1998 年版。

5.《墨西哥刑法典》,陈志军译,中国人民公安大学出版社 2010 年版。

6.《土耳其刑法典》,陈志军译,中国人民公安大学出版社 2009 年版。

7.《法国刑法典》,罗结珍译,中国人民公安大学出版社 1995 年版。

8.《俄罗斯联邦刑事法典》,赵路译,中国人民公安大学出版社 2009 年版。

9.《埃及刑法典》,陈志军译,中国人民公安大学出版社 2011 年版。

10.《希腊刑法典》,陈志军译,中国人民公安大学出版社 2010 年版。

11.《丹麦刑法典与丹麦刑事执行法》,谢望原译,北京大学出版社 2005 年版。

12.《瑞典刑法典》,陈琴译,北京大学出版社 2005 年版。

13.《斯洛伐克刑法典》,陈志军译,中国人民公安大学出版社 2011 年版。

14.《韩国刑法典及单行刑法》,[韩]金永哲译,中国人民大学出版社 1996 年版。

15.《新加坡刑法》,刘涛、柯良栋译,北京大学出版社 2011 年版。

16.《葡萄牙刑法典》,陈志军译,中国人民公安大学出版社 2010 年版。

17.《克罗地亚共和国刑法典》,陈志军译,中国人民公安大学出版社 2011 年版。

18.《波兰刑法典》,陈志军译,中国人民公安大学出版社 2009 年版。

19.《塞尔维亚共和国刑法典》,王立志译,中国人民公安大学出版社 2011 年版。

20.《西班牙刑法典》,潘灯译,中国政法大学出版社 2004 年版。

博士论文类

1. 邓超:《财产犯罪原论》,中国政法大学刑法学专业 2007 年博士论文。

2. 黄琰：《信息刑法基本问题研究》，武汉大学刑法学专业 2012 年博士论文。

3. 周旋：《"公私财物"之内涵分析——以侵犯财产罪司法适用为中心》，华东政法大学刑法学专业 2010 年博士论文。

4. 高晓莹：《知识产权犯罪研究》，中国政法大学刑法学专业 2009 年博士论文。

5. 闫何清：《财产、制度与人——关于财产问题的哲学研究》，中共中央党校马克思主义哲学专业 2011 年博士毕业论文。

6. 余俊生：《网络虚拟财产法律问题研究》，中国政法大学国际法学专业 2008 年博士论文。

后记

　　本书是在我的博士毕业论文基础上修改完成的。在此过程中，我又想起了十余年在外的求学历程，从华北到西北，从西北到华中，辗转了大半个中国，其中不免有一些辛酸和苦闷，当然更多的则是欢乐和幸福，以及在学业、事业和家庭上的种种收获。这些人生经历来之不易、无可取代，因此，我必须感恩于那些曾经在生活、学习上给予我热心的指导和帮助的师长，也必须感谢那些与我一同成长、陪伴我人生不同阶段的同学、朋友。

　　我之所以能够有幸进入武汉大学法学院继续刑法学的学习研究，首先要感谢我的恩师吴振兴教授。先生选人举才不拘一格，对学生亦是平易近人、教导有方。入学之初，在老师的督促之下我就开始谋划自己的毕业论文选题。"刑法中的特殊财产类型研究"这一想法并未循规蹈矩，甚至部分源于自己的"异想天开"，在付诸写作的过程中，不仅给自己惹了很多的"麻烦"，也给吴老师的指导工作带来了不必要的困难。但是，老师还是在选题之初就给予了大力的支持，从开题报告的撰写到论文的正式写作，从文章结构、基本观点到语言表述、标点符号，无处不是恩师一丝不苟的教导和全心全意的提携。当然，论文答辩也是顺利通过，并最终在今天得以成书，这些都要感谢恩师的悉心教诲。在这三年的求学过程中，吴老师教给我的还不仅仅是理论知识、研究方法，对我影响最大的还是恩师为人处世的豁达以及乐观开朗的性格，这些更是让我终身受益。在此，我谨向恩师吴振兴教授及师母王蕾女士表达自己最为诚挚的谢意！祝福二老生活幸福、健康长寿！祝愿吴老师的家人工作顺利、健康快乐！

　　在武大法学院学习的过程中，感谢莫洪宪教授、康均心教授给予我在生活、学习上的诸多关心和帮助，使我在异乡的求学生活倍感温暖，也更加顺利！感谢法学院林亚刚教授、皮勇教授、陈家林教授、叶小琴副教授、何荣功副教授对我的悉心指导和无私帮助，不仅提高了我的研究水平，也开阔了我的理论视野。还要感谢亦师亦友的陈金林老师对我的照顾和帮助，更难忘与你切磋球技的美好时光。法学院刑法学教研室是一个和睦的大家庭，三年的时光虽然短暂，我却收获良多，借此机会向所有关心、帮助过我的师长送上最真诚的问候和最美好的祝愿。

兰州大学法学院的陈航教授是我从事刑法学研究的启蒙导师，感谢陈老师多年来的关怀和帮助，您的恩情和教导学生将铭记于心。

感谢武汉市检察院纪检组陈晓华组长，在我挂职锻炼的过程中，陈检给予我生活和工作上的大力支持，让我在实践岗位上收益颇多！

感谢张伟、王联合、林铤、古瑞华、蔡淮涛、钱晶晶、黄琰、王刚、吴凤、宫步坦、吕伟、蒋晗华等师兄师姐，谢谢你们于我在生活、学习上的照顾和帮助！感谢王少博、刘胜超、刘长伟、刘猛、罗刚、马冬丽、李岚林、刘娜等同学，同窗情谊，终生难忘！感谢尹露、靳宁、郑佳、秦继红、张启飞、任娇娇等师弟师妹！感谢宋国涛、李国庆、钱侃侃、武小川、罗晖、罗艺、李显锋、郭武、党慧娟等其他专业的同学，与你们的每一次交流都让我受益匪浅！感谢邓绍斌、郝博、毛安翼、周伟等好友！此外，还要感谢与我在羽毛球球场相识的诸多好友，感谢刘海波、潘链钰、于乐涛、罗刚、陈素文、王世明、杨永健、刘培、彭琼、黄慧扬等同学，谢谢大家帮助我提高球技，谢谢大家给我带来的快乐时光！

我2009年与李森女士结婚，2010年生子，2011年就考取了武汉大学的博士研究生。多年来妻子独立抚养幼子、照顾家庭，全心全意支持我的学习，为我付出最多。感谢我的岳父、岳母在我学习的过程中给予的支持和帮助，祝愿二老健康长寿、生活幸福！感谢我的父亲母亲，身体发肤，受之父母，但多年来在外求学和工作，使我不能在两位老人身边尽孝，每思及此，心中倍感惭愧！心中唯愿两位老人身体康健，在今后的日子里儿子定当多尽孝道！

最后，感谢西藏民族大学法学院院长侯明教授和厦门大学出版社甘世恒老师对本书的出版给予的大力支持，谨此深表敬意与谢忱！

陈 烨

2015年3月16日于古都咸阳

图书在版编目(CIP)数据

刑法中的特殊财产类型研究/陈烨著.—厦门:厦门大学出版社,2015.8
(西藏民族学院法学文库)
ISBN 978-7-5615-5663-4

Ⅰ.①刑… Ⅱ.①陈… Ⅲ.①侵犯财产罪-研究-中国 Ⅳ.①D924.354

中国版本图书馆 CIP 数据核字(2015)第 166849 号

官方合作网络销售商:

厦门大学出版社出版发行

(地址:厦门市软件园二期望海路 39 号　邮编:361008)
总 编 办 电 话:0592-2182177　传真:0592-2181406
营销中心电话:0592-2184458　传真:0592-2181365
网址:http://www.xmupress.com
邮箱:xmup @ xmupress.com
厦门市明亮彩印有限公司印刷
2015 年 8 月第 1 版　2015 年 8 月第 1 次印刷
开本:720×970　1/16　印张:16.5　插页:2
字数:270 千字
定价:45.00 元
本书如有印装质量问题请直接寄承印厂调换